어느 날
거울에   나타났다

GORILLA AND THE BIRD

: A Memoir of Madness and a Mother's Love

by Zachary McDermott

어느 날   광인이
거울에   나타났다

그리고 세상이 정상처럼 느껴졌다

잭 맥더멋
지음

구원
옮김

코호북스

버드의 버드,
할머니에게 바친다

이 책에 실린 이야기는 실화이며, 실제 있었던 일을 그대로 담고자 최선을 다했다. 모든 세부 사항을 정확하게 기억하기는 어렵기 때문에 대화는 기억을 바탕으로 비슷하게 썼다. 내가 주변 상황을 제대로 이해할 수 없을 정도로 어렸을 때 벌어진 사건들은 나의 어머니, 버드의 도움을 받았다. 사생활 보호를 위해 몇몇 사람들의 실명과 신상 정보는 바꿔 적었다.

프롤로그

오늘날까지도 할머니는 경찰을 싫어한다. 너그러운 기분일 때는 견찰이라고 부르겠지만, 경찰은 물론이거니와 짭새라고도 부르지 않는다. 거의 항상 돼지라고 부른다. "재커라이아, 창밖에 누구니, 돼지들이니?" 이때 할머니의 목소리는 "어머, 저기 새집에 홍관조가 앉아 있네."라고 말할 때와 다름없다. 악의라고는 전혀 없는 담담한 목소리로 눈에 보이는 사실을 말할 뿐이다. 저기 새가 있네. 저기 돼지들이 있네. 1978년 어느 밤, 돼지들은 할머니의 아들 에드워드를 정신을 잃을 때까지 구타했다. 할머니의 마당에서. 할머니가 보는 앞에서.

경찰이 왔을 때 에드워드 삼촌은 PCP 환각제에 취한 채할아버지의 트럭 뒷좌석에 앉아 있었다. 처음에는 경찰차 두대가 왔고, 곧 세 대로 늘더니, 그다음에는 여섯 대가 되었다. 경찰들이 운전석 차창을 쾅쾅 두드리기 시작하자 할아버지는 그러지 않아도 된다며 말렸다. "내가 애한테 나오라고 말할게요." 경찰들은 "거기 가만히 계세요."라고 명령했다. 그다음에는 "빌어먹을 포치에서 나오지 말라고요."라고 위협했다. 할아버지는 에드워드 삼촌이 힘이 무척 세고, 무슨 약을 했는지 잘 모르겠으며, 제정신이 아니라고 말한 것을 후회했다. 할아버지의 말은 이렇게 해석되었다. 저놈이 분명히 덤빌 테니 죽도록 두들겨 패는 것이 상책이오.

경찰이 트럭 문을 열자 에드워드 삼촌은 싸울 태세로 나왔다. 약에 취할 대로 취해 있었던 삼촌은 자신이 이길 가능성이 만무하다는 사실도 알아차리지 못했다. 경찰은 허우적대며 저항하는 삼촌을 몽둥이로 때렸고, 삼촌이 움직임을 멈춘 뒤에도 때렸다. 수갑을 채우고도 때렸고, 페퍼 스프레이를 뿌린 후에도 계속해서 때렸다.

앞마당 앞에 즐비한 경찰차들을 보기도 전에 엄마는 부모님 집 외벽이 왜 빨갛고 파랗게 번쩍이는지 알았다. 에드워드 오빠. 에드워드 때문일 수밖에 없었다. 현관 앞 포치에서는 경찰 세 명이 할아버지를 둘러싸고 있었다. 할아버지의 울부짖음이 차 문을 열기도 전에 들려왔다. 에드워드 삼촌은 경찰차 뒷좌석에 갇혀 있었다. 머리에 피가 엉겨 붙고 얼굴은 피범벅이었다. 얻어맞은 얼굴이 부어오르고 있었는데, 다음 날 아침에는 누구인지 알아보기도 힘들 정도였다. 삼촌은 웃고 있었다.

그날 할머니는 몇 시간이나 말을 하지 못했다. 그날 목격한 충격적인 광경은 평생 할머니의 머리를 떠나지 않았다. 수갑이 채워지고 페퍼 스프레이 세례를 받은 채로 경찰 여섯 명에게 나무 몽둥이로 두들겨 맞은 아들 에드워드와 그의 얼굴을 물들인 경광등 불빛. 욕하고 소리치고 울고불고 애원하는 남편. 귓속을 파고드는 사이렌. 야구방망이가 야구공을 치듯이 아들의 머리를 강타하는 검은 몽둥이. 사람을 죽일 수준의 잔혹한 구타였다. 그 상황에서 할머니는 아들이 죽지 않았다고 확신할 수 있었을까? 끝까지 확신할 수 없었다. 그날 삼촌은 맞아 죽는 것은 가까스로 면했지만, PCP에 결국 인생을 빼앗겼다.

내가 태어나기 몇 달 전인 1982년 추수감사절 주말 일요일, 조현병 환자였던 에드워드 삼촌은 마지막으로 PCP를 과다 흡입했고, 심장동맥류가 일어나 캔자스시티로 항공 이송되었다. 병원에서는 개발된 지 얼마 안 된 수술을 감행했는데, 삼촌의 사례가 의학 교과서에 실릴 정도로 전례가 없었으며 환자가 수술에서 살아 나올 가능성이 30퍼센트도 채 되지 않았다.

수술이 끝나고 삼촌은 목숨은 붙어 있었지만, 어찌 보면 그때 죽었다고 할 수 있다. 캔자스시티로 따라온 할아버지와 할머니는 크리스마스이브까지 중환자실에서 삼촌 곁을 지켰다. 할머니는 묵주 기도를 올렸고 할아버지는 위스키를 들이켰다.

제대로 치료받지 못한 조현병을 심하게 앓고 있던 삼촌에게 마지막 약물 과다 흡입은 최후의 일격을 가해서, 삼촌이 언젠가는 그럭저럭 '정상적인' 삶을 살 수도 있으리라는 희망을 무참히 깨뜨렸다. 닭과 달걀만큼이나 무엇이 먼저인지 알 수 없는 조현병과 마약 중독이 한 사람의 인생을 끝장냈다. 그때 삼촌은 스물여섯 살이었다.

할아버지와 할머니는 삼촌을 정신병원에 맡기고 싶지 않

앉지만, 몸을 제대로 가누지도 못하는 삼촌이 혼자 살 수는 없었다. 성인인 삼촌이 나가 사는 것을 막을 수는 없었으므로 할아버지와 할머니는 법적 보호자 자격을 신청했는데, 일이 뜻대로 풀리지 않았다. 판사는 할아버지와 할머니의 부담을 아예 덜어준답시고 신청을 기각하고 에드워드 삼촌을 캔자스주 토피카에 있는 주립 정신병원에 강제로 수용했다. 정신병원에서 에드워드 삼촌을 데리러 온 날에 엄마가 나를 낳으러 분만실에 들어갔다. 삼촌이 세상에서 보낸 마지막 날이 내가 세상에 나온 첫날이었다.

1

그날 오후, 세인트마크스플레이스와 애비뉴 A에 있는 아파트를 나서자마자 나는 우리가 촬영 중이라는 것을 깨달았다. 행인들이 배우라는 사실도 대번에 알아챘다. 비록 행인들이 평소 이스트빌리지 사람들과 비슷하기는 했지만, 자세히 보면 '전형적인' 이스트빌리지 주민들을 연출한 티가 났다. 일단 스케이트보드를 타는 사람들이 전부 DC 스니커즈에 비싼 리바이스 스키니진을 입었다. 공사장 인부들은 과하게 허름한 부츠를 신고 과하게 강한 브루클린 억양으로 말했다. 게다가 이 동네에서 대체 어떤 여자가 그 비싼 루부탱 하이힐을 신고 다니겠는가? 심지어 홈리스들도 비현실적으로 인물이 훤했고, 얼굴의 문신에서 전문 메이크업 아티스트의 손길이 느껴졌다.

당연히 일어날 일이었다. 그해 여름에 나는 코미디 오픈 마이크 무대에서 엄청나게 잘나가는 프로듀서와 친구가 되었고, 여름내 우리는 리얼리티쇼를 기획하며 각본을 쓰거나 스탠드업 코미디 공연에 나가며 어울렸다. 프로듀서는 내가 원하는 할리우드 제작자가 누구든 고르기만 하면 자신이 다리를 놓아줄 수 있다고 장담했는데, 마침 그 주 초에 만난 MTV 제작자가 우리 아이디어에 관심을 보였었다. 그 미팅이 있고서 며칠 뒤에 내가 일상에서 오디션을 보게 된 것이다. 천재적인 발상이었다. 내가 길에서 마주치는 사람들과 즉흥적으로 연출하는 재밌는 장면들을 몰래카메라로 촬영한다는 것이다. 따라서 이 프로그램의 성공은 전적으로 내게 달렸다. 촬영 보조들은 엑스트라로 분장하고 있었고, 나는 그들의 움직임을 보고서 제작자들이 미리 정해놓은 장소를 추정했다.

사람들을 따라가다보니 골목 끝에 있는 톰킨스 스퀘어 공원에 이르렀다. 공원 벤치에 심어둔 노인이 어찌나 그럴듯했는지, 감탄이 절로 나왔다. 코미디 세계에서는 디테일과 카메오로 좋은 작품과 위대한 작품의 한 끗 차이가 결정된다. 나는 노인이 나의 첫 상대라는 것을 알아차리고 곧바로 접근했다. 내가 인사하자 노인은 다소 불안한 기색으로 화답했다. 나는 노인의 자전거를 타고 공원을 몇 바퀴 돌 생각으로 자전거를 움켜쥐었다. 노인은 자전거를 도로 뺏으며 "안 돼!"라고 외쳤다. 노인네가 연기 좀 하는군. 나는 이 장면은 여기까지라고 판단하고, 울타리를 훌쩍 뛰어넘어 반려견 산책 공원이 있는 동쪽으로 달렸다. 공원에서는 손으로 땅을 짚고 개들과 같이 한 바퀴 돌았다.

우리가 정말 촬영 중인지 미심쩍은 순간들이 있었지만, 공원의 농구 코트를 성큼성큼 지나가는 대니얼 데이 루이스를 보자 일말의 의심조차 눈 녹듯 사라졌다. 그는 『갱스 오브 뉴욕』에서 입었던 멋진 의상을 차려입고 있었다. 길쭉한 원통형 모자, 코트, 왁스를 바른 긴 콧수염까지. 내가 대니얼 데이 루이스의 팬이라는 것을 알고 카메오로 영입한 모양이었다. 우리 프로그램이 대니얼 데이 루이스 같은 슈퍼스타를 모실 능력은 없으니까, 평소에 장난기가 많다고 알려진 그가 재미 삼아 공짜로 출연해준 것이 분명했다. 그가 출연했다는 사실은 프로듀서가 내게 이런 말을 건넨 것과 다름없었다. "그래, 이건 꿈이 아니야. 네 직감을 믿고, 어디 한번 멋지게 해봐."

하우스턴과 퍼스트 애비뉴의 교차로에 다다랐다. 제작자들이 촬영을 위해 도로를 막아놓았으며 지나가는 차들은 모두 전문 운전사들이 몰고 있다는 것을 알기에 나는 주저 없이 도로를 가로질렀다. 택시 몇 대가 급정거하거나 방향을 틀어 아슬아슬하게 나를 비껴갔다. 노란 택시와 일반 자동차의 비율은 7대 3이었는데, 평소 뉴욕과 비슷한 수준이지만 시각적 효과를 위해 택시를 좀더 많이 넣은 것 같았다.

그다음에 나는 로어이스트사이드의 공영아파트에 무단으로 들어갔다. 이날 내가 들른 여러 장소와 마찬가지로 공영아파트는 너무 진짜 같아서 가짜일 수밖에 없었다. 전형적인 공영아파트의 캐리커처라고나 할까. 그러니까, 실제로 누가 현관문을 활짝 연 채로 똥통 텔레비전을 요란하게 틀어놓겠는가? 웬 아줌마가 화구 두 개짜리 핫플레이트에 푸에르토리코 음식을 진짜 요리하고 있다고? 참 나, 차라리 더러운 러닝셔츠 바람으로 비상계단에서 맥주를 퍼마시며 고래고래 소리치는 남자를 넣지그래? 공영아파트 장면은 우리가 정말로 뉴욕에서 촬영하고 있다는 사실과 더불어 이 프로그램은 〈프렌즈〉와는 결이 다르다는 것을 시청자들에게 알리는 설정 숏인 듯했다. 나는 아파트의 비상문을 열어젖혀서 화재 경보를 가동하고 떠났다.

공영아파트에서 한 블록 내려가자 인공 잔디 축구장이 딸린 작은 공원이 나왔다. 아마추어 축구회 선수들이 공을 패스하면서 경기를 시작하려는 참이었다. 좋다! 내가 또 대학교에서 축구팀 선수이지 않았나. 나는 축구장으로 뛰어 들어갔고, 골키퍼를 한쪽으로 이끌며 선수들에게 스코틀랜드 억양으로 소리쳤다. "시작해봐라, 얼간이들아!"

공격수가 공을 차고 경기를 시작했다. 아무도 나를 막을 수 없었다. 나는 바람을 타는 것처럼 달렸다. 공이 움직이는 방향을 예측할 수 있었다. 누군가의 발에 축구공이 닿자마자 어디로 튀고 날아올지 눈에 보였다. 메이저리그 타자가 투수의 손을 떠난 순간부터 커브볼의 궤도를 읽을 수 있듯이, 나에게도 비슷한 능력이 생긴 것 같았다. 나는 공을 여덟아홉 번 막고 골키퍼에게 자리를 돌려주었다. 그는 어찌나 감탄했던지 내가 끼어든 것이 화도 나지 않는 모양이었다.

"축구는 이렇게 하는 거다, 애송아." 나는 골대에서 물러나며 말했다.

"여기서 당장 꺼져!"

그들이 누구에게 소리치는지 궁금해서 돌아보았다.

"당장 꺼지라고!"

"나?"

"그래, 너!"

질투하긴. 무슨 월드컵도 아니고 종아리 보호대까지 차고 말이야. 나는 반바지를 엉덩이 아래로 끌어 내리고, 엉덩이를 내놓은 채 축구장을 몇 바퀴 달렸다. 때때로 축구장 한복판에서 방향을 꺾어 센터라인을 가로질렀다. 며칠을 내리 달려도 지치지 않을 것처럼 기운이 넘쳤다.

"축구장에서 나가라니까!"

나는 계속해서 뛰었다. 축구장 안팎을 오가며 전반전 내내 뛰었다. 그러다 축구를 하는 남자들 대부분이 내 고등학교와 대학교 축구팀 팀원들과 닮았다는 사실을 깨달았다. 더구나 축구장 사이드라인에 있는 여자들은 내가 중학교 때 좋아하던 베일리와 퀸과 몰리를 닮았다. 보조 제작자가 엄마한테 연락해서 친구들 사진을 받았나보군. 와, 이 제작사는 캐스팅 실력이 제법인걸.

헬리콥터 한 대가 경기장 위로 날아갔다. 나는 헬리콥터가 축구장 한복판에 착륙하는지 보려고 기다렸다. 헬리콥터가 곧바로 내려오지는 않았지만, 그렇다고 나와 상관없다고 단정할 수는 없었다. 하늘에서 찍어야 하는 장면이 있나? 내가 이 장면을 끝내고 신호를 보내야 하나? 아니면 나중에 쓸 예고편을 찍고 있는 걸까? 헬리콥터에 프로듀서와 누가 타고 있을지 상상만 해도 짜릿했다. 제이지? 저메인 듀프리? 미시 엘리엇? 데이브 셔펠? 지미 팰런? 프로듀서는 그들 모두와 친분이 있었으며, 때가 되면 전부 소개해주겠다고 약속했었다.

어쨌든 나는 다음 장소로 옮겨야겠다고 생각했다. 축구장에서 뛰는 것을 장장 세 시간이나 보여줄 필요는 없으니까. 나는 곧바로 다음 상대를 포착했다. 길모퉁이에서 흑인 몇 명이 랩 배틀을 하고 있었다. 이거다 싶어서 끼어들어 랩을 하기 시작했다. 내 입에서 단어가 봇물 터진 듯이 흘러나왔는데, 국기에 대한 맹세보다 입에 잘 붙고 에미넴의 랩보다 빠르고 맹렬했다. "미친 듯이 질주하는 나는 주전자처럼 끓어올라, 피노키오, 제페토의 아들, 헬로!"

90년대 뮤직비디오에서 뽑아낸 듯한 장면이었다. 랩 배틀을 하고 있던 흑인들은 죄다 헐렁한 후드에 패딩을 껴입고 팀버랜드 워커를 신었다. 심지어 그중 한 명은 래퍼 메소드맨처럼 말라비틀어진 대마초를 입꼬리에 물고 있었다. "어이, 조심해. 그러다 뭉개지는 수가 있어." 누군가 말했는데, 차에 치이지 않게 조심하라는 건지, 나를 혼내주겠다는 건지 헷갈렸다.

"오늘은 아무도 날 못 건드려. 내 세상이거든." 나는 이렇게 말하고, 뉴욕 양키스 모자를 바닥에 내리꽂았다. 나의 승리를 자축하는 동시에 관대한 선물을 내렸다. 조만간 엄청나게 값이 오를 기념품을 하사했다고나 할까. 누구에게나 자기만의 연예인 일화가 있기 마련이다. 이 사내가 똑똑해서 내 모자를 간직한다면, 전설의 마일스 맥더멋과 랩 배틀을 했다는 영광의 증거를 얻는 것이다.

"형씨, 미쳤구먼, 그만 가봐. 조심하쇼."

제작자들이 나를 위해 도로를 통제하고 있다는 것을 보여주려고 나는 다시 한번 하우스턴 도로를 내달렸다. 운전자들은 나를 피하려고 차를 돌리면서, 매우 그럴싸하게 욕설을 내뱉고 경적을 울려댔다. 나는 『해리가 샐리를 만났을 때』에서 메그 라이언과 빌리 크리스털이 유명한 장면을 찍은 카츠델리에 들어갈까 순간 생각했지만, 진부하게 느껴져서 그만두었다.

그 후 열 시간 동안 나는 다음 상대를 찾아 사방팔방 뛰어다녔다. 그러다 어느 순간 뉴욕에는 800만 명의 주민이 살고 있다는 깨달음이 엄습했다. 우리가 마틴 스코세이지만큼 제작비가 많더라도 뉴욕시 전체를 통제하고 촬영하기는 힘들다. 촬영하는 곳에 일반인들이 끼어 있을 수밖에 없다. 그렇다면 아무런 지시나 설명 없이 내가 어떻게 다음 상대를 찾는단 말인가?

이에 대해 오래 고민할 시간은 없었다. 이제는 저세상 사람이 된 위대한 '마초맨' 랜디 새비지가 폭주족들을 이끌고 퍼스트 애비뉴 북쪽으로 달리는 것이 보였기 때문이다. 랜디는 분명히 양키 스타디움으로 향하고 있었다. 잠깐, 내가 사흘 전에 어디에 갔지? 양키 스타디움. 내가 2회 중반에 입장했을 때 무슨 일이 있었지? 내 친구 프로듀서의 슈퍼 인맥인 제이지의 공연이 화면에 크게 잡혀 있었지. 게다가 그때 배경에서 나온 노래는?〈브루클린 위 고 하드 *Brooklyn We Go hard*〉. 따라서 나는 브루클린에 가야 하고, 젖먹던 힘까지 끌어내야 한다는 뜻이다.

그런데 잠깐, 이것이 폭주족들을 따라 양키 스타디움으로 가라는 뜻이면 어떡하지? 설마 나더러 브롱크스까지 걸어가라고? 나는 보도 연석에 앉아서 고민했다. 그렇게 앉아 있는데 고급 미용실이 눈에 들어왔다. 촬영을 중단하지 않고서도 매무새를 가다듬고 메이크업을 받을 수 있는 좋은 기회였다. 똑똑한 프로듀서가 하나부터 열까지 다 생각해놓았군.

나는 미용실에 들어가서 물어봤다. "분장 고치는 데 얼마죠?"

"분장이라뇨?"

"에이, 알면서…" 나는 직원에게 윙크하고 과장된 손짓으로 큰따옴표를 만들었다. "당신들이 늘 하는 일 있잖아요. 그게 뭐든지 간에."

여자는 혼란스러운 표정으로 말했다. "글쎄요, 머리 다듬는 건 200달러에서 시작해요."

200달러라니, 어이가 없군. 아니, 잠깐. 내가 곧 200달러짜리 헤어컷을 받을 수 있을 만큼 부유해지리라고 암시하는 건가. 그게 아니면, 나의 적정 소비 한계선을 시청자들에게 보여주는 거다. 마일스 맥더멋이라는 인물은 200달러짜리 헤어컷을 받을 수 없다. 국선변호인이자 힘겹게 분투하는 코미디언이니까. 결국에 나는 당장 거리로 돌아가라는 뜻이라고 해석했다. 헤어컷 따위 필요 없지. 그때 미용실 전화가 울렸고, 직원은 한참 동안 통화했다. 아이고, 시간이 돈이야, 이 여자야. 직원이 말했다. "죄송하지만 방금 오늘 마지막 예약을 받았어요. 내일로 예약해드릴까요?" 천재다, 천재. 진짜 천재야.

"아, 물론 그러시겠죠. 잘 알았습니다."

미용실에서 나오면서 중요한 사실을 깨달았다. 미용실에서 두 블록만 가면 바우리 호텔이 있다. 몇 주 전에 거기서 메리 케이트 올슨인지 애슐리 올슨인지, 아무튼 올슨 쌍둥이 자매 가운데 한 명을 봤다. 누구인지는 모르겠고 그건 중요하지 않다. 장장 아홉 시간째 이어지고 있는 촬영에 내가 지친 것을 알고, 호텔에서 술이나 한잔하면서 숨 좀 돌리라고 프로듀서가 계획해놓은 것이다. 게다가 그 호텔은 수많은 계약이 이루어지는 곳이니, 우리 리얼리티쇼 계약을 그곳에서 진행하려는지도 모른다.

나는 로비로 들어갔다. 운동복 반바지를 입고 돌아다니는 사람은 나뿐이었다. 이게 진정한 스웨그지. 나는 테이블로 안내해줄 때까지 기다리기 싫어서 양복쟁이들과 유명인사 들을 곧장 지나쳐 호텔 뒤쪽에 있는 테라스로 나갔다. 웨이트리스가 주문하겠냐고 물었다. "샴페인을 한잔할까 하는데요." 나는 웨이트리스가 가장 비싼 샴페인을 한 병 가져오리라 예상하며 말했다. 근처 테이블에서 간부들이 블랙베리에 대고 목소리를 낮춰 속삭였다. 마일스가 여기 왔습니다. 어떻게 할까요? 어쩌면 오늘은 그냥 나를 깐보는 것인지도 모른다. 투자에 대한 협상은 나중에 하려나. 골머리 아픈 돈 얘기는 어차피 하고 싶지 않았다. 그래서 나는 나무에 설치된 마이크에 대고 소리쳤다. "엄마만 나와. 엄마랑, 만약 원하면 프로듀서만 나와. 그 두 사람만 보고 싶어. 비즈니스 이야기는 나중에 합시다. 돈보다 예술이 먼저라고요." 아무리 기다려도 웨이트리스가 술을 가져오지 않는 데다가 점점 피곤해져서 호텔에서 나갔다.

나는 다시 한번 인파를 따라 이스트빌리지로 돌아갔다. 제작자들이 모니터로 지켜보며 사람들의 움직임을 지시하고 있다고 여전히 믿었다. 제작자들이 원격 조정실을 어디에 설치했을지 계속 짐작해보았다. 카메라는 어딨지? 이걸 전부 아이폰 카메라로 담을 수는 없을 텐데? 나는 윌리엄스버그로 가는 브루클린행 L선을 탔다. 전철 안에서는 셔츠를 벗고 손잡이에 매달려 턱걸이를 하기 시작했다. 홍보 영상이나 보조 영상으로 쓸 수 있겠지.

전철이 역에 다다르자 사람들은 각자 갈 길로 나갔다. 절반은 왼쪽으로, 나머지 절반은 오른쪽으로 향했다. 나는 어느 쪽을 따라가야 할지 도저히 알 수 없었다. 다음 촬영지가 어딘지 어떻게 결정하지? 이게 언제 끝나는 거야? 아무리 고개를 젖히고 둘러봐도 카메라가 보이지 않았다. 리얼리티쇼를 촬영하고 있는 게 아니라 감시를 받고 있다는 두려움이 스멀스멀 몰려오기 시작했다. 내가 텔레비전에 출연하려고 얼마나 발악하는지 확인하는 잔인한 실험. 아무런 지시 없이 홀로 남겨진 나는 공황에 빠졌다. 눈물이 차올랐다. "뭘 어떻게 하라고?" 나는 고함을 질렀고, 너무 울어서 콘택트렌즈가 빠졌다. 나는 실패했다.

뉴욕 경찰 두 명이 다가왔다. 경찰복이 제법 진짜 같았다. 나는 포로로 잡힌 병사처럼 깍지 낀 손을 뒤통수에 올리고 있었는데, 웃통은 벗고 축구복 반바지에다 맨발이었다. 그때 당시 10월 말이었다.

"이봐요, 아저씨, 괜찮아요?" 첫 번째 경찰이 물었다.

"모르겠어요. 그걸 알아내려는 중이에요."

"지금 당신은 전철역에서 상의를 벗고 맨발로 서서 울고 있어요. 그게 괜찮은 것 같습니까?" 두 번째 경찰이 겁주는 역할인 듯했다.

"너무 추워요. 그건 안 괜찮아요."

"당신은 폭력적으로 보이진 않는군요."

"나는 폭력과는 거리가 먼 사람이에요."

"그냥 안전상의 이유로 우리가 수갑을 채워도 괜찮겠습니까?"

"하지만 당신들은 진짜 경찰이 아니잖아요?" 그들이 수갑을 채울 때 내가 물었다.

"네, 아닙니다. 하지만 이따 변장 파티가 있거든요."

아침에 본 공사장 인부들과 마찬가지로 경찰들은 말투가 지나치게 거칠었고, 그들이 차고 있는 무전기도 거슬릴 정도로 지직거렸다. 따라서 그들은 진짜 경찰이 아니었다. 변호사를 선임할 권리에 관한 헌법 조항을 들먹일 필요도 없었다.

경찰들은 나를 전철역의 조그만 별채 사무실로 데려갔다. "신분증은 아마도 없겠죠?" 착한 경찰이 물었다.

"주머니 없는 반바지에 신분증이 있냐고요? 아뇨, 없어요."

나는 경찰차가 아니라 구급차로 이송되었다. 응급 의료원들은 잠깐 대기해야 한다고 말할 뿐, 내 말에는 털끝만치도 관심을 보이지 않았다. 그들은 아메리칸리그 챔피언십의 뉴욕 양키스와 로스앤젤레스 에인절스 경기를 라디오로 듣고 있었는데, 생중계가 아니라 녹화된 경기 같았다. 게다가 일흔 살 먹은 노인이 아니고서야 누가 야구 경기를 라디오로 들어? 우리 촬영이 잠시 중단된 것 같았지만 무엇 때문인지는 알 수 없었다.

야구 경기가 3회쯤 지났을 때 다른 무전기가 지직거리며 목소리가 울렸다. "벨뷰 병원에 자리가 났습니다."

2

평소에 나는 구급차에 실려 정신병원으로 이송되는 사람이 아니다. 오히려 나는 경찰이 정서장애자로 판정한 사람들, 다시 말해 정서적인 문제가 있어서 법정에 세우기 전에 정신병동에서 안정을 시키기로 한 사람들을 변호하는 일을 한다. 내 의뢰인 중에는 전철에서 똥을 누었거나 마약 금단증상으로 환각을 일으킨 사람이 있을 수 있다. 아니면 필로폰에 취해서 자기 자신이 악마라고 믿고 뿔이 솟아나야 할 자리에 고기 써는 칼을 찔러 넣는 사람일 수도 있다.

브루클린에서 국선변호인으로 일한 첫해에 나는 이러한 정서장애 사례를 100건 넘게 마주했다. 그중에 얼 밀러 주니어라는 의뢰인이 가장 기억에 남는다. 얼은 단순히 허공에 대고 악을 썼다고 체포된 게 아니었다. 얼은 '집주인–임차인' 문제에 휘말려 있었다.

늘 그렇듯이 나는 얼을 '우리', 즉 브루클린 형사 법원 안에 있는 거대한 구치소에서 처음 만났다. 구치소는 지린내, 구취, 아무도 먹지 않은 상한 샌드위치의 곰팡내 등 홈리스 냄새로 찌들어 있다. 야간 기소인부절차[1]는 새벽 1시까지 진행된다. 우리에 갇혀 있는 사람들은(흑인과 중남미 사람들이 대다수인 가운데 이따금 술취한 러시아인이 한 명쯤 섞여 있다) 대부분 이곳에 익숙하므로 새벽 1시까지 자기 이름이 호명되지 않으면 다음 날 아침까지 판사를 대면할 수 없다는 것을 잘 안다. 변호사를 만나는 순서에는 논리나 체계가 없어서, 운이 나쁘면 우리에서 24시간을 꼬박 기다리기도 한다. 당연한 말이지만, 시멘트 벤치에서 하루를 지새운 사람들이 우글거리는 곳이 평화로울 리 없다. 초조, 분노, 절박감이 악취만큼이나 독하게 깔려 있다. 누군가의 이름이 불릴 때마다 가축처럼 갇혀 있는 나머지 스물아홉 명의 분노가 고개를 든다.

"얼 밀러 주니어"

어깨너비가 1미터쯤 되는 거대한 남자가 면담 부스로 비집고 들어왔다. 내가 명함을 건네주며 "안녕하세요, 당신의 변호를 맡은 잭 맥더멋이라고 합니다."라고 말하기 전에 얼은 모든 의뢰인과 똑같은 질문을 던졌다. "이제 집에 가는 거요?"

얼은 삭발한 대머리가 반들반들 빛나고, 만화 인물처럼 보일 정도로 머리와 어깨가 거대했다. 큼직한 눈은 촉촉이 젖어 있고 초점이 없었다. 양쪽 볼이 하도 빵빵하게 튀어나와서 숨을 참고 있는 것처럼 보였다. 하지만 대부분 사람은 얼을

보자마자 왼쪽 눈썹에서 아랫입술 바로 밑까지 그어진 흉터로 시선이 갈 것이다. 이 남자가 웃는 모습을 상상하기 힘들었다. "이건 그냥 집주인이랑 임차인 문제란 말야?" 얼이 마취총을 맞은 곰처럼 굵직한 목소리로 느릿느릿 말했다. 나는 아직 명함도 주지 못했지만 얼이 너무 흥분해 있는 듯해서 명함은 나중에 주고 곧장 본론으로 들어가기로 했다. "집주인이랑 임차인 문제. 그게 다라니까." 얼이 다시 한번 말했지만, 내가 손에 쥔 소장에는 전혀 다른 이야기가 적혀 있었다.

"얼, 집주인이랑 문제가 있었나요?"

"그래, 빌어먹을, 그게 다야."

"예, 그냥 집주인과의 마찰이라고 생각하시는 거 압니다. 그런데 지금 당신은 구치소에 있어요. 그 사람들이 또 어떤 혐의를 제기했는지 알고 싶나요?"

"그냥 집주인이랑 문제가 있었다니까 말하긴 뭘 말해! 당신이 내 빌어먹을 집주인이 아니잖아!"

"그래요. 저는 당신의 변호사예요. 그런데 그 사람들, 그러니까 경찰과 검찰은 이걸 단순히 집주인과 임차인 갈등이라고 보지 않아요. 당신이 아파트에 불을 지를 거라고 협박했다고 했어요. 대니얼이라는 남자를 협박할 때 몽둥이인가 야구방망이를 들고 있었고, 묵사발을 만들어주겠다고 위협했다면서요. 방금 내가 말한 것 중에서 하나라도 사실이 있나요? 그 사람이 당신을 먼저 위협했나요?"

"당신한테 말 안 해."

"해야 할 것 같습니다. 말을 안 하면 전 도와드릴 수 없으니까요. 저 말고는 당신을 도우려는 사람이 아무도 없어요.”

이미 꽤 늦은 시간이었다. 얼을 판사 앞에 세워서 판결을 받고, 그가 라이커스 아일랜드 교도소로 끌려가는 것을 막으려면 서둘러야 했다.

“5분 남았습니다. 변호인. 판사님이 보고서를 요청하십니다.” 법정 직원이 소리쳤다.

구치소에 들락거리는 사람들은 대개 자기편을 곧잘 알아보기 때문에, 첫 대면에서 공격적이었던 사람이라도 금세 나를 신뢰하는 편이다. 그러나 얼의 불신은 웬만한 용의자가 법조계에서 일하는 모든 사람들에게 품는 경멸과는 차원이 달랐다. 한마디로, 얼은 자신이 무슨 상황에 휘말렸는지 이해하지 못하고 있었다. 나는 법률구조협회에서 이런 경우에 활용하라고 알려준 절차를 따랐다.

“얼, 이 사람들이 당신에 대해 하는 말 가운데 사실인 부분이 있나요? 나는 그게 사실이라고 말하는 게 아니에요. 그건 경찰들이 하는 말이에요. 당신의 입장을 설명해줄 수 있을까요? 빨리 진행해야 해요. 만약 오늘 당신을 여기서 빼내려면 내가 알아야 하는 것들이 있어요. 당장요.”

“만약이라니, 빌어먹을, 그게 무슨 뜻이야? 그냥 집주인이랑 문제가 있었다니까! 나갈 거야! 판사 앞에 데려가달라고! 나갈 거라고!”

얼은 벌떡 일어나서 두꺼운 손바닥으로 유리 가림막을 쳤다.

“질문 몇 개만 할게요, 얼. 혹시 복용하는 약이 있나요?”

"그래."

"무슨 약인지 알아요?"

"세로켈."

"다른 것은요? 리스페달은 안 해요? 데파코트는요?" 우리 직종에서 일하다보면 흔한 향정신성 약들의 이름을 줄줄이 꿰기 마련이다. 무척이나 자주 듣게 되니까.

"데파코트."

"병원에 입원한 적이 있나요?"

"그래."

"거기서 약을 줬어요? 거기서 데파코트를 복용하기 시작했어요?"

"그래."

"양극성장애라고 했었나요? 아니면 조현병?"

"그랬어."

"알았습니다. 고마워요."

나는 서류의 왼쪽 위에 '730?'이라고 적었다. 뉴욕주 형사소송법 730.10조의 약자다. 정신적 질환이나 결함으로 인해 소송 절차를 이해하거나 자신의 변호를 도울 능력이 없는 피고의 사례는 기각되어야 한다. 물론 그렇다고 얼이 곧바로 집에 갈 수 있다는 뜻은 아니다. 일이 정말 잘 풀리면 라이커스 아일랜드 교도소 대신 벨뷰 정신병동으로 이송될 것이다. 문제는, 벨뷰에서도 얼은 '범죄자들'과 함께 있을 것이며 그들 모두 정신질환을 앓고 있다는 점이다.

"한 가지만 더요. 판사한테 아무 말도 하지 마요. 입 다물고 있으라고요. 말은 내가 할게요. 알아들었어요? 그래야만 오늘 밤에 여기서 나갈 수 있어요.”

“나갈 거라고, 빌어먹을.”

“정말이에요. 제발요. 할 말이 있으면 나한테 귓속말로 해요. 그럼 내가 판사에게 전달할게요.”

보석 변론의 수호성인이여, 우리를 도우소서. 당신이 누구이든지 간에. 제발 얼을 2분만 닥치게 하소서. 신성한 이의 이름으로 비나이다, 아멘.

“변호인, 지금이 마지막 기회예요.” 법정 직원은 평균 5분간의 면담 시간을 7분으로 늘리는 걸 용납하지 않는다.

판사 앞에서는 모든 것이 술술 진행되었다…. 그러니까, 고명하신 판사님께서 피고가 만일(그야말로 만에 하나) 석방되면 어디로 갈 건지 물어볼 때까지 말이다.

“어머니 댁으로 갈 수 있습니다, 판사님.”

“주소 불러요.” 판사가 말했다.

나는 얼의 귀에 대고 속삭였다. “아무 주소나 줘봐요. 지어내도 돼요. 그냥 거리 이름이랑 번지수를 대요. 어머니 주소라고 해요.”

한순간에 와르르 무너졌다. “꺼져, 개자식아! 이건 그냥 집주인이랑 임차인 문제라고 빌어먹을 판사한테 당장 말해! 내가 너한테 주소를 왜 말해? 집주인이 불법으로 행동하는 거라고!”

얼만큼 덩치가 큰 사내라면 팔다리를 조금만 휘저어도 법정 경찰 너덧 명이 달려들어 때려눕히고서 질질 끌고 나가 우리에 처박는다. 나는 몸싸움에 휘말리지 않을 정도로만 살짝 비켜섰다. 그리고 최선을 다해 무덤덤한 표정을 짓고 판사에게 말없이 호소했다. 무서워할 필요 없어요. 그냥 집주인과 임차인 간의 갈등이에요. 그러니까, 내 의뢰인은 사회에 위협적인 존재가 아닙니다.

"판사님, 보석에 관해 이야기하고 싶습니다만."

"변호인, 그만하세요."

"하지만, 판사님―"

쾅쾅.

"됐습니다! 여기까지입니다. 보석금은 5,000달러예요."

쾅쾅.

"판사님, 이 사건은 경범죄―"

"기소인부절차 3번 방은 이것으로 휴정합니다. 내일 아침 9시 30분에 속개합니다."

사람들이 혀를 차고 투덜거린다. 모두 가족이나 친구가 우리에서 하룻밤을 보내게 된 사람들이었다.

"변호인, 잠깐 시간 있어요?" 이제 퇴근하고 택시로 달려갈 준비가 되자 판사는 싱글벙글한다.

"네, 물론입니다. 판사님."

"방금 그 남자, 730인가요?"

"비공식적으로 물어보시는 겁니까? 아마도요."

아이고 판사님, 눈치 한번 빠르시네요. 우리에서 법정까지 쩌렁쩌렁 울릴 정도로 "내보내달라고!"라고 소리치며 팔다리를 휘두르고 있는 거인이 정신적으로 문제가 있다는 걸 깨달으셨군요.

"그런 것 같더군요. 조심히 들어가요, 변호인. 수고했어요."

"감사합니다. 판사님. 판사님도요." 인정머리 없는 개자식아.

나는 밑바닥 사람들, 버려진 사람들, 중독자들, 에드워드 삼촌 같은 사람들을 돕고 싶어서 변호사가 되었다. 편의점에서 가루세제를 훔쳐 암시장에서 팔 정도로 지독한 가난. 사람들을 우리에 몰아넣고 야간 기소인부절차에 얼과 함께 줄 세우는 가난. 내가 맞서 싸우는 상대는 다음과 같다. 조현병 환자가 욕했다고 불쾌해하는 판사들. 벽돌 건물에 불을 지르기는커녕 혼자서 신발 끈도 제대로 못 매는 얼 같은 사람들을 우리에 가두는 게 상책이라고 생각하는 검사들. 얼 같은 사람들의 목에 쇠고랑을 채우고 병원 대신에 법원 내 경찰 사무소로 끌고 오는 경찰들.

나는 캔자스주 위치토에서 태어나고 자랐다. 우리 집은 이동식 주택 단지에서 엎어지면 코 닿을 거리에 있었다. 고등학교 교사였던 엄마는 '문제아' 돕기에 열정적이어서, 깡패, 갱단원, 전과자 등 사회가 버린 아이들을 우리 집으로 기꺼이 불렀다. 내가 고등학생이었을 때 엄마는 크립, 블러드[2] 같은 갱단의 아이들을 집에 매일같이 데려와 방과 후 과외지도를

---

[2]　크립(crips)과 블러드(bloods)는 60년대에 미국 캘리포니아에서 창립된 대표적인 라이벌 갱단이다. 크립은 파란색을, 블러드는 빨간색을 상징색으로 삼는다.

해주었다. 훗날 그중 어떤 아이들은 총에 맞았고, 어떤 아이들은 감옥에 갔고, 또 어떤 아이들은 대학에 갔다. 몇 명은 이 세 가지를 다 했다.

　엄마가 가르치는 열여덟 살짜리 아이들은 초등학교 2학년 수준으로 책을 읽었고, 허름한 우리 집에 역기 벤치와 메가드라이브 게임기가 있다는 이유로 타즈마할 궁전을 보듯 선망했다. 그들을 보며 나는 교도소로 가는 인생과 대학원으로 가는 인생의 단순한 차이를 깨달았다. 어린 시절에 『사랑해 클리퍼드』, 『괴물들이 사는 나라』 등의 책을 밤마다 읽을 수 있는 환경이었는지, 또 자신을 사랑해주는 사람에게서 지지와 격려를 받고 자랐는지에 따라 달라진다. "작가란 곧 매일 글을 쓰는 사람이야." "작가는 진실을 말해야 해." 또는 "작가들은 뻥쟁이야. 실력 있는 작가는 실력 있는 뻥쟁이고. 그리고 너는 혀가 미꾸라지처럼 굴러가는 최고의 뻥쟁이야." 같은 격려를 들었는지 말이다. 다른 말로 하면, 우리 엄마 같은 사람 밑에서 자랄 만큼 운이 좋았는지, 아니었는지의 차이다.

　대학교 대신 연방 교도소로 진학할 아이들과 비디오 게임을 하거나 길거리 농구를 하면서 나는 '흑인을 잡아 우리에 처넣기' 식의 인종차별주의 정책이 미국에서 얼마나 지독한지 알게 되었다. 나는 대학에서 맬컴 엑스와 코넬 웨스트를 공부하고 전과자들의 회고록을 읽었다. 그리고 이런 결론을 내렸다. 마약을 조금 팔았다고 인간을 짐승처럼 우리에 가두고, 구타는 물론 어쩌면 강간과 살해를 당할지도 모르는 환경에 방치하는 것은 조금 심하지 않나?

내게 로스쿨은 단순히 중하층 계급과 위치토를 탈출하는 수단이 아니라, 불리한 조건에서 태어난 사람들을 교도소에서 구할 기회이기도 했다. 나는 내티라이트 같은 싸구려 맥주와 3분 조리 맥앤치즈로 배를 채우고, 카마로 따위 스포츠카에 환장하는 세계에서 자랐다. 내가 퇴근 후에 17달러짜리 칵테일을 홀짝이고, 임원 회의에서 신경질적으로 테이블을 내려치는 거만한 기업 변호사가 될 일은 없었다. 석유 재벌 코흐 형제나 엑손 모빌 아래서 계약서를 검토하는 일에는 아무런 흥미를 느끼지 못했다. 아니, 나는 인종주의적 불의에 맞서 싸우는 것을 사명으로 삼았다. 맬컴 엑스 형님의 정기를 받아서.

내가 목숨을 바칠 전쟁터를 제대로 골랐다는 사실은 확실했지만, 국선변호인으로 일을 시작한 지 1년도 되기 전에 내가 너무 늦게 참전한 게 아닐까 의구심이 들기 시작했다. 쇠락한 동네, 실패한 교육제도, 중독성 약물, 질병, 편견, 그리고 세상의 무관심이 짓밟아놓은 난장판에 뛰어든 나는, 마치 껌봉지를 하나씩 집어 바다를 청소하고 있다는 느낌을 받지 않을 수 없었다.

체계화된 차별과 불의 앞에 느끼는 참담함에는 다행히도 웃음이라는 특효약이 있다. 우리 국선변호인들은 그다지 고결한 존재가 아닌지라 상당히 엿 같은 상황에서도 웃음 포인트를 찾아낸다. 오늘날의 형사사법제도에 깊이 스며 있는 끔찍한 야만성과 기막힌 차별과 악취에 한번 적응하고 나면, 웃을 거리는 수없이 많다. 전화 한 통을 받아도 국선변호인은 기업 변호사보다 훨씬 독특한 경험을 한다.

"여보세요, 법률구조협회입니다."

"앤이에요."

"앤 누구죠?"

"매춘법 위반으로 잡혔던 앤이요."

"매춘법 위반으로 잡혔던 앤 중에서…"

"전철역 뒤쪽에서 10달러 받고 오럴섹스를 해줬다고 체포된 앤이요."

"어느 전철역이죠?"

"L선 카나르시 역이요."

아, 10달러 오럴섹스 L선 앤. "아, 물론이죠. 미안해요. 서류 좀 꺼낼게요. 잠깐 기다릴래요? 다른 전화가 와서… 여보세요?"

"키스예요."

"키스 누구요?"

"내 사건 때문에 전화했어요."

나도 그건 안다, 키스. 사건이 아니면 뭐 때문에 여기에 전화하겠니. "어떤 사건이죠?"

"내가 여자친구를 때렸다고 한 사건 있잖아요. 접근금지 명령을 받았고."

이 친구야, 내가 맡은 의뢰인 중에서 그런 사건으로 체포된 키스만 열두 명이다.

"여자친구가 우리 애들 엄마예요."

그럼 열 명으로 줄일 수 있겠군. "무기를 들고 있었나요? 기소인부절차는 언제 받았어요? 다음 재판일이 언제예요? 성이 뭐죠?”

국선변호인으로 일하면 친구들은 물론이고 처음 만난 사람들도 많은 걸 물어본다. “지금 진행 중인 사건 중에 무엇이 가장 흥미로워요?” 글쎄올시다. “가장 끔찍한 건요?” 글쎄올시다. 아니, 잠깐. 오늘 하루를 돌이켜보고 나는 담담한 표정으로 이렇게 말할 수 있다. “어제 어떤 여자 의뢰인이 자기가 크랙 코카인을 소지하고 있었다는 주장은 터무니없다고 했어요. 그걸 가지고 있었으면 당연히 보지에 넣어두었을 거라고 하더군요. ‘아니, 나한테 그게 있었음 당연히 보지에 넣어놓지 않았겠어요? 말해봐요, 내가 왜 그걸 들고 다니겠어요?’” 완벽하게 일리가 있는 말이다. 판사한테 통할지는 모르겠지만, 하여튼 일리가 있다.

그것이 아침 9시부터 오후 5시까지 나의 일상이었다. 보지에 넣어놓은 크랙 코카인. 고래고래 고함치는 홈리스들. 나는 유죄를 인정할 테니까 형기를 낮추어달라고 검사에게 애원하고, 검사가 말한 조건을 제발 좀 받아들이라고 홈리스들에게 애원한다. 지린내에 찌든 구치소. 피고석에서 발작을 일으키는 의뢰인. 권력의 맛에 눈이 돌아간 판사들. 자기 자식이 라이커스 아일랜드 교도소로 보내질까봐 애간장을 태우는 어머니들에게 짜증을 내는 법정 직원들. 내가 매일같이 앞자리에서 관전하는 이 끔찍하고도 흥미진진한 포스트모던 교훈극에는 다양한 인물이 등장한다. 마약중독자, 경찰, 경찰 따라쟁이, 사람 족치는 것을 사명으로 삼은 검사들, 히피처럼 반체제이자 무정부주의자인 국선변호인 동료들, 피로와 술에 찌든 동료들. 이 교훈극에는 경고를 주는 수많은 동화가 실려 있는데, 내가 과연 무슨 역할을 맡았는지는 잘 모르겠지만, 세상에, 이 연극은 무시무시하고 중독적이며, 제대로 보면 너무도 끔찍하게 흥미로웠다.

뉴욕으로 이사 오기 전에 나는 맨해튼에 딱 한 번 와봤고, 정확히 다섯 시간 30분 머물렀다. 그중 세 시간은 법률구조협회 사무실에서 면접을 받으며 보냈다. 그전까지 내가 뉴욕에 대해 아는 것이라고는 텔레비전 드라마와 영화, 90년대 후반 힙합을 통해 배운 게 전부였다. 〈사인필드〉시트콤을 보고 뉴욕에서는 자기보다 훨씬 잘난 여자와 데이트할 수 있다는 걸 배웠고, 『나 홀로 집에 2』를 보고 플라자 호텔이 하룻밤 묵기에 근사한 곳이라는 걸 알게 되었다. 비기와 제이지 같은 래퍼들은 젊고 야심 찬 국선변호인에게 브루클린이야말로 그 어떤 일도 가능한 곳이라고 알려주었다.

뉴욕에 온 첫해에 나는 대여섯 아파트를 옮겨 다니며 총 열다섯 명의 룸메이트와 살았다. 새로운 곳으로 이사할 때마다 짐이 줄어서, 앞서 말한 세인트마크스의 아파트로 왔을 즈음엔 노란 택시 한 대로 내 몸과 살림 전부를 한 번에 옮길 수 있었다. 나중에는 이삿짐을 싸기 시작해서 새집에서 짐들이를 열기까지 두 시간이 채 걸리지 않았다. 말 그대로 특별한 삶이었다. 좋은 의미에서도, 나쁜 의미에서도. 나는 소방호스로 물을 마시듯 뉴욕을 들이켰다.

나의 첫 뉴욕 아파트는 할렘에 있었고 룸메이트는 리제스 형제라는 이복형제였다. 샨피에르는 BET 네트워크에서 일하면서 패션 블로그를 준비하고 있었고, 조는 증권인수업자였다. 매일 우리는 퇴근하고 옆집 여자애들과 함께 대마초를 피우며 〈살아 있는 지구 *Planet Earth*〉를 봤다. 리제스 형제는 뉴욕에서 내가 처음으로 사귄 진정한 친구들이었지만, 할렘은 브루클린에서 너무 멀었다. 매일 아침 전철에 탈 때마다 마음은 설렜지만, 몸이 결국 지쳤다.

할렘에서 나와서는 침실 네 개짜리 아파트를 같이 구할 룸메이트 한 명이 부족했던 직장 동료 세 명과 살았다. 그 생활도 한 달밖에 가지 않았다. 룸메이트 한 명이 어느 날 내게 반쯤 남은 1리터들이 보드카를 한 잔씩 번갈아 마시면서 비우자고 제안했는데, 내가 거절하자 싸움을 걸었기 때문이다. 더구나 그날은 주말도 아닌 수요일 밤이었다. 그가 다른 룸메이트들과 일주일에 4일을 코가 비뚤어지게 마시고 이따금 맥주잔을 벽에 던져 깨뜨려도 나는 한 번도 불평하지 않았었다. 심지어 그들이 코카인에 취해 미쳐 날뛰거나, 그들의 마약상이 평일 밤 1시에 아파트 초인종을 눌러대도 말이다. 그러나 스물다섯 살이나 먹은 판에 보드카 신고식을 강요받는 것은 도저히 용납할 수 없었다.

그러고서 나는 브루클린의 포트그린에 있는 아파트에 들어갔고, 동성애자와 이성애자 룸메이트와 평화로운 생활을 누렸다. 이사하고 2주 뒤에 내가 이성애자와 동성애자를 헷갈렸다는 것을 깨달았다. 내가 꽉 끼는 사각팬티만 입고 화장실에 가고 있는데, 이성애자인 줄만 알았던 존이 이렇게 말했던 것이다. "팬티 좀 입을 줄 아는구나." 존과 그레그는 정말 좋은 룸메이트였고 그 집에는 로봇 진공청소기도 있었다. 그렇지만 내 방이 너무 작았던 데다가 맨해튼의 삶이 그리워져서 우리의 동거 생활은 두 달밖에 이어지지 않았다.

그다음이 나의 첫 이스트빌리지 아파트였다. 그 아파트에서는 파티광 사진작가와 살았다. 그와 룸메이트가 되고 첫 토요일 새벽 4시에 집에 오니, 거실의 커피 테이블에 코카인이 눈처럼 쌓여 있고 룸메이트는 웃통을 벗은 프랑스 남자, 그리고 두 여자와 함께 퀸의 〈언더 프레셔 *Under Pressure*〉를 목청이 터져라 부르고 있었다.

그다음 집은 차이나타운과 로어이스트사이드 경계에 있는 5층 아파트였다. 7월이라 더위가 기승을 부리는데 아파트에는 에어컨이 없었다. 대부분 중국인이었던 이웃들은 창문을 활짝 열어놓고 속옷 바람으로 자주 생선을 구워 먹었으며 침실 두 개짜리 아파트에 여덟아홉 명이 모여 살았다. 그렇지만 대단히 육감적이고 아름다운 독일인 여자 룸메이트가 이따금 집에서 속옷만 입고 돌아다녔기 때문에 나는 더위를 기꺼이 감내했다. 『욕망이라는 이름의 전차』 못지않은 성적 긴장감이 아파트에 감돌았고, 룸메이트가 된 첫 주말에 우리는 같이 자기 시작했다. 이 집은 한 달짜리 전대 임대였는데, 우리가 서로에게 반해버리는 바람에 어정쩡한 연인 관계가 시작되었다.

이후 유니언스퀘어에 있는 집을 구했고, 그곳에서 내 룸메이트는 UN에서 인턴을 하는 프랑스 남자였다. 그는 전 국

무장관 헨리 키신저의 열렬한 팬이었는데, 심지어 얼굴도 닮았다. 나는 그에게 대마초와 트랩 음악을 소개했고, 그는 스리식스마피아의 팬이 되었다. 머리부터 발끝까지 문신으로 도배한 또 다른 룸메이트는 끼니마다 트레이더조 샌드위치를 먹고, 2달러짜리 찰스쇼 포도주를 밤마다 두어 병씩 들이켰다.

그해 9월에 나는 좀더 오래 거주할 만한 집을 찾았다. 세인트마크스플레이스와 애비뉴 A 모퉁이에 있는 침실 세 개짜리 아파트였다. 1층에는 다이브바보다 한 단계 격조 높은 바가 있었고, 배우지망생 수준으로 잘생긴 아일랜드 출신 남자가 바텐더로 일했다. 룸메이트는 법률구조협회에서 가장 친한 동료의 동생 루카스였다. 루카스를 마약상이라고 부르기는 좀 모호하지만(그는 대마초만 취급했다) 하여튼 루카스가 대마초를 팔아서 방세를 마련했으니, 어쩌면 결국 마약상이었는지도 모르겠다.

뉴욕 시민 중에 주머니 사정이 여의치 않은 사람들은 결국 퀸스나 뉴저지로 옮겨 가기 마련이다. 나의 방랑자 같은 생활의 원인 중에 금전적 제약이 없는 건 아니지만(연봉 5만 달러로 맨해튼에서 살려면 상당한 기지를 발휘해야 한다), 더 근본적인 이유는 내가 여러 종류의 사람과 환경을 접해보고 싶었기 때문이다. 뉴욕에서 만난 사람들은 대부분 어떤 꿈을 좇고 있거나 따로 진행 중인 부업이 있었고, 그에 대해 농담으로라도 자기 자신을 비하하지 않았다. 배우 혹은 뮤지션을 꿈꾸는 바텐더나 웨이트리스를 만나도 나도 더는 속으로 비웃지 않았다. 그런 꿈들이 뉴욕에서는 전혀 다른 의미를 지녔고, 내가 그때껏 생각했던 것처럼 허튼 망상이 아니었다. 전설적인 밴드의 뮤지션들이 실제로 로어이스트사이드에서 바텐더로 일했고, 할리우드 스타들도 한때는 맨해튼의 액터스 스튜디오에서 연기를 배우며 식당에서 음식을 날랐다. 위치토와 달리 뉴욕에서는 꿈을 좇는다고 등신 취급을 당하지 않았다.

　나로 말하자면, 나의 꿈은 스탠드업 코미디언이 되는 것이었다. 어렸을 때부터 나는 "넌 정말 따지기를 좋아하는 개자식이구나. 변호사가 되지그러니?" 보다는 "너 진짜 웃긴다. 코미디언을 해보지그래?"를 선호했다. 변호사가 되는 방법은 명확하다. 로스쿨 입학시험에서 좋은 점수를 받고, 16만 달러 대출을 받아서 로스쿨에 가고, 변호사 자격 시험에서 상위 30퍼센트에 들면 된다. 하지만 스탠드업 코미디언이 되는 방법은 어디에도 나와 있지 않다. 그런데 코미디언이 되는 첫 단계를 나도 모르게 완수했음을 뉴욕에서 산 지 한 달쯤 되었을 때 깨달았다. 첫째, 뉴욕에 가라. 둘째, 5년이라는 시간을 바칠 자신이 없으면 5분도 바치지 마라. 나는 5년간 노력할 자신이 있었다. 셋째, 무대에 올라가라. 매일매일.

　초반에는 나도 여느 미숙한 코미디언 꿈나무들과 똑같은 방식을 택했다. 무대에 올라가서 부들거리는 손을 모른 척하며 간밤에 끼적인 시답잖은 우스갯소리를 한 글자, 한 글자, 떨리는 목소리로 읽었다. 그러다 깨달았다. 훌륭한 코미디언이 되려면 긴장을 풀고 내 본연의 모습을 보여야 했다. 더 정확히 말하자면, 내 성격 가운데 가장 또라이 같은 모습을 찾아내고 그것을 구현해야 했다. 그러기 위해 내가 선택한 방법은 메소드 연기, 즉 일상에서 최대한 또라이처럼 행동하는 것이었다.

그렇게 마일스 맥디가 탄생했다. 본명으로 활동할 수는 없었다. 검사들이 내 이름을 검색했다가 당혹스러운 코미디 영상을 발견하는 건 원치 않았기 때문이다. 예를 들면 우리 엄마가 남자친구 테리 위에 올라탄 채로 "달려, 테리, 달려!"라고 외치는 모습을 우연히 목격하고서 그것에 대해 농담하는 영상 같은 것 말이다. 생업에 대한 걱정은 그렇다 치더라도, 잭이, 그러니까 본래의 내가 그럭저럭 괜찮은 코미디언이 될 만큼의 자질이 있었다면, 내가 창조한 마일스라는 인물은 엄청난 비밀병기였다.

마일스를 한마디로 표현하면, 타인의 시선에 눈곱만큼도 개의치 않고 만성적으로 흥분한 상태의 나라고 할 수 있다. 한밤중에 선글라스를 쓰고 속옷은 안 입는 괴짜. 모히칸 스타일로 머리를 바짝 세우고, 콧수염을 보란 듯이 양쪽으로 길게 늘어뜨린 괴짜. 잭이 출근할 때 입는 캐주얼 정장이나, 검은 티셔츠에 무난한 짙은 색 청바지 따위를 마일스는 거들떠보지도 않았다. 마일스는 복고 스타일의 딱 달라붙는 티셔츠에 너덜너덜하게 가위질한 청바지를 입고, 머리에는 두건을 두른 다음에 전투기 조종사 스타일 선글라스를 꼈다.

그해 여름내 나는 마일스로 살면서 대마초를 피우고 무대에 올랐다. 퇴근하고서 오픈 마이크 무대 너덧 개에 올랐고, 새벽 한두 시에 집에 와서 텔레비전을 켜고 진짜 일을 시작했다. 그러니까, 한 손에는 대마초, 다른 손에는 공책을 들고, 다큐멘터리를 보며 코미디 소재를 찾거나 스탠드업 코미디 스페셜 방송을 보며 전문가의 기술을 익혔다. 잠자는 시간도 아까울 정도로 깊이 빠져 있었다.

나는 마일스의 매니저 행세를 하며 클럽에 전화를 걸곤 했다. "오늘 밤에 마일스가 거기서 공연할 수 있을까요? 특별한 쇼를 준비하고 있는데 좀 작은 곳에서 시작하고 싶다네요."

"누구요?"

"마일스가 누군지 몰라요?"

믿기 힘들겠지만 때때로 이 수법이 먹혀들어서, 마일스로서 나는 주제넘은 무대에 오를 기회를 종종 훔쳐냈다. 그렇지만 새내기 코미디언에서 일약 스타덤에 오르려면 제대로 된 한 방이 필요했다.

오픈 마이크 무대에 오르기 시작한 무렵, 나는 프로듀서를 만났고, 우리는 급속도로 친해졌다. 당시 나는 뉴욕에 온지 두 달밖에 안 된 뜨내기였다. 그가 누군지는 몰라도 잘나가는 사람이라는 건 확실했다. 특정한 직업이 없는 것 같은데 도어맨이 있는 근사한 어퍼웨스트사이드 아파트에 살았고, 팝스타처럼 차려입고 다녔다. 한 달에 월세로만 5,000~6,000달러는 족히 낼 것 같았다. 스니커즈는 500달러짜리였고, 가죽 재킷도 아마 한 달 월세는 될 성싶었다. 그는 마치 개인 스타일리스트를 둔 것처럼 입고 다녔는데, 이따금 뉴스보이 모자를 쓰거나 가죽 바지를 입었다. 똑같은 옷을 두 번 입는 것을 본 적이 없었다. 프로듀서의 성을 듣고서도 누군지 알 수 없었으므로 그가 유명인이 아닌 건 확실했지만, 그 차림새와 아파트, 그리고 특정한 직업이 없다는 사실 때문에 연예인 느낌이 났다.

우리는 전설적인 코미디 클럽인 코미디 셀러에서 놀기 시작했다. 늘 손님으로 간 것은 아니었다. 우리는 이따금 그 유명한 뒤쪽 테이블에 초대받았는데, 그때만 해도 나는 누구 덕분인지 몰랐다. 코미디 셀러는 그야말로 코미디언들의 메카였으며, 그 테이블은 공연하는 코미디언의 지정석이었다. 가끔은 그 자리에 크리스 록이나 C. K. 루이스가 앉아 있었다. 그 테이블에 앉는다는 자체가 코미디언으로서 성공했다는 표식이나 다름없었다. 코미디를 시작한 지 여섯 달 만에 나는 썰렁한 클럽에서 혼자 씨불이는 무명 코미디언에서 전설적인 코미디언들과 같은 테이블에 앉는 사람이 되었다. 나는 물론 이거니와 마일스도 그 무대에 금세 오르지는 못하겠지만, 그 앞에 앉아 있다는 자체가 의미 있는 듯했고, 결코 착각처럼 느껴지지 않았다.

나중에 알고보니, 프로듀서의 누이가 유명인이었다. 꽤 알려진 영화에도 출연한 적이 있는 팝스타였다. 그가 이 사실을 말해주기 전에 맥도날드에서 어떤 직원이 그를 알아보는 바람에 알게 되었다.

프로듀서 역시 원래는 스탠드업 코미디언이 되려고 했지만, 나를 만나고 마일스의 매니저가 되는 것으로 방향을 전환했다. 그는 업계 사람들에게 나를 '떠오르는 신인 코미디언', '나의 프로젝트', '미래의 스타 마일스 맥더멋'이라고 소개했다.

프로듀서가 나를 키우는 데 진심이라는 증거도 있었다. 우리가 공동 작가로 쓰기 시작한 리얼리티쇼의 첫 에피소드 초고를 마치고서 그는 미드타운에 사무실을 빌려 캐스팅 오디션을 진행했다. 아름다운 여배우들이 내 여자친구 역할을 하려고 복도의 접이식 의자에 앉아 기다리고 있었다. 여배우들이 방에 들어와 나와 대본을 읽었고, 그럼 우리는 "거기까지. 고마워요. 좋았어요." 식으로 말했으며, 오디션은 녹화되었다. 모든 것이 정식으로 진행되고 있었다.

나는 발굴된 스타가 된 기분이었다. "내가 시동을 거는 순간 시작될 거야. 엄청 빠르게 추진할 거니까 준비 잘 하고 기다리고 있어. 내 인맥을 남김없이 쓸 거니까." 프로듀서는 나에게 이렇게 말하곤 했다. 나는 입에 거품을 물다시피 하고 그 순간을 기다렸는데, 이러한 열정과 헌신에는 대가가 따르는 법이다. 초반에는 잭에서 마일스로 순조롭게 옮겨 갈 수 있었지만, 시간이 흐를수록 차차 나의 피조물에게 잠식되기 시작했다. 잭이 사라지기 시작한 것이다.

마일스로 둔갑하면서 생업에 차질이 생겼다. 그해 여름에 내가 담당한 인턴 스콧은 아기 같은 얼굴에 파란 눈동자를 지닌 미네소타 출신 청년이었는데, 아마 그는 무언가 잘못되었다고 느꼈을 것이다. 인턴에게는 보통 다음과 같은 업무를 준다. 자료 조사와 명령 신청서 작성, 변호사를 따라 법정에 가서 참관하며 배우기, 홈리스 구제시설과 정신건강 서비스에 연락하기 등등. 하지만 나는 그 대신 스콧에게 두 가지 임무를 내렸다. 첫째, 내 음성 메시지를 확인하고 메시지를 받아 적기. 둘째, 나와 함께 베스트바이 전자제품 상점에 가서 내가 대마초를 피우며 코미디 대본을 쓸 때 노트북 컴퓨터 대신 텔레비전으로 유튜브 영상을 볼 수 있도록 HDMI 케이블 골라주기.

두 번째 임무는 평일 오후 3시에 스콧이 첫 번째 임무를 마치자마자 시작되었다. 사흘 동안 음성 메시지가 대략 마흔 개 왔는데, 음성사서함이 꽉 차서 더는 녹음되지 못한 탓에 이 정도였다. 일주일 넘은 메시지도 많았다. 형량을 협상하고 싶은 검사들, 내가 대체 왜 빌어먹을 연락을 안 받는지 알고 싶은 의뢰인들, 공동 피고인의 사건을 협의하고 싶은 다른 변호사들. 그 모든 메시지를 스콧은 공책에 받아 적어서 가져왔다. 나는 다섯 장짜리 기록을 힐끔 보고 이렇게 말했다. "제길, 됐어. 케이블이나 사러 가자."

나는 베스트바이에 가려고 전철을 타기 전에 모자 가게에 들러야 한다고 말했다. 내 양키스 모자에 구찌라고 새기고 싶었다. 가게 직원들은 해줄 수 없다고 거절했다. "상표잖아요." 나는 구찌라는 브랜드가 아니라 구찌라는 단어를 원한다고 반박했다. 래퍼 구찌 메인처럼. 만약 내 이름이 구찌 맥더멋이면 어쩔거냐? 이렇게 물었더니 직원은 내게 이름이 구찌냐고 물으며 신분증을 요구했다. 나는 직원에게 지적재산권 법률에 대해 뭐라도 아느냐고 묻고, 래퍼 구찌도 본명이 구찌가 아니라고 말해주었다. 그 직원은 구찌 메인이 부탁해도 구찌라는 이름을 모자에 새겨주지 않을 거라고 고집했다. 우리는 똑같은 이야기를 10분가량 반복했는데, 나는 점점 흥분해서 무례하게 굴고 있었다.

가게에서 나가며 스콧이 물었다. "선배님은 조울증이 대체 얼마나 심한 거예요?" 나는 칭찬으로 받아들였다. 완전히 딴사람으로 변신할 수 있는 나의 능력에 감탄했군. 우리는 베스트바이에서 케이블을 사서 내 아파트로 함께 돌아왔다.

"빨간 매직펜으로 벽에 온통 낙서해놓은 사람은 아마 선배님이겠죠?"

"스코티, 케이블 연결하고 시작해봐, 어서."

나는 스콧이 방금 언급한 걸작이 만들어진 과정을 녹화한 비디오를 틀었다. 간밤에 나는 새벽 4시까지 나스의 음악을 들으며 하얀 벽을 캔버스 삼아 예술성을 발휘했다. 녹화한 비디오 속에서 나는 멕시코 전통 모자를 쓰고 반라로 춤을 추다가, 울면서 코미디와 시를 벽에 썼다. 이따금 나의 이야기를 시처럼 읊기도 했다.

저녁 6시경 나는 스콧을 보내주며 하루 동안 열심히 일해줘서 고맙다고 했다. "내일 재판 있는 거 아시죠?" 스콧이 나가면서 물었다.

"아, 빌어먹을. 맞다. 그래, 알아. 내일 아침 8시 45분에 만나. 내가 준비할게.”

"음, 네. 그런데 무슨 재판이죠?”

"아아, 칼로 위협한 사건. 늙은 남자. 집주인한테. 미친 사람 말고.”

스콧은 나보다 30분 먼저 와 있었다. "스코티, 한번 해보자고! 라이어널 브라운의 자유가 우리 손에 달렸어.” 법정으로 가는 길에 나는 스콧한테 공책을 주며 말했다. "받아 적어.” 이 사건에 대해 스콧이 알고 있는 사항은 다음과 같았다. 의뢰인은 말끔한 양복을 빼입고 피고석에 우리와 함께 앉아 있는 자메이카 노인이다. 이 노인은, 아마도, 타인을 위협한 죄목으로 기소되었다. 그리고 스콧은 재판에서 벌어지는 일들을 받아 적어야 했다.

한편 이 사건에 대해 내가 아는 사항은 다음과 같았다. 의뢰인의 이름은 라이어널 브라운이며, 일흔 살 정도인 이 자메이카 노인은 난폭 행위에 대한 혐의를 인정하지 않아 거의 1년째 법정에 들락거리고 있었다. 언제나 가장 좋은 양복을 빼입고 재판에 참석했는데, 그 모습이 정말 근사했다. 나는 라이어널의 굵은 목소리와, 말투에 희미하게 배어 있는 자메이카 억양을 좋아했다. 문제는, 나는 그의 사건에 대해 아무것도 몰랐다.

세 시간에 걸쳐 재판이 진행되는 동안 피킷 판사는 거대한 애리조나 아이스티를 빨대로 쪽쪽 빨아 마셨다. 라이어널 브라운은 검사의 질문에 웃음을 터뜨렸다. 나는 집주인을 반대 심문해서, 라이어널이 칼을 들고 위협했을 때 그가 전혀

겁먹지 않았었다는 사실을 밝혀냈다. "나는 아무것도 안 무서워해요."

무죄.

우리는 법률구조협회 회식에서 승소를 축하했다. 우연히 우리 회식이 웬 잘나가는 법률 회사의 성소수자 채용 행사와 시간과 장소가 겹쳤다. 사실 그들이 바 전체를 빌렸고 우리는 일종의 꼽사리였기 때문에, 바텐더는 우리가 음악을 고르고 싶으면 그 회사 사람들에게 먼저 허락을 받아야 한다고 말했다. 그래서 나는 그들에게 부탁했다. 그리고 거절당했다. 그때 내 머릿속은 마일스가 95, 잭이 5 정도 비율이었다. 나는 이어폰을 끼고 레이디 가가의 노래를 최대치로 크게 틀었다. "스콧, 이거 찍어." 나는 가슴 중간까지 셔츠의 단추를 풀고, 즉흥적으로 마련한 무대 한복판까지 배를 땅에 대고 뱀처럼 기었다. 씩씩한 신입사원들의 무릎에 앉아서 춤도 추었다. 셔츠를 벗었고, 나중엔 바지도 벗었다. 환호가 여기저기서 터져 나왔다. 법률 회사의 행사 진행자들이 "이건 우리 행사의 일부가 아닙니다."라고 외쳤다. 바 매니저가 경찰을 부르겠다고 경고했다. 그 말에 나는 스트립쇼를 하는 것처럼 몸을 흔들었다. 바지는 여전히 발목께에 걸려 있었다. 이윽고 동기 한 명이 나를 밖으로 데리고 나갔다. 상관없었다. 바로 그때 내 인생을 바꿀 문자가 왔다.

바우리 호텔까지 얼마나 빨리 올 수 있어?

한 시간.

지금 출발해. 마일스처럼 입고. 중요한 사람을 소개해줄게.

내가 만날 사람이 누구인지는 몰랐지만, 어쨌든 나는 그 사람보다 조금 일찍 도착했다. 프로듀서는 밖에서 말보로 라이트를 굴뚝처럼 피워대고 있었다. 포옹으로 인사한 다음에 나는 담배를 빌렸다.

"우리가 지금 만나려는 사람, 엄청난 거물이야."

"그래. 누군데?"

"말은 내가 할게. 넌 마일스처럼 앉아 있어. 아무 말도 하지 마. 그냥 분위기만 띄워."

"그거야 쉽지. 대체 누군데 그래?"

"경력이 대단한 사람이야. 말은 내가 할 테니까 넌 가만 있어."

"알았어. 담배 하나만 더 줘."

우리는 담배를 하나씩 더 피우고 뒤쪽 부스에 자리를 잡았다. 나는 왕재수처럼 선글라스를 끼고 있었다. 우리 손님이 오자 웨이트리스가 메뉴와 물을 가져다주었다. "내가 주문할게." 프로듀서가 손님이 앉기 직전에 작게 중얼거렸다.

"에릭, 이쪽이 마일스야. 마일스, 이쪽은 에릭이야."

우리는 악수했고, 나는 선글라스를 벗었다. 아무리 마일스라 해도 그런 짓은 오래 할 수 없으니까. "바로 이거야." 프로듀서가 고갯짓으로 나를 가리키며 말했다.

"그래, 보이네." 에릭이 말했다.

"신사분들, 우리가 지금 무엇을 보고 있습니까?" 두 사람 모두 지나치게 웃었다.

"바로 저게 마일스야. 저거라고. 내가 무슨 말 하는지 알겠어?"

"어, 알 것 같아." 에릭은 심지어 꽤나 진심으로 들렸다.

웨이트리스가 돌아오자 프로듀서는 메뉴의 거의 절반을 주문했다.

"마일스는 네가 뭘 하는지 알아. 네 명성도 알고. 우리가 진짜 끝내주는 쇼를 기획했어. 미국을 횡단하는데, 당연히 마일스가 출연할 거야. 알리 지[3]의 백인쓰레기 버전이라고 할 수 있지. 여기 마일스는 젊은 시절 래리 데이비드 같은데, 게다가 캔자스 출신이라서 그쪽 지역에서 사는 게 어떤지도 알아. 마일스를 데리고 남부나 중서부에 가서 일반인들한테 장난치는 거지. 대본 없이. 쇼가 인기를 끌 수 있다면 체포당하는 것까지 감수할 애야."

"정말이에요. 뭐든지 할 거예요."

프로듀서가 말할 때마다 에릭은 적극적으로 고개를 끄덕이며 관심을 드러냈다. 우리 쇼에서 가장 중요한 것은 나도 기획 내용도 아니고, 내 친구 프로듀서였다. 그래도 나는 프로듀서의 열의에만 감동하고 있었다. 내가 드디어 성공했다고 생각했다.

그로부터 사흘 뒤, 아파트에서 나온 순간 나는 리얼리티 쇼의 첫 회를 찍기 시작했다.

3　영국 코미디언이자 배우인 사샤 배런 코엔이 연기한 가상 캐릭터다.

3

병원에 따라 들어온 응급 의료진은 내가 응급환자 대기실로 안내받을 때까지 곁에 머물렀다. 대체 왜? 영문을 알 수 없었다. 더 이상한 것은, 문이 전부 철저히 잠겨 있어서 직원이 복잡한 암호를 눌러서 열어야 했다. 홈리스처럼 보이는 사람 몇 명이 앉아서 졸고 있었다. 한 백인 중년 남자는 내 친아버지를 빼닮았다. 똑같이 배가 불뚝하지만 살이 더 쪘고, 흰머리도 조금 더 많았다. 맥 맥더멋 역할로 캐스팅된 게 확실했다. 아빠는 내가 다섯 살 때 가정을 떠났고, 그 무렵에 나는 몇 년째 그와 연락하지 않고 있었다. 마지막으로 만났을 때 아빠는 내 얼굴 바로 앞에 주먹을 들이대고 잔뜩 꼬인 혀로 이렇게 중얼댔다. "죽여버릴까보다!"

맥 역할을 맡은 배우는 슬픈 얼굴로 눈물까지 글썽였다. 나는 그의 머리를 토닥이며 위로하려고 했다. "야, 건드리지 마!" 남자가 고함쳤다. 나는 뒤로 물러났지만 이렇게 말해주었다. "대화할 사람이 필요하면 언제든지 말해요."

피곤해 죽을 것 같았지만 너무 초조해서 가만히 있을 수가 없었다. 그래서 접수실 안을 서성이며 우리가 이 장면을 왜 찍는 것인지 짐작해보았다. 지금도 우리가 촬영 중인가, 아니면 내가 정말 몸이 안 좋은 걸 제작진이 눈치챈 걸까? 너무나 추웠다. 어쩌면 내가 저체온증에 걸릴까봐 그들이 걱정하고 있는 것일 수도 있다. 의료장비는 대단히 비싸 보여서 나는 머틀리 크루처럼 죄다 때려 부수는 것은 일단 자제했다. 벽에는 허리 높이에 남자 발 사이즈 290 정도 되는 두께의 초록색 선이 둘려 있었다. 나는 그 선을 손으로 쓸며 복도를 돌아다녔다. 초록색은 전진하라는 뜻이니까.

"베일리 윌머, 클라우스, 퀼리랑 키넌, 누나랑 애덤, 제이콥슨네 사람들." 나는 부자가 되면 도와주고 싶은 사람들의 이름을 읊기 시작했다. 초등학교 친구들, 열네 살 때 나의 동정을 가져간 여자아이, 고등학교 친구들, 기억도 잘 안 나는 사람들.

두 가지 이유로 나는 이들의 이름을 크게 소리 내어 불렀다. 첫째, 우리 쇼가 방영하기 시작하면 내가 백만장자가 될 거라고 프로듀서가 약속했었는데, 지난 열두 시간 동안 추위에 떨며 혼자 찍은 분량에 대한 출연료를 받아야 하며, 그것도 꽤 많이 받아야 한다고 넌지시 암시했다. 무려 열두 시간이나 헐벗은 채로 벌벌 떨면서 단서를 찾아 돌아다니고, 지금은 또 눈물까지 흘리고 있지 않은가. 둘째, 내가 얼마나 똑똑한지, 기억력이 얼마나 대단한지 모두에게 알려야만 했다. 나는 1분 동안 최소 50명의 이름을 읊었는데, 한 번도 머뭇거리지 않았으며 같은 이름을 반복하지도 않았다.

텔레비전에서 〈사인필드〉가 나오고 있었다. 뚱뚱한 백인 남자가 텔레비전을 보며 으하하 웃음을 터뜨렸는데, 척 봐도 너무 취해서 내용을 이해하지 못하고 있었다. 그 남자 옆에 나의 아빠 '맥'이 고개를 푹 떨구고 입은 다문 채로 앉아 있었다. 부끄러워하는 것 같았다. 내 생일이나 축구 경기 때 아빠 노릇을 안 한 것을 후회하는 모양이군.

"재커리 맥더멋? 진료실로 가세요."

과연 진짜 의사일지, 아니면 닥터 드레일지 궁금했다. 프로듀서가 닥터 드레랑 아는 사이일까?

"잭이라고 부르나요, 아니면 재커리?" 보조 의사가 아주 좁은 진료실로 나를 데려가서 테이블 앞에 앉혔다. 의사들이 벽에 나란히 서 있었는데, 최소 여섯 명은 넘었다.

"요즘은 보통 마일스로 통하지만, 잭이라고 불러도 괜찮아요. 내가 여기 왜 왔는지 알아요. 일단 조용히 있을까요?"

"저 사람들은 의대생들입니다. 참관해도 괜찮을까요?"

예의상 하는 질문 같았다. "네, 괜찮습니다. 뭔지 알아요. 이게 밝혀지니까 재밌네요."

"무엇이 밝혀졌나요?" 의사가 물었다.

"초등학교 2학년 때 왜 그런 영재 시험을 봤는지 인제 알겠어요. 그때 난 일부러 오답을 써서 제출했어요. 누나랑 다른 학교로 가기 싫어서요. 하지만 시험 감독은 알고 있었어요. 일부러 오답을 쓸 정도로 똑똑한 초등학교 2학년을 처음 본 거죠. 내 아이큐가 측정 불가라고 우리 엄마한테 말했어요."

"여기 누워요." 의사의 어조가 바뀌었다. 인간의 뉴런이 상위 1퍼센트 두뇌에서 어떻게 작동하는지 안 궁금한가.

의대생들이 우르르 나갔고, 그들이 있던 자리에 덩치 큰 흑인 세 명이 대신 들어와서 나를 둘러쌌다. 그들의 그림자가 내 몸 위에서 겹쳐졌다. 주삿바늘이 등장했고, 의사가 다가왔다.

"바늘은 안 돼요! 안 돼! 우리 삼촌이 헤로인 중독이었단 말이에요! 주사 안 맞아요!"

"한 대면 됩니다." 의사가 냉정하게 말했다.

그들이 내 팔에 찔러 넣으려는 기구는 보통 주사와 딴판이었다. 〈스타트렉〉에 나오는 소형 광선 무기처럼 미래에서 온 것 같았고, 내 몸에 무언가를 주입하며 바람 빠진 타이어 소리를 냈다. 그것이 추적 기구인지 마이크로칩인지 알아내기 전에 나는 의식을 잃었다.

나는 건물의 다른 층에서 초록색 환자복을 입고 깨어났다. 접수실에 있던 환자들은 보이지 않았다. 그들은 나와 똑같은 환자복을 입은 다른 배우들로 교체되었다. 배우들 가운데 절반은 두 발로 서 있기도 힘든 기색으로 좁은 복도를 오락가락하라는 지시를 받은 것 같았다. 나머지 절반은 소리를 지르거나 꾸벅꾸벅 조는 역할이었는데, 어떤 배우들은 두 가지를 동시에 하고 있었다. 이곳에 있는 사람들 대부분이 정말로 미쳐 보였다. 확실히, 신들린 듯 연기하고 있었다. 설마 진짜 정신병동에서 촬영 허가를 받았나? 나는 복도를 오락가락하는 사람들의 대열에 끼어들었는데, 상어가 헤엄치는 것만큼이나 내 의지와는 무관한 결정이었다. 복도는 매우 좁았다. 숨이 막힐 정도로 좁았다. 잠시라도 숨을 돌리고 쉴 수 있는 방이 없었다. 변변한 의자 하나 없었다. 복도를 거닐거나 침대에 누워 있거나, 둘 중 하나였다. 나는 촬영에 대한 정보를 알려줄 만한, 믿음직스러운 사람은 없는지 단서를 찾아 두리번댔다.

"재커리 M. 맞죠?" 병동 보조원이 불쑥 나타나서 나를 상념에서 깨웠다. "면회 왔어요."

병원의 보안문 앞에서 엄마를 쏙 빼닮은 중년 아주머니가 몸수색을 철저히 받고 있었다. 아주머니가 고개를 왼쪽에서 가운데로, 그다음에 오른쪽으로 기웃했다가, 다시 제자리로 돌렸다.

"버드?"

청소년 때 나는 엄마한테 '버드'(Bird)라는 애칭을 붙여주었는데, 기분이 언짢을 때면 꼭 새처럼 고개를 반원으로 갸웃거리는 버릇 때문이었다. 콘택트렌즈를 끼질 않아서 모든 것이 흐리멍덩했던지라 나는 자세히 보려고 눈을 가늘게 떴다. 신장 155센티미터. 넉넉한 가슴. 나처럼 눈썹이 진하고 코가 새의 부리처럼 휘었다. 전부 맞아떨어졌다.

"버드?" 내가 다가가며 물었다. 그 여자가 엄마인지 아닌지 자신이 없었다.

"버드 왔어." 여자가 나를 훑어보며 말했다.

"버드가 어떻게 여기 있어. 버드는 위치토에 있는데." 나도 여자를 훑어보았다. 값싼 페이리스 브랜드 신발, 자주색과 암적색 중간 톤의 하이라이트가 들어간 검은 머리. 엄마다. 엄마의 옷차림은 깨끗하고 단정하지만 머리부터 발끝까지 전부 합쳐도 50달러가 채 되지 않을 것이다. 조목조목 따져봐도 우리 엄마가 확실했는데, 다만 평소와 달리 무척 불안한 표정이었다. 심지어 몸도 조금 떨고 있었다.

"버드가 비행기 타고 왔어." 여자가 말했다. "뼈랑 가죽밖에 안 남았구나, 고릴라."

두꺼운 몸통과 지나치게 풍성한 몸털 덕분에 얻은 고릴라라는 별명을 듣고서야 이 여자가 배우가 아니라 엄마라는 확신이 들었다. 게다가 내가 지난 두 달만에 16킬로그램이 빠진 걸 배우가 어떻게 알겠는가? 엄마를 안으려고 다가갔더니 병동 보조원이 소리쳤다. "노란 선 넘지 말아요!" 병동 입구에 '환자 탈출 주의 요망'이라고 적혀 있었다. 출입구 옆의 의료 장비 서랍장에서 나일론 구속복이 얼핏 보였다.

우리는 병동 뒤쪽에 있는 구내식당으로 안내받았는데, 이곳이 면회실 역할도 겸했다. 어머니와 아들이 대화하려면 병동 보조원 세 명과 경비의 감시를 받아야 했다. 그중 한 명은 철제 접이식 의자를 바로 옆에 놓고 앉아서 우리 대화를 들었다.

"내가 여기 있는지 어떻게 알았어?"

"경찰이 말해줬어."

"경찰?"

"네가 그 사람들한테 애덤 전화번호를 줬나봐. 경찰이 애덤한테 전화해서 네가 알몸으로 전철역에서 발견되었다고 말했어. 그리고 너를 정신병원으로 이송할 거라고. 그게 전부였어. 벨뷰 병원으로 데려간다고."

"알몸은 무슨, 반바지 입고 있었어. 지금 어디에 묵고 있어?"

"네 아파트에. 그 벽 봤다."

"어땠어?" 나는 선댄스 영화제에 후보로 막 선정된 작품에 대한 질문을 받는 인디 영화감독처럼 의기양양하게 물었다.

"재커리, 네가 빨간색 매직펜으로 벽에 온통 낙서했잖니."

"응, 알아." 대체 왜 그걸 문제 삼는 거지? 벽을 제대로 본 거 맞아? 천재의 작품인데.

전체 중 일부=

모든 것은 모든 것이다=

우탱=

36 법정+5=

41발. 우리는 모두 아마두 디알로[4]다.

나는 거실과 내 방, 부엌과 화장실의 모든 벽을 거울도 포함하여 단어 방정식으로 뒤덮어놓았다.

"그걸 보니까 『샤이닝』이 생각나더구나." 엄마가 말했다.

"『뷰티풀 마인드』겠지. 혹시 〈내 사랑 레이먼드〉에서 아버지 역할로 나오는 배우 봤어? 여기 있어." 나는 구내식당 바

---

4   뉴욕에서 경찰에게 무고하게 총 41발을 맞고 살해당한 기니인 이민자다.

로 밖에서 서성이고 있는 노인을 가리켰다. 엄마는 웃음을 터뜨렸지만, 내가 웃지 않자 곧바로 입을 다물었다.

"〈내 사랑 레이먼드〉에 나오는 노인이랑 닮긴 했지만, 저 남자도 그냥 환자야."

나는 엄마에게 비밀을 털어놓기로 마음먹고 다가앉았다. "사실 저 사람들은 환자가 아니라 배우야. 저 사람이 그 배우 맞아." 나는 활짝 웃었다.

"그 배우 몇 년 전에 죽었어."

우리가 리얼리티쇼를 찍고 있다는 사실을 제작진이 엄마한테 숨긴 모양이었다. 엄마가 알면 어색하게 연기할 테니까.

"엄마 연기 진짜 못한다."

"잭. 너는. 지금. 정신병원의. 폐쇄병동에. 있어." 엄마가 단어를 하나하나 끊어서 말했다.

"몇 명은 진짜 환자일지도 모르는데, 대부분은 배우야. 내 동업자 프로듀서한테 전화해봐. 지금 우리가 뭘 촬영하고 있는지 말해줄 거야." 나는 이 장면을 찍고 있는 CCTV를 가리켰다. 우리가 리얼리티쇼를 촬영하고 있다는 명백한 증거였는데, 그래도 엄마는 나를 믿지 않는 눈치였다. "이게 촬영이 아니면, 왜 우리 동네에 대니얼 데이 루이스가 있었겠어?"

"아들, 나는 그 동네에 20분 정도 있었는데, 지나가는 사람의 절반이 대니얼 데이 루이스처럼 생겼더라."

나는 엄마를 빤히 바라봤다.

"그리고 네 프로듀서 친구한테 전화했었어. 네가 몇 주나 잠을 안 잤다며. 너랑 계속 일하기 전에 확실히 알고 싶어서

너를 의사한테 보여줬대. 그 친구 어머니한테도 전화했는데 내 전화를 끊어버리더라"

나는 엄마를 계속 바라보기만 했다.

"그 모히칸 머리는 또 뭐니?" 잠시 침묵하던 엄마가 물었다. "네가 언제부터 모히칸 머리를 하고 다녔다고?"

"내 친구가 옆통수를 밀어줬어. 코미디 때문에. 이 쇼를 위해서. 이걸 위한 거야. 안 웃겨?"

버드가 내 손을 꼭 잡았다. 이 새는 역경 앞에 움츠리지 않는다.

4

나의 버드가 되기 전에 엄마는 씬씬 맥길브리였다. 가정의 평화를 수호하는 착한 아이. 어렸을 적에 엄마는 색칠공부책의 곰돌이 푸를 선이 삐져나가지 않게 잘 칠할 테니 아빠가 술을 마시지 않게 해달라고 하느님과 흥정했다. 씬씬은 시키는 사람 없어도 혼자 숙제를 완벽하게 하는 아이였다. 초등학교 5학년이 되었을 때는 학교 도서관에서 7학년들이 읽는 책을 거의 통달했다. 하지만 그렇게 노력해도 상황은 달라지지 않았다.

매주 금요일마다 할아버지는 '우유 한 통과 빵 하나'를 사러 나갔다. 할머니는 고개를 끄덕이며 코로 한숨을 내쉬었다. 한번은 씬씬이 거짓말을 콕 집어냈다. "냉장고에 우유가 반 통이나 남았어요!" 할아버지는 괜스레 헛기침했고, 할머니는 딸을 힐끗 보고 남편에게 시선을 옮겼다. 아휴, 됐어, 그냥 가. 할머니는 이렇게 말하는 듯했다. 당신이 언제부터 내 허락을 구했다고?

씬씬은 아빠가 어디 가는지는 몰라도 곰으로 둔갑해서 돌아온다는 것은 알았다. 서커스에서 보는 명랑한 곰이 아니라,

화가 잔뜩 난 회색곰이었다. 씬씬의 방은 부모님 침실 건너편에 있었는데, 금요일 밤마다 할머니는 책벌레 씬씬에게 이불 아래서 책 읽지 말고 곧바로 자라고 당부했다. 곰이 돌아오면 무슨 일이 벌어지는지 궁금했던 씬씬은 방문을 열어놓고 싶었지만, 할머니는 반드시 문을 꼭 닫고 나갔다. 씬씬은 창밖을 내다보다가 밤늦게 돌아오는 곰을 발견했다. 현관문 자물쇠에서 열쇠가 달그락거렸다. 이따금 할아버지는 문을 여는 데만 10분을 소요했고, 그러는 내내 비틀거리면서 욕설을 씨불였다. "빌어먹을 문. 빌어먹을 열쇠." 할아버지는 열쇠를 떨어뜨렸다가 주웠다가, 다시 떨어뜨렸다. 그리고 더 많은 욕을 내뱉었다. 이제 그는 정말 곰처럼 보였다. 뒷발로 엉거주춤 서긴 했는데 몸을 어떻게 가누어야 할지 모르는 곰. 문 앞에서 비틀거리다 넘어지는 것도 부지기수였다.

그 소리가 들리면 할머니는 곧장 뒷문을 내다보고 차가 제대로 주차되어 있는지 확인했다. 그러고는 쏜살같이 방으로 돌아왔다. 씬씬이 고개를 빼꼼 내밀고 물었다. "엄마, 뭐 해요?" 할머니가 나지막이 외쳤다. "얼른 침대로 가. 가서 자. 너 깨어 있는 거 네 아버지가 알면 안 된다." 몸을 가누지 못할 정도로 취했으면서도 할아버지는 침실로 올라오기 전에 맥주를 한 캔 더 마시고 세일럼 담배를 한 대 더 피웠다. 7분 뒤에 옆방에서 무시무시한 일이 벌어지리라는 것을 씬씬은 알았다. 씬씬은 부모님이 이혼하게 해달라고 하느님에게 애원했다. 가끔은 더 나쁜 일을 부탁하기도 했다.

할아버지는 벽에 걸려 있는 잡다한 물건들을 떨어뜨리며

비틀비틀 침실로 왔다. 할머니가 자는 척했지만 할아버지는 아랑곳하지 않고 불을 켰다. 할아버지가 휘청거리며 옷을 벗는 소리를 씬씬은 듣고 있었다. "자는 척하지 말라고." 할아버지가 할머니에게 을러댔다. "네 잘난 척, 착한 척이 지긋지긋해. 네 아비라는 인간도, 네 농장도, 네 애새끼들도." 자신의 애새끼들이기도 했지만 금요일 밤에는 온 세상이 할아버지의 적이었다.

"윌리엄, 제발. 신디가 깨면 어떡하려고."

"신디는 엿이나 먹으라고 해." 할아버지는 이렇게 말하곤 했다. "보잉도 엿 먹고, 너도 엿 먹어라. 맨날 당하고만 사는데 질렸어."

유난히 무시무시했던 어느 밤에는 할머니의 비명 소리가 들렸다. "하지 마, 윌리엄! 당신 취했어!" 그리고 뒤이어 거대한 얼간이가 침대에 쓰러지는 소리가 났다. 씬씬은 곰돌이 푸 인형을 안고 복도로 살금살금 나갔다. 침실에서 어기적어기적 나가는 할아버지가 보였다. 사각팬티를 입은 할아버지는 꼭 팔다리 달린 달걀 괴물처럼 보였다. 할아버지가 부엌에서 냄비며 프라이팬 들을 벽에 집어 던지는 동안 할머니는 다른 방에서 울고 있었다. 세일럼 담뱃갑의 비닐을 뜯고 지포라이터를 켜는 소리가 나면 소동이 막바지에 이르렀음을 알수 있었다.

할아버지는 곧 구석에 있는 전용 의자에 앉아 밀러 라이트를 한 캔 더 마시고 담배를 피우다 곯아떨어질 것이다. 할머니 역시 담뱃갑을 뜯고 라이터를 켜는 소리만 기다리고 있었는지, 할아버지가 잠들자마자 내려와 집이 얼마나 엉망이 되었는지 확인했다.

토요일 아침 내내 회색곰은 동굴에서 코를 드르렁거리며 잤다. 씬씬은 자기가 자는 척하는 동안 벌어진 소동의 처참한 잔해를 보리라 각오하고 부엌에 슬그머니 들어갔다. 그러나 깨끗한 부엌에서 할머니가 커피를 마시며 신문을 읽고 있을 뿐이었다. "잘 잤니, 우리 씬씬. 시나몬 오트밀 해줄까, 아니면 팬케이크 먹을래?"

씬씬은 소리치고 싶었다. 자기는 바보가 아니며 귀먹지도 않았다고. 제발 아빠를 떠나라고. 어쩌면 할머니도 그러고 싶었을지 모르지만, 할머니가 이혼을 감행할 가능성은 사이비 교단에 들어갈 가능성과 비등비등했다. 씬씬은 가까스로 말했다. "어젯밤에 아빠가 무서웠어요." 그러면 할머니는 이렇게 대꾸했다. "시나몬 오트밀, 아니면 팬케이크? 넌 너무 예민하구나, 씬씬." 씬씬은 팬케이크를 먹겠다고 말하고, 조금 전에 대걸레로 청소된 리놀륨 바닥을 할머니 몰래 살펴보았다. 냉장고 앞 바닥이 갈색으로 움푹 파여 있었다. 애벌레가 몸을 배배 꼰 채로 뭉개진 것 같은 모양이었다. 할머니는 바닥을 늘 말끔하게 관리했다. "엄마, 저거 왜 그래요?" 씬씬이 애벌레를 가리키며 물었다. 할머니는 눈살을 찌푸렸지만, 이렇게 답할 뿐이었다. "별거 아니야. 아빠가 담배꽁초를 떨어뜨렸어."

씬씬이 벽에 새로 생긴 구멍으로 시선을 돌리자 할머니는 음료수를 사 마실 용돈을 손에 쥐여주고 집에서 내몰았다. 그래서 씬씬은 친구 셸리네 집에 갔다. 셸리 아버지는 벌써 일어나 있었을 뿐만이 아니라, 목욕가운 차림으로 쉬고 있는 셸리 어머니 대신 우스꽝스러운 요리사 모자를 쓰고 아침밥을 차리고 있었다. 셸리는 창피해했지만 씬씬은 기꺼이 아버지를 교환했을 것이다.

몇 시간 뒤에 씬씬이 집에 돌아오자 곰이 깨어 있었다. "안녕, 신디 공주님" 할아버지가 인사했다. 샤워와 면도를 마쳤고, 어김없이 담배를 피우고 있었다. 오후의 햇살 속에서 그는 더 이상 회색곰 같지 않았고, 눈이 빨갛게 충혈된 왕쥐 같았다. "아빠랑 시장 갈까? 엄마한테 꽃을 선물할 건데 씬씬이 골라줄래?" 할아버지는 숙취에 시달리면서도 토요일 오전에 제일 다정했다. 가족들의 눈치를 보며 반성하는 기색이었는데, 자기가 정확히 무엇을 반성해야 하는지는 알지 못했을 것이다.

나의 부모님은 열세 살에 교제하기 시작했다. 이 관계는 처음부터 삐걱거렸다. 때는 1974년 밸런타인데이. 장소는 미드 중학교. 맥이 버드에게 커플링을 주며 고백하기로 한 대망의 날이었지만 그는 아예 학교에 나오지 않았고, 버드는 친구들 앞에서 창피를 당했다. 이튿날인 2월 15일에 맥은 반지를 들고 학교에 나타났다. 대마초에 취한 맥의 머리에는 개기름이 흘렀고 얼굴에는 블랙헤드가 송송 불거졌으며 몸에서는 암내가 풍겼다. 버드는 맥의 반지와 사과를 받아주었다. "아파서 버스를 놓쳤어. 엄마를 깨워서 학교까지 태워다달라고 했는데, 엄마가 다시 잠들었어." 맥은 이렇게 주장했다. 버드는 그가 아팠다는 변명을 믿었다. 맥은 정말로 급성 부비동염에 걸렸거나, 아니면 그 증상을 기막히게 꾸며내고 있었다. 그렇지만 그의 엄마가 다시 잠들었다는 말은 도저히 믿기지 않았다. 엄마들은 원래 알람시계처럼 철저하지 않나? 도시락을 싸주고, 침대를 정리하고, 머리를 땋아주고, 숙제를 도와주고, 전날 깨끗이 다려놓은 옷을 미리 펼쳐놓고? 불쌍해라⋯. 쟤는 엄마한테 사랑을 못 받는 게 틀림없어. 그래서 버드는 자신이 맥을 돌보기로 결심했다. 맥의 숙제를 해주고 자기 도시락의 절반을 꼬박꼬박 나눠주었다. 맥은 자신의 아버지에 대해 자주 불평했는데, 아버지가 자기를 아무짝에도 쓸모없는 히피라고 부르면서 머리를 자르라고 강요했다는 것이다. "게을러, 게을러, 게을러터진 놈." 훗날에 나의 친할아버지가 될 사람이 말했다. "놀고먹는 검둥이처럼 게으른 자식."

중학교 시절 연애는 대개 특정한 시기에 이르면 자연스레 끝난다. 각자 다른 고등학교에 진학하거나, 열다섯 살이 된 순간 결국 서로가 영혼의 짝이 아니었음을 깨닫기 마련이다. 그러나 나의 부모에게는 일이 그렇게 진행되지 않았다. 그들은 열여덟 살에 결혼했다. 심지어 원래는 그보다 더 일찍 결혼하려다가 고등학교 졸업 이후로 연기한 거다. 전교에서 거의 수석으로 졸업한 엄마는 남자친구 맥에게는 무난하지만 아무도 그의 진짜 점수라고 믿지 않은 성적을 선물했다.

외할아버지와 외할머니는 영 마뜩잖았다. 심지어 1978년 캔자스에서도 열여덟 살은 결혼하기에 어린 나이였다. 게다가 눈이 달린 사람이라면 누구나 맥이 날라리라는 것을 알아봤다. 전 과목 A 학생인 씬씬은 반항아가 아니었지만, 사랑에 깊이 빠져 있었다.

그로부터 여섯 달 뒤에 엄마는 의도치 않게 알렉사 누나를 임신했다. 대학교 첫 학기를 막 끝마친 무렵이었다. 엄마는 학장 우등생 명단에 오를 정도로 성적이 좋았음에도 오래 고민하지 않고 휴학했다. 커플링을 하루 늦게 가져왔던 소년이 여전히 무책임했기 때문이다. 누군가는 아이를 키우고 생활비를 벌어야 하지 않겠는가. 그래서 엄마는 대학교에서 딜런스 슈퍼마켓으로 편입했다.

이 무렵에 맥은 코카인에 심각하게 빠져 있었는데, 놀랍게도 엄마는 이에 대해 아무것도 몰랐다. 맥이 한 손으로 운전하면서 다른 손으로는 대마초를 말고, 또 럼앤콕을 과음한다는 것은 알고 있었지만, 엄마에게 코카인은 미지의 세계였다. 씬씬에게 익숙한 건 벽으로 날아가는 프라이팬과 냄비, 고함과 짜증, 그리고 PCP에 취한 오빠가 엄마 보는 앞에서 알몸으로 샤워하며 피클통을 먹으려고 하는 정도였다. 남편이 이따금 흘리는 코피는 아무런 경각심을 일깨우지 못했다. 코카인에 제대로 미쳐 있었을 때 맥은 일주일에 800달러어치 코카인을 콧구멍에 쏟아붓고 있었다. 당시 두 사람은 정부에서 식비를 지원받을 정도로 가난했는데.

맥은 엄마에게 별난 부탁을 하기 시작했다. 사진을 둘둘 말아서 담았다는 원통형 배송 상자를 페덱스로 가져가서(놀랍게도 맥은 실력이 썩 나쁘지 않은 아마추어 사진사였다) 플로리다로 부쳐달라고 했다. 엄마는 상자에 무엇이 들었냐고 캐묻진 않았지만, 사진치고는 확실히 너무 묵직했다.

　마약상들이 들이닥쳐 집을 털고 난 다음에는 엄마도 자신이 무언가에 연루되었다는 사실을 인정할 수밖에 없었다. 그날 새벽 3시에 맥이 집에 와보니 현관문은 활짝 열려 있고 거실 창문은 박살 났으며 그의 스테레오와 스피커가 사라지고 드럼 세트가 바닥에서 뒹굴고 있었다. 9개월째 나를 임신하고 있던 엄마는 알렉사 누나가 고열을 앓고 있어서 병원에 데려가야 할지 걱정하고 있었다. 그런데 맥은 경찰에 신고하기를 꺼리며 엄마를 '걱정꾼'이라고 불렀다. 마치 엄마가 카펫에 묻은 진흙을 두고 소란을 피운 것처럼.

　그러다 새로운 위험이 나타났다. '걱정꾼'은 침대 옆 탁자에 망치를 놓고 잤다. 그로부터 몇 년 전에 엄마가 에디 삼촌의 약쟁이 친구 버트에게(에디 삼촌 친구는 죄다 약쟁이였지만) 불리한 증언을 할 수밖에 없던 일이 있었다. 경찰을 피해 도주하던 버트가 엄마를 찾아와 숨겨달라고 했는데, 엄마가 이를 거부하자 그는 신혼집의 현관문을 때려 부숴서 보복했다. 집주인이 경찰에 신고했고, 엄마는 증언해야 한다는 이유로 소환되었다.

　그 재판은 벌써 수년 전에 끝났건만 버트는 석방되고 나와서 끈질기게 엄마를 괴롭혔다. 몇 달이나 잠잠하다가 마약에 취해서 갑자기 찾아왔다. 한번은 딜런스 슈퍼마켓의 빵집 뒤쪽 조리실에서 엄마를 싱크대로 밀치고, "길거리로 끌고 나가서 니 배때기에 칼을 쑤셔 넣을 거다."라고 위협했다. 당시 엄마는 내 동생 애덤을 임신하고 있었다. 맥의 트럭이 집 앞에 없으면 버트는 자물쇠가 흔들릴 정도로 현관문을 두들겨 댔다. "내가 너 뭐하는지 다 보고 있어! 그 애기 데리고 나와! 다 죽여버릴 거야!" 엄마가 맥에게 "한밤중에 손님이 또 찾아왔어."라고 말하면 맥은 이렇게 말할 뿐이었다. "그러니까 밤에는 개들을 집에 들여놓으라고 했잖아." 엄마는 버트 때문에 경찰에 최소 대여섯 번은 전화했다. 가끔 엄마는 버트에게 공격당하는 것을 상상했고, 맥이 집에 돌아와서 우리가 전부 죽어 있는 것을 발견하면 정신을 차릴지도 모른다고 생각했다. 그러나 엄마는 맥 곁에 남았다.

가족이 살던 집 자체도 다른 위험을 불러일으켰다. 맥은 늘 집을 뜯어고치고 있었는데, 아무것도 끝내놓지 않아서 문제였다. 우리 집은 제철공장만큼이나 어린아이들에게 위험했다. 맥이 카펫을 뜯어내고 아무것도 깔아놓지 않은 바닥에는 뾰족한 못이 늘어서 있었고, 벽에는 단열재가 훤히 드러나 있었다. 벽의 석고보드는 누리끼리한 단열재에 기대어 세워져 있을 뿐, 붙어 있었던 적이 없다. 또한 전기톱, 자동사포기, 네일건, 페인트통이 여기저기에 널려 있었고, 이따금 쥐 소굴이 보일 정도로 쥐가 들끓었다. 한번은 엄마가 죽은 쥐를 밟고 비명을 지르자 맥은 "어린애처럼 굴긴."이라며 타박을 주었다. 그래서 엄마는 집 안 곳곳에 쥐약을 뿌리고 대대적인 학살을 감행했다. 그러나 할머니가 아기들 기어다니는 데 쥐약을 뿌리면 안 된다고 조언해서, 그다음부터는 쥐덫을 대신 깔았다. 쥐 목이 꺾이는 소리가 하도 많이 들려서 때로는 쥐들이 21발 예포로 죽은 친구들을 기리는 것 같았다.

씬씬의 인생은 이렇게 풀려서는 안 되었다. 외할아버지와 외할머니는 경제대공황 때 오클라호마 촌구석에서 찢어지게 가난하게 자랐지만 두 분 모두 오클라호마 농업·기계 대학을 졸업했다. 할머니는 비서학과를 졸업했고, 할아버지는 경영을 전공했다. 엄마는 두 분의 학구열을 고스란히 물려받았다. 엄마는 만취한 곰을 피해 책을 읽고 글을 썼으며, 하느님께 아빠가 술을 끊게 해달라는 조건을 걸고 고등학교 내내 A만 받았다. 엄마가 단순히 현실에서 도피하려고 책의 세계에 빠진 것은 아니었다. 엄마는 문학, 특히 시를 진심으로 사랑했다. 엄마는 제일 좋아하던 듀크로 선생님처럼 영어 선생이 되길 꿈꿨다. 듀크로 선생은 엄마가 초등학교 3학년 때 『앵무새 죽이기』를 교과서에 껴놓고 몰래 읽는 것을 보더니, 좀더 나이에 걸맞은 책을 몰래 읽으라며 『초원의 집』 등 여러 책을 빌려주었다. 매해 가을 대학교에서 새 학기 수강시간표를 발표할 때마다 엄마는 또 한 학기를 놓친다는 생각에 가슴이 미어졌다. 끝내 엄마는 위치토에서 책을 가장 많이 읽은 슈퍼마켓 직원이 되었다.

아이 셋은 물론 어린애나 다름없는 남편을 돌보아야 했던 엄마에게 대학교 복학은 까마득한 꿈이었다. 맥은 엄마가 책을 읽을 때마다 비웃으며 "넌 헛똑똑이야."라고 이죽거리긴 했지만, 만약 야간수업을 듣고 싶다면 자신이 애들을 '봐주겠다.'고 크게 선심 쓰듯 말했다. 그러나 이 시도는 한 학기 만에 끝나버렸다. 맥이 우리를 돌봐야 하는 시간에 집에 들어오지 않거나, 마약에 취해서 오거나, 또는 마약에 취해서 집에 오지 않았기 때문에 엄마는 학기 절반은 수업 도중에 나와야 했다. 결국 엄마는 다시 휴학할 수밖에 없었다.

1985년에 엄마는 이혼하기로 마음먹었지만, 찢어진 콘돔 탓에 셋째를 임신했다. 엄마는 절망했다. 그때 캔자스에서는 임신한 여성이 이혼하지 못하도록 법으로 금지되어 있었다. 맥은 신이 났다. 그 당시 예수에 심취해 있던 맥은 자기 아버지가 다니는 교회에 온 가족을 끌고 갔다. 예배 시간에 방언 기도를 하는 그곳은 춤추는 것을 금지하고, 성경에 적힌 모든 말을 문자 그대로 해석하며, 일요일마다 싸구려 뷔페 식당의 매출깨나 올려주는 침례교파 이글레시아 니 그리스도 교회였다.

엄마는 침례교회에 다니지 않았다. 어린 시절에 엄마는 일요일마다 성마거릿 메리 성당에 다녔다. 일요일에는 심지어 할아버지도 침대에서 비틀비틀 기어 나와 미사에 갔다. 엄마는 할머니에게서 풍기는 스튜 냄새와 할아버지에게서 풍기는 술 냄새 사이에서 인간 방패가 되어주었다. 엄마는 이러한 일요일 의식을 그리워했지만 맥은 가톨릭교가 간교한 말장난이라고 일축했다. 물론 엄마는 '아내로서 의무를 다하고 남편의 필요를 충족시켜라.'라고 설교하는 침례교회 장로들을 질색했지만, 그래도 맥은 종교에 취해 있었을 때 그나마 가장 다정하고 좋은 아빠였다. 교회에 다닌다고 마약을 줄이진 않았지만, 맥은 자기 가족을 지켜야겠다는 생각에 빠졌고, 당시 다섯 살이었던 알렉사 누나에게 도움을 받기로 했다. 어느 저녁에 엄마가 집에 오니 부녀가 즐겁게 놀고 있었고, 알렉사는 이렇게 말했다. "아빠 내쫓지 마요. 아빠가 있어야 좋아요."

버드가 자신을 떠날 생각인 걸 맥은 일찌감치 눈치챘다. 부부로 함께한 마지막 해에 맥은 엄마의 전화를 엿들었고, 집에 장치를 설치해서 대화를 녹음했다. 엿듣고 있다는 것을 걸리기 싫으면, 엿들어서 알아낸 정보를 밝히지 말아야 한다는 것도 모르고 맥은 이렇게 말했다. "대체 왜 내가 코트니랑 바람을 피우고 있다고 확신하는데?" 맥이 여태 무슨 짓을 하고 있었는지 엄마는 깨달았다.

1988년에 결국 엄마는 이혼을 신청했다. 그러나 맥은 모든 것에서 한발 앞섰다. 지하실에는 여전히 도청 장치가 설치되어 있었고, 맥은 떠나면서 부부의 은행 잔고 2,037달러에서 2,000달러를 빼냈다. 창문을 새로 달려고 엄마가 바득바득 모은 돈이었다.

엄마와 맥은 10년간 부부로 살았으며 각자 인생의 절반을 함께했다. 엄마는 결혼하기 전에도 맥과 헤어질 생각을 여러 번 했지만, 막상 이혼하고 나자 죽도록 괴로워하며 자살 충동까지 느꼈다. 엄마는 일기에 이렇게 적었다. 내가 맥의 인생을 망치고 아이들로부터 아빠를 뺏고, 부모님 돈을 수천 달러 낭비한 것처럼 느껴졌다. 나는 마음도 망가졌고 재정 상태도 엉망이었다. 내 가정은 산산이 조각났고 나는 죽고 싶었다. 엄마로 살고 싶지 않았다. 그렇다고 알렉사가 내 시체를 발견하는 것은 원치 않았다. 또 엄마에게 상처를 주고 싶지 않았다. 하지만 자살 생각을 멈출 수 없었다. 누가 아이들을 키울 것인지 걱정했다. 발륨을 찾아 집을 뒤졌지만 그게 목숨을 끊을 정도로 센 약인지 확신이 안 섰다. 고통이 도저히 끝날 것 같지 않았으며, 인생이 철저히 실패한 것 같았다. 결국 발륨을 찾지 못했다.

스물일곱 살에 싱글맘이 된 엄마는 당시 슬하에 두 살, 다섯 살, 여덟 살짜리 아이들을 두었으며 전 재산이 37달러였다.

5

정신병원에서 제정신을 되찾으려는 것은 광란의 레이브 파티에서 편두통을 치료하려는 것과 마찬가지다. 환자들은 밤낮으로 고함을 질렀다. 〈내 사랑 레이먼드〉의 아버지 역할 노인과 나는 고개도 잘 가누지 못했고, 갓난아기처럼 침을 질질 흘렸다. 4XL 사이즈도 맞지 않을 듯한 거대한 흑인 여자는 매일같이 히스테리를 부렸다. 몇 분씩이나 끊임없이 소리를 지르고 울부짖으며 헛소리를 했다. "그들이 오고 있어! 오고 있다고! 우리를 전부 해부할 거야!" 여자는 타임스퀘어에서도 이목을 끌 만큼 요란하게 소리를 질러댔는데, 이런 히스테리는 정신병동에서 그야말로 혼란을 일으킨다. 한곳에 갇힌 채로 진정제를 맞고 무시당하고 있는 스무 명의 영혼이 각자 헛소리를 늘어놓다가 다른 사람에게서 주워들은 말을 바탕으로 변주를 시작한다.

과연 그렇게 되었다. 정신병이 불러온 혼돈에서 자기만의 현실을 구축하고, 이 과정에서 편집증이 발생한다. 우리에게 주는 음식에 독이 들어 있는 것은 아닌지, 약이 진짜 약이 아니라 자백약은 아닌지 의심이 든다. 최소 절반의 환자는 자신들이 정부의 비밀 계획에 이용당하고 있으며. 그들이 곧 우리 뇌를 해부할 거라고 믿었다.

내가 리얼리티쇼에 출연 중이라는 최초의 확신은 벨뷰 정신병동이 『뻐꾸기 둥지 위로 날아간 새』 세트장과 판박이로 닮았다는 사실에 힘입어 더욱 굳어졌다. 하얗게 칠한 벽, 침을 질질 흘리며 돌아다니는 환자들, 사나운 환자를 쓰러뜨리고 진정제를 주사하는 병동 보조원. 50년대와 달라진 것이라고는 병원 실내에서 금연이라는 것뿐인 듯했다. 공동 병실에 텔레비전이 하나 있었는데, 어떤 채널을 보느냐를 두고 말다툼이 나서 때로는 폭력으로까지 이어졌다. 한번은 아이티 출신 같은 억양을 쓰는 흑인 여자가 자기가 〈웬디 윌리엄스〉 토크쇼를 보고 있을 때 한 번만 더 채널을 바꾸면 방에 있는 사람들 전부를 죽여버리겠다고 위협했다. 충분히 그럴 능력이 있어 보였다. "조져버릴 거야, 개자식들아!"

성난 사람들과 마주치지 않으려고 나는 계속해서 상어들과 헤엄쳤다. 그러니까, 몇 시간이고 복도를 서성이는 사람들의 일과에 동참했다는 말이다. 자기 자신을 '본크러셔'(Bone Crusher)라고 부르는 젊은 흑인 남자는 주먹을 앞뒤로 휘두르고 "본크러셔! 본크러셔! 본크러셔!"라고 외치며 걸어 다녔다. 이따금 그는 본크러셔 역할에서 빠져나와 칸예 웨스트의 〈지저스 웍스 Jesus Walks〉 랩을 읊었다. 때때로 나는 그와 함께 복도를 힘차게 걸어다니며 랩을 뱉었는데, N으로 시작하는 그 단어가 나올 때마다 그는 내게 고갯짓을 했고, 나는 한 마디를 건너뛰었다. 진정제에 취해 있다가 윗옷이 축축해진 것을 느끼고 얼굴을 만져보면 턱에서 침이 강물처럼 흐르고 있었다. 바짓가랑이도 역시 진하게 물들어 있었는데, 정신이 흐리멍덩해서 오줌도 제대로 털어내지 못했기 때문이다.

밥 시간이 되면 바퀴 달린 160센티미터 높이의 금속 상자 여러 개가 구내식당에 들어왔고, 바야흐로 혼란이 시작되었다. "빌어먹을, 내 밥 어딨어?" 직원들이 첫 번째 접시를 내려놓기도 전에 환자 절반이 고래고래 악을 썼다. 나머지 절반은 자신이 왜 구내식당에 있는지 몰랐다. 이때를 놓치면 앞으로 몇 시간이나 밥을 먹지 못할 텐데.

원래는 여기 환자들 모두가 각자 필요와 제한에 따라 먹어야 하지만 암시장을 막기는 불가능하다. 모두가 뻔히 보는 앞에서 물물교환이 이루어졌다.

"롤빵 먹을 거야? 야, 신참 자식아, 롤빵 먹을 거냐고 물어보잖아!"

"그래, 먹을 거다." 내가 으르렁댔다. 교도소와 같은 원칙이 적용되리라 예상했다. 한번 만만해 보이면 끝까지 만만해 보인다. 물론 나도 소소한 물물교환은 반대하지 않았다. "롤빵은 줄 수 없지만, 그 우유 주면 내 쿠키를 주지" 계약이 성사되었지만 곧 밑진 장사였다는 것을 깨달았다. 쿠키는 귀했지만 우유는 직원에게 부탁하면 하나 더 받을 수 있었다.

나흘째 되던 날에 나는 '옥상 그룹'이라는 것을 알게 되었다. 그러니까, 우리가 햇빛 아래로 나갈 수 있다고? 엄밀하게는 가능했지만 나는 나갈 수 없었다. 나가려면 먼저 그 특권을 따내야 했기 때문이다. 즉 신선한 공기를 쐬려면 일단 옥상 그룹에 들어가야 했는데, 그러려면 2주간 모범적으로 행동하고 환자들에게도 잘 알려지지 않은 그룹 상담에 참여해야 했다.

이것만큼은 꼭 알아주길 바란다. 정신병동의 공기는 지구에서 가장 역겹고 독한 것 중 하나다. 우리에게 처방되는 약의 90퍼센트가 지독한 개똥 냄새 방귀가 끊임없이 새어 나오는 부작용을 유발한다. 기필코 나는 옥상 그룹에 들어가야 했다. 하지만 제길, 2주나 참아야 한다고? 여기서?

여기서 나갈 다른 방안이 있을까? 탈출은 불가능해 보였다. 두꺼운 창문은 굳게 잠겨 있었고, 우리가 갇혀 있는 병동은 낮아도 20층에 있었다. 면회자들이 드나드는 첫 번째 문으로 슬쩍 나갈 수 있겠지만, 면회자 대기실로 통하는 문 두 개가 동시에 열려 있는 것을 본 적이 없었다. 탈출하지 않고 빠져나가는 방안은… 체포되는 것이었다.

체포되면 된다. 천재적인 아이디어다.

경찰은 나를 체포하면 일단 관할 경찰서로 데려가야 한다. 체포 기록에 '의료적 조치 급요'라고 적을 테고, 그러면 나는 구치소에서 24시간을 기다리지 않아도 된다. 기소인부절차에 데려가면 나는 우리 회사에서 가장 유능한 법정 변호사이자 내 친구인 조너스 제이콥슨에게 전화할 것이다. 조너스가 내게 유리한 판결을 받아내면 나는 24시간이 지나기도 전에 자유의 몸이 된다.

좋아, 그럼 무슨 범죄를 저지르지? 3급 폭행죄 제120조 1항이 가장 만만했다. 그냥 누굴 한 대 때리는 거다. 하지만 누구? 〈내 사랑 레이먼드〉의 아버지 배우? 너무 늙었다. 엑스트라 라지 가운? 너무 미쳤다. 간호사들? 기소에 협조할 가능성이 너무 크다. 지나친 폭력은 안 된다. 그건 멍청한 짓이다. 절도도 범죄에 포함되지만, 정신병동에는 훔칠 만한 물건이 없다.

4급 경범죄 제145조. 4급 경범죄를 저질렀다고 판단되는 경우는 다음과 같다. 자신에게 권리가 없으며, 권리가 있다고 믿을 만한 합리적인 근거 없이 (1) 의도적으로 타인의 소유물을 파손한다. 그래, 이거다. 2항을 볼 필요도 없다. 그런데 뭘 파손하지? 이곳에선 모든 것이 바닥이나 벽이나 천장에 붙어 있고, 움직일 수 있는 가구라곤 플라스틱 의자뿐이다. 텔레비전은 잠겨 있는 유리문 뒤에 있고, 공중전화는 아무리 내려쳐도 부서지지 않을 정도로 견고하게 생겼다. 게다가 이 둘 중 하나를 건드렸다간 여기 환자들한테 먼저 맞아 죽을 가능성이 크다. 간호사실의 창문을 깨면 적어도 손해금액이 1,500달러 이상일 텐데, 그 정도면 D급 중죄고, 그건 제길, 형기가 1년에서 7년 사이다.

엿새째 되던 날에도 나는 여전히 새로운 현실에 적응하려고 노력 중이었다. 그때까지도 나는 혼란스러웠다. 어쩌면 버드 말이 맞을지도 모른다. 어쩌면 내가 진짜 정신병동에 있는지도 모른다. 엄마가 연기를 못하는 이유는 나와 마찬가지로 엄마도 연기자가 아니기 때문인가. 천장에 달린 카메라가 촬영 카메라가 아니라 CCTV일 수도 있다. 내가 확신할 수 있는 것은 단 하나. 이곳에서 나가야 한다는 것뿐이었다.

"이 엿 같은 곳에서 어떻게 나가죠?" 나는 가장 친하게 지내던 아이티 출신 병동 보조원에게 물었다.

"나가겠다고 신청해야죠. 못되게 말하지 않아도 돼요. 당신은 그거보다 나은 사람이잖아요."

아, 물론이다. 물론 나가겠다고 신청해야지. 나는 강제로 여기에 붙들려 있는 거니까. 병원은 나를 납치할 권리가 없다. 범죄를 저지르지 않아도 된다.

"종이 한 장만 부탁해요."

본인, 재커리 맥더멋은 벨뷰 병원에서 2009년 10월 30일 자로 퇴원을 요청한다. 나는 나 자신과 타인에게 위해를 가하지 아니하며, 현재 뉴욕 시 법에 위반하여 본인의 의지와 무관하게 강제로 수용되어 있음을 알리는 바이다.

이 쪽지를 쓰면서 상당히 기분이 짜릿했다. 까불지 말라고, 이래 봬도 나 변호사야. 어쨌든 나 자신이 꽤나 멍청하게 느껴졌는데, 정신병동에서 구치소로 이송된 정신질환 의뢰인들에게 이 절차를 내 입으로 침이 마르도록 말해주었기 때문이다. 당신이 자기 자신이나 타인에게 위해를 끼칠 존재라고 판단되면 병원은 당신을 72시간까지 강제로 입원시킬 수 있으며, 실제로 그런지는 증명할 필요가 없다. 병원은 그저 소견에 따른 것이라고 말하면 된다. 그다음에 당신은 퇴원하겠다고 요청할 수 있고, 그러면 인터뷰를 하게 되는데, 당신이 요청하고서부터 72시간을 재기 시작한다.

"내가 변호사인 거 알죠?" 내 쪽지를 권위자에게 전해주길 바라며 병동 보조원에게 말했다.

"당신이 그렇게 말하는 걸 듣긴 했는데, 그게 사실인지 아닌지 내가 어떻게 알아요. 당신이 지금 어디 있나 생각해봐요."

나는 퇴원 요청이 내 기록에 추가되고 다음 임원 회의 안건에 반영되었으리라 상상했다. 그러나 관료체제는 본디 느려터진 데다가 나를 한시바삐 풀어주고 싶어 하는 사람도 없었다. 아직 꽤 기다려야 할 것이다.

병원에 온 지 이레째 되던 날에 활동실에 들어갔는데, 젊은 멕시코인 환자가 전기 이발기를 들고 사람들 머리를 이발해주고 있었다. 내가 빤히 바라보자 그가 물었다.

"머리 깎고 싶어?"

"아마도?"

그는 나를 의자에 앉혔고, 어떤 스타일을 원하냐고 묻지도 않고 곧바로 밀어버렸다. 모히칸 헤어스타일은 이제 안녕.

"콧수염도 다듬을까?"

"그래"

그는 양옆으로 길게 말려 있던 콧수염을 짧게 다듬어주었다. 이제 나는 덜 위험하고, '정상'에 한층 가까워 보였다. 그렇지만 나는 여전히 의미를 찾고 있었다. 이것도 프로듀서의 계획인가? 나를 정상적으로 보이게 만든 다음에 바깥세상으로 데리고 나가서 새로운 장면을 찍으려는 건가? 만일 그렇다면 다른 환자가 내 머리를 밀어주는 것이 가장 낫다. 스토리를 이어나갈 수 있고, 좀 이상하긴 하지만 웃기니까. 촬영이 아니라면 대체 세상 어느 정신병동에서 한 환자가 다른 환자 머리를 깎게 허락하겠는가?

그런데 또다시 생각해보니, 정신병동에서 다른 환자들 머리를 이발해주는 멕시코인 환자가 연기자가 아니라 정말로 정신병동에서 다른 환자 머리를 이발하는 멕시코인 환자일 수도 있다. 둘 중 무엇이 진실인지 확신이 서지 않았지만 두 가지를 모두 고려해서 그에 걸맞은 대응책을 각각 마련해놓아야 했다. 만약 우리가 지금 리얼리티쇼를 촬영하고 있고, 만약 제작진이 내가 병원에서 나가길 원하는 거라면, 나는 지금 잘하고 있다. 그러나 내가 정말로 정신병동에 갇혀 있는 것이라면, 어떻게 해서든지 나갈 방법을 찾아야 한다. 이게 단순히 촬영이라면 버드가 뉴욕에 왜 이토록 오래 있을까? 그리고 왜 나를 찾아올 때마다 더없이 슬퍼 보이고, 이곳이 진짜 정신병동이라고 고집을 부리는 걸까?

나는 엄마가 오기만을 목을 빼고 기다렸지만, 면회는 하루에 두 시간밖에 허락되지 않았다. 엄마는 면회 시간을 단 한 번도, 1분도 놓치지 않았다. 10분 일찍 와서 문 앞에 줄을 서고 신체 수색을 받을 준비를 하고 있었다. 엄마는 늘 나를 위해 와주었고, 침착한 모습을 보였다. 적어도 내 앞에서는. "점심으로 뭐 먹었니? 책은 읽을 수 있어? 뭘 하면서 시간을 보내라고 하니?" 나는 대답할 수 없었다. 늘 약에 취해서 정신이 아슴아슴했기 때문에 하루가 어떻게 흘러가는지 종잡을 수 없었다.

엄마는 병원 관계자들에게 지금 그들이 보고 있는 사람이 진짜 내가 아님을 알리려고 애썼다. "내 아들은 이렇지 않아요." 엄마는 이렇게 말하곤 했다. "이 애가 내 아들이에요." 그리고 내가 '정상인'으로 보이는 사진을 그들에게 보여주었다. 내가 한 인간이라는 사실을 그들에게 상기시키려고. 나를 버리지 말라고 부탁하려고. 이 애는 사랑받는 사람이에요. 돌아올 거예요. 도와주세요.

퇴원을 요청한 지 72시간이 거의 다 되었을 때 나는 '환자 탈출 주의 요망'이라고 적힌 문 옆의 작은 사무실로 불려 갔다. 퇴원 인터뷰를 받을 참이었는데, 엄마가 와 있었다. 엄마는 표정으로 경고했다. 이거 망치면 안 돼. 깐죽거리지 마. 테이블 반대편에 젊고 예쁜 의사와 나이 지긋한 간호사가 앉아 있었다.

"재커리, 당신이 퇴원하고 싶어 하는 걸 이해합니다."

"네, 나가고 싶어요."

"하지만 당신이 준비되었다는 확신이 없어요."

"준비됐어요. 여긴 지옥이에요."

"어머님께서 당신을 책임지신다고 했어요."

"잘됐네요."

"당신의 병에 대해 설명할게요."

"듣고 있어요."

"당신은 양극성장애가 있고, 정신증을 일으켰어요. 그리고 지금은 데파코트와 리스페달을 복용하고 있어요. 또 다른 삽화를 방지하고 정신을 안정시키는 데 도움이 될 거예요. 이

약들을 반드시 복용해야 해요. 이해했어요?"

"질문 있어요."

"네, 말해봐요." 예쁜 의사는 살짝 짜증이 난 것 같았다.

"페니스가 무감각해요. 며칠 전에 자위하려고 했는데 아무 느낌이 없었어요. 아무 느낌이 안 나고 발기가 안 돼요."

"엄마는 잠깐 나가 있을까?" 이런 이야기를 버드가 들을 필요는 없다.

"아니에요. 다 들었는데요, 뭘."

"리스페달 때문이에요." 예쁜 의사가 대수롭지 않게 말했다. 나의 성기에 가해진 부수적 피해에 아무런 관심이 없다는 말투였다.

"그렇군요…. 하지만 그건 좀 곤란한데요."

"이 약을 평생 먹을 필요는 없을지도 몰라요."

"네. 하지만 평생 먹어야 할 수도 있고요? 그건 매우 곤란하겠는데요."

"잭, 당신은 정신증을 일으켰어요. 솔직히 말하면, 어머님께서 책임지겠다고 나서지 않았으면 지금 상태에서 우리는 당신을 절대 내보낼 수 없어요. 당신이 이것을 심각하게 받아들이지 않고, 무슨 일을 겪었는지 이해하지 못한다는 생각이 드는군요."

버드가 끼어들었다. "여기서 나가자마자 위치토로 데려갈 거예요. 내가 직접 보살필 거고, 항상 주시하고 있을게요. 위치토에 있는 정신건강센터도 알아놨어요. 약 복용도 철저히 할 거고요. 내가 약속할게요."

예쁜 의사는 마지못해 서류를 건네주었다. "이거 읽고 서명해요. 다시 말하지만, 어머님이 우리를 설득하고 퇴원 후 보호 계획을 준비해놓지 않았으면 당신 신청을 고려하지도 않았을 거예요."

양극성장애라는 진단이 엄마에게는 그나마 위안이 되었다. 에디 삼촌처럼 조현병이 아니었다. 약을 잘 먹으면 정신증이 다시 일어나지 않을 거라는 희망도 있었다. 나는 모든 서명란에 거칠게 서명을 휘갈겼다.

"됐어요."

"읽지도 않았잖아요." 예쁜 의사는 제대로 짜증이 난 모양이었다.

"원래 빨리 읽거든요. 내 이해력을 시험해볼래요?" 경고 사인. 과대망상 증상이 아직도 남아 있다.

"잭, 버릇없게 굴지 마." 버드는 한시바삐 나를 데리고 나가려고 했다. 당장에라도 모든 것이 취소될까봐 두려웠던 것이다.

"알았어요. 다 된 것 같습니다. 이제 저와 제 흐늘거리는 페니스는 나가봐도 될까요?"

햇볕이 어떤 느낌인지 잊고 있었다. 햇볕은 내 기억보다 훨씬 달콤했다. 날이 저물기 전에 최대한 많이 쬐고 싶었다. 우리는 내가 살던 아파트까지 열여덟 블록을 걸어서 가기로 했다.

맨해튼이 시끄럽고 빠르게 움직이는 도시라는 건 누구나

아는 사실이지만, 좀비들과 일주일을 보낸 뒤에 나오니 도로에서는 인디애나폴리스 500마일 자동차 경주가 열리고 보도에서는 뉴욕시 마라톤이 진행 중인 것처럼 느껴졌다. 아찔했다. 버드가 필요했다. 혼자서는 도저히 길을 찾아가지 못했을 것이다.

동네로 돌아와서 아파트까지 마지막 몇 블록은 내가 촬영 중이라고 믿으며 들렀던 장소를 거꾸로 지나쳤다. 골목 모퉁이의 호주식 고기 파이 식당 앞에서 나는 내가 그 식당의 10킬로그램짜리 물통을 머리 위로 번쩍 들고 유리창을 부술 작정이었음을 기억해냈다. 그때 내가 멈춘 이유는 단 하나였다. 호주인 웨이트리스가 "친구, 그러지 마요."라고 상냥하게 말했기 때문이다.

나는 톰킨스 스퀘어 공원과 그곳의 농구장을 건너다보았다. 대니얼 데이 루이스가 정말 거기 있었을까? 오컴의 면도날 법칙이 뭐였지? 당장 그 해답을 찾을 필요는 없다고 생각했다.

아파트 벽은 여전히 빨간색 낙서로 뒤덮여 있었다. 광기의 폭풍이 이곳을 휩쓸고 지나갔다는 것은 세상 누가 봐도, 심지어 내가 봐도, 명백했다. 눈에 들어오는 모든 것이 파괴되어 있었다. 불과 12일 전에 나는 이 작품에 자부심이 가득 차서 룸메이트가 내게 고마워할 거라고 생각했고, 그가 한숨을 쉬고 혀를 차며 자기 방으로 들어가는 이유를 이해할 수 없었다.

게다가 대마초쟁이 룸메이트 말고 이것을 본 사람이 또 있다. 빌어먹을, 사무실 인턴을 여기로 데려왔었다! 더구나,

내가 멕시코 모자를 쓰고 춤을 추면서 웃었다 울기를 반복하는 열 시간짜리 홈비디오를 그에게 일부 보여주었다. 이튿날 법정에서 스코티는 무슨 생각을 했을까?

나는 몇 분간 아파트를 더 서성이다가 화장실에 들어갔다. 거울 속에서 낯선 사람이 나를 마주 보았다. 밤을 새우고 끼니를 거른 지난 몇 달 동안 내 신진대사는 용광로처럼 타고 있었다. 나는 내가 근육질로 보인다고 착각했었지만, 사실은 피골이 상접했다. 눈 밑의 다크서클이 너무 심해서 몇 대 얻어맞은 사람처럼 보였다. 몇 달 만에 5년은 늙은 것 같았다.

동공이 어마어마하게, 믿기지 않을 만큼 커져 있었다. 예쁜 의사의 입에서 나온 '정신증'이라는 단어가 머릿속에 계속 맴돌았다. 저 눈은 과연 광인의 눈이었다. 내가 보고 있는 얼굴에는 확실히 문제가 있었다. 내가 정신증을 앓았어. 내가 정신증을 앓았어. 내가 정신증을 앓았어! 나는 이제 찰스 맨슨과 에디 삼촌과 같은 부류의 사람이다. 에디 삼촌을 생각하니 더 겁이 났는데, 우리는 얼굴이 서로 닮았기 때문에 마치 에디 삼촌이 거울에서 나를 응시하고 있는 것 같았다. 정신병자. 넌 정신병자야.

거울을 깨고 싶었다. 피를 흘리고 싶었다. 그 대신 나는 화장실 구석에 주저앉았다. 도무지 이해할 수 없는 상황에 얼이 빠졌다. 리얼리티쇼를 촬영한 게 아니다. 내가 미쳤다.

엄마가 들어와 내 등을 쓰다듬었다.

"내가 미쳤어." 나는 흐느끼며 말했다.

"괜찮아질 거야, 고릴라?"

"정신병자라고!"

"괜찮아."

"내가 평생 미쳐 있었던 거야?"

"아니야, 아가. 넌 괜찮아. 이건 지나갈 거야."

다음 날 아침 우리는 위치토로 가는 비행기에 올랐다.

6

때는 1989년, 여섯 살인 나는 퇴근하고 집에 들어오는 엄마를 보고 있다. 우리 집은 1만 9,000달러짜리 상자에 세모꼴로 판자를 얹은 조그만 A 프레임 하우스다. 나는 슈퍼마켓에서 오랜 시간 일하고 녹초가 되어 돌아온 여자를 보고 있다. 커다랗고 둥근 안경을 썼고, 머리는 파마했거나 또는 해야 할 때가 되었으며, 딜런스 슈퍼마켓의 갈색 앞치마 끝자락이 몸옆으로 늘어져 있다. 엄마가 어찌나 피곤했는지, 여섯 살짜리 꼬마도 느낄 수 있을 정도였다.

'당신 내면의 교사를 찾아라'(Grow Your Own Teachers) 프로그램에서 편지가 온 날, 버드는 우편함 앞에서 편지를 뜯고 동네 한 바퀴를 돌며 외쳤다. "나 장학금을 받았어! 장학금이 나왔다고!"

"장학금이 뭐예요?" 내가 물었다. 엄마가 이렇게 행복해하는 모습은 처음 봤다.

"장학금은 엄마가 학교에 다시 다닐 수 있다는 뜻이야."

엄마가 학교에 다닌다니, 이상했다. "그럼 엄마도 백팩을 메는 거예요?"

"그래, 엄마도 백팩을 멜 거야."

버드는 위치토 주립대학교에서 학비 전액 장학금을 받았다. 원래 계획보다 거의 10년이 지난 뒤에야 교사라는 꿈을 향해 첫발을 내디디며 자신의 삶을 시작한 것이다. 버드는 학교에 다니는 내내 풀타임으로 일했다. 슈퍼마켓 사장은 엄마가 임신 중이었을 때에도 새벽 5시에 나와서 도넛을 튀기게 했다. 입덧 때문에 엄마는 도넛 냄새를 맡으면 토했는데, 사장은 바로 그 이유로 그 일을 시켰다. 슈퍼마켓에서 퇴근하고 돌아온 지 한 시간도 되지 않아 버드는 책상에 앉아 초록색과 금색이 섞인 독서등을 켜고 책을 읽었다. 때론 셰익스피어였고, 때론 조라 닐 허스턴이나 존 업다이크였다. 무슨 책이었든지 간에, 엄마는 영문학 학사 졸업증에 한 걸음씩 다가가고 있었다. 버드는 4년 안에 졸업했다. 최우수 졸업생으로.

버드는 새로운 인생을 찾아 나가고 있었지만 안타깝게도 인생의 짝을 찾는 면에서는 여전히 현명하지 못했다. 내 아빠 되는 사람은 욕먹을 짓만 골라서 했는데, 그래도 당시에 엄마는 자식들 앞에서 그를 욕하지 않았다. 맥은 양육비를 주지 않았고 여전히 코카인을 코에 들이붓고 있는 백수였는데, 그중 최악의 사실은 자기가 할리우드에 가기만 하면 유명한 제작자가 될 거라는 착각에 단단히 빠져 있었다는 것이다.

하여튼 버드가 두 번째로 고른 남자를 생각하면, 처음에 맥을 선택한 실수는 그나마 이해할 만하다. 열세 살에 사귀기 시작했으니까. 두 사람 모두 어린애였다. 하지만 이혼하고 1년쯤 후에 클라이드 널린저를 만났을 때는 엄마도 인생을 제법 살아본 후였다.

알렉사 누나는 클라이드를 보자마자 그가 어떤 사람인지 간파했다. 클라이드와 버드가 첫 데이트를 한 날이었다. 클라이드가 현관문에 노크했을 때 알렉사 누나는 바이올린을 연습하고 있었다. 우리는 그날 밤에 엄마가 데이트를 가는 줄도 몰랐는데, 누나가 문을 열자 클라이드는 군인처럼 거수경례를 하고 "안녕! 니네 엄마를 데리러 왔다!"라고 외쳤다. 클라이드는 볼링 선수들이 입는 보라색 새틴 재킷을 입었는데, 한쪽 가슴에는 필기체로 쓴 자기 이름을 금실로 수놓았다. 다른 가슴에는 크라이슬러 로고와 'WAM!'이라는 글자를 수놓았다. 위치토 지역 모파르 자동차 클럽(WICHITA AREA MOPAR CAR CLUB[5]). 그가 이 단체에 가입한 자격 조건이 우리 집 앞의 진흙투성이 진입로에 주차되어 있었다. 70년대 중반에 출시된 닷지 차저로, 차의 상태는 그럭저럭 괜찮았고 색깔은 눈이 아픈 빨간색이었다. 그 차가 주차된 풍경은 우리가 훗날에 수없이 반복하게 될 이 말을 불길하게 암시했다. "그냥 여기서 내려주세요." 그 차를 타고서는 학교 근처에도 가기 싫었다. 맙소사. 알렉사는 생각했다. 엄마가 이 사람이랑 결혼하면 큰일이야.

"여, 친구!" 클라이드가 집에 들어오며 단어 하나만 들어도 가짜임을 알 수 있는 남부 억양으로 말했다. 클라이드

---

5 모파르는 미국 주요 자동차 브랜드의 빈티지, 클래식 차를 뜻한다.

는 사향 냄새를 풍겼고, 탈색한 스키니진을 입고 있었으며, 머리는 완벽한 멀릿 스타일로 앞머리와 옆머리를 짧게 치고 뒷머리를 길게 늘어뜨렸다. 그러나 무엇보다 내 시선을 끈 것은 그 볼링 재킷이었다. 굳이 따지자면, 나는 그 재킷을 비웃을 입장이 아니었다. 당시에 나 역시 새틴 재질의 볼링 재킷을 입었다. 내 재킷에는 위치토 포스 축구 클럽이라고 수놓여 있었다. 그래도 내 재킷은 빌어먹을 보라색이 아니라 검은색이었고, 나는 일곱 살이었다. 내 골키퍼 선수복에는 밀가루 물감으로 '잭이 나가신다!'라고 적혀 있었다.

클라이드는 회복 단계에 있는 알코올중독자이자 마약중독자였는데, AA(익명의 알코올중독자 자조 모임)와 NA(익명의 마약중독자 자조 모임)의 가르침에 심취해 있었다. 한마디로 그는 자부심 넘치며 전혀 익명이 아닌 '빌의 친구[6]'였다. 할아버지는 그것을 좋게 보았다. 할아버지 본인도 3년째 금주 중이었고, AA 프로그램에 빠져 있었으니까.

1년 뒤에 버드가 클라이드와 결혼할 계획을 밝혔을 때 삼남매 중에서 나만 "축하해요."라고 말했다. 그 나이에 나는 그것이 상황에 걸맞은 말이라고, 어른스러운 말이라고 생각했다. 축하 인사를 건네는 순간 내가 어른에 한 걸음 가까워진 것 같았다.

"축하해요." 나는 엄마한테 악수라도 청할 기세였다. 시가

6　윌리엄 그리피스 윌슨(빌 윌슨)은 알코올중독자 자조 모임 AA의 공동 창립자다.

를 한 대 피울까요? 샴페인은 어때요? 같이 한잔할 사람? 동생 애덤은 다섯 살이었으므로 아무것도 몰랐다. 열한 살이었던 알렉사 누나는 울음을 터뜨렸다. 알렉사 누나만 상황을 제대로 이해 했다.

"클라이드는 언제 이사 와요?" 내가 공손히 물었다.

"다음 주에."

사실, 버드가 그 뉴스를 폭탄처럼 떨어뜨리기 전에 누나 는 이미 알고 있었다. 1991년에는 열한 살 소녀라면, 아무리 바이올린을 연주하고 A만 받는 모범생이라도, 집에 오자마자 전화기의 음성 메시지부터 확인했다. "신디와 클라이드에게 전하는 메시지입니다. 올해 리버 페스티벌의 레인보우 이벤 트에서 결혼식을 치를 수 있다고 합니다! 축하해요!"

"대체 왜요?" 알렉사가 울면서 물었다. 누나가 그렇게 화 를 내는 건 처음이었다.

"엄마가 내린 선택이야." 버드는 자기 운명에 굴복한 사 람처럼 말했다.

버드가 왜 그런 결정을 내렸는지 나는 충분히 이해할 수 있었다. 버드는 아이 셋이 딸린 싱글맘이었고, 슈퍼마켓에서 풀타임으로 일하면서 학교도 풀타임으로 다니고 있었다. 그 시절에 우리는 볼로냐햄 샌드위치를 많이 먹었다. 볼로냐햄 한 장, 모양새와 맛이 치즈와 비슷한 것 두 장, 마요네즈, 그리 고 식빵을 겹쳐서 만들었다. 여름에는 냉장고에 쿨에이드가 상시 대기하고 있었다. 내가 태어나서 제일 먼저 배운 요리는 커다란 유리병에 보라색 음료를 제조하는 것이다. 쿨에이드가루 한 통, 설탕 한 컵, 물을 잘 저은 다음에 냉장고에 보관한다. 우리는 주로 맥앤치즈, 핫도그, 라면(엄청난 양의 라면)으로 배를 채웠다. 버드가 봉급을 받은 다음 날에는 그전 주에 먹은 음식을 합한 것보다 냉장고에 음식이 많았다. 우리는 그야말로 간신히 먹고살았다.

세상에서 가장 눈치 빠른 일곱 살 꼬마가 아니더라도 매일 아침에 딜런스 슈퍼마켓 앞치마를 매고 나가서 우리가 잠자리에 들 시간에 돌아오는 엄마가 피로에 초주검이 되어 있다는 것쯤은 안다. 슈퍼마켓에서 일하는 시간이 엄마의 무언가를 갉아먹고 있다는 것과, 엄마가 퇴근하고 집에 와서 독서 등의 녹색 등갓에 달린 줄을 잡아당길 힘조차 없다는 것도.

사우스웨스턴 벨 통신 회사에서 수리사로 일하는 클라이드는 우리를 안정적인 중하층 삶으로 데려가줄 수 있었고, 클라이드가 자기 아들딸에게 지극한 싱글대디라는 사실이 엄마의 마음을 끌었다. 마치 중매 같았던 그 결혼에서 버드는 결혼을 하는 당사자이자 딸을 넘기는 부모 역할인 듯했다. 아이들을 위해 저 정도 남자면 그럭저럭 괜찮지. 아이들을 위해서라도 집에 남자 어른이 있어야 한다고 엄마는 생각한 것이다.

위치토 하류층 백인들에게 리버 페스티벌은 뉴올리언스의 마디그라[7]같은 대축제다. 아칸소강이(위치토 사람들은 '아워캔자스'라고 발음한다) 웅장하다고는 할 수 없다. 물이 빠졌을

---

7   기름진 화요일이라는 뜻으로. 사육제의 마지막 날을 기념한다.

때 실력 있는 멀리뛰기 선수라면 뛰어서 건널 수 있을 정도의 폭이니까. 이런 강에서 지역 자부심을 고취하고자 연례행사를 연다는 건 사실 좀 이상하다. 리버 페스티벌의 공식 마스코트는 윈드왜건 스미스다. 위치토시 상공회 임원이 보통 마스코트로 분장하는데, 흰 수염다발이 달린 뚱보 백인 남성이 유리하다. 한마디로, 산타클로스가 선장 옷을 입었다고 상상하면 된다. 이 영예로운 자리는 투표로 뽑히는데, 바로 그해의 윈드왜건 스미스가 버드와 널린저의 결혼식을 빛내주러 온다는 소문이 돌았다. 그런데 저런, 윈드왜건 스미스는 욕조 보트 경기에서 출발탄을 쏘아야 해서 유감스럽게도 참석할 수 없었다. 하지만 며칠 안 씻은 냄새를 풍기며 결혼식에 몰려든 사람들 덕분에 그의 부재가 허전하게 느껴지지 않았다. 너덜너덜한 청바지. 벗어젖힌 웃통. 햇볕에 익은 벌건 살. 담배 쿠폰을 모아서 받은 사은품 야구모자. 이 남자들이 엄마와 클라이드의 결혼식 내내 강둑에서 소리를 질러대며 부시 라이트 맥주캔을 짜부라트렸다.

클라이드는 바득바득 고집을 부려서 결혼 예복으로 스코틀랜드 전통의상을 입었다. 킬트 치마, 가터와 표장이 달린 무릎 양말, 부츠에 꽂는 단도, 프릴이 달린 해적 셔츠, 마술사나 서커스의 사자 조련사에게 어울릴 법한 재킷, 게다가 빌어먹을 모피 조끼. 엄마는 말리려고 노력했다. 진짜 스코틀랜드 혈통인지 본인도 잘 모르며, 스코틀랜드에 가본 적도 없고, 또한 스코틀랜드인의 피를 물려주었다는 아버지를 기억하지 못한다는 것을 상기시켰지만 클라이드는 고집을 꺾지 않았다. 엄마는 물론 창피했다. 그러나 클라이드는, 어쨌든 당시 엄마 입장에서는, 놓쳐서는 안 될 제법 괜찮은 남자였다. 엄마는 구세군 기부 상점에서 50달러를 주고 산 레이스 소매 상아색 드레스를 입고서 '스페인풍' 드레스라고 주장했다. 나와 애덤은 전년 부활절 미사에 입고 간 옷을 입었는데, JC 페니 백화점에서 할인해서 산 옷이었다. 알렉사 누나는 피아노 연주회에서 입은 드레스를 재탕했다. 웬 할머니 소파에서 천을 벗겨다 만든 듯한 재질이었다. 여기에 클라이드의 아이 두 명까지 더해져, 우리는 상당히 우스꽝스러운 백인쓰레기 의붓가정의 모습을 연출했다. 클라이드는 우리를 '돌연변이 브래디 번치[8]'라고 부르기를 좋아했다.

신랑 신부가 입맞춤으로 그들이 하나가 되었음을 알린 순간, 강가에서 축제를 즐기던 사람들은 캔자스주 미식축구 팀 치프스가 슈퍼볼에서 우승한 것처럼 "화이팅!"이라고 외치며 환호했다. 그중 대여섯 명은 부모가 축구 시합에 나가는 다섯 살 아이들에게 해주듯이 신랑 신부가 지나갈 인간 터널을 만들려다가 실패했다. 결혼식 후에 피로연은 없었다. 버드는 우리를 할머니네 집에 하룻밤 맡겼고, 신혼부부는 웬디스 드라이브스루에서 햄버거로 저녁을 때웠다.

의붓아버지가 되는 길에는 두 가지가 있다. 첫 번째, 아이들을 상냥하게 대하며 조심스레 다가와 신뢰를 얻는다. 걱정

8　6남매를 둔 대가족의 바른 생활을 코믹하게 그린 시트콤이다.

하지 말렴. 난 너희 친아버지 자리를 뺏으려는 게 아니야. 두 번째, 의붓자식들을 대상으로 자신이 지금껏 꿈꿔온 독재주의 정권을 펼친다. 내가 윗사람이다! 내게 복종하란 말이다!

클라이드는 두 번째 방법을 택했다. 우리 집에 들어오자마자 클라이드는 매주 토요일을 '대청소 날'로 정했다. 일요일 미사와 마찬가지로 참석은 선택이 아니라 의무였는데, 미사보다 훨씬 길었다. 온 가족이 공팔공공 시에 시작해서 여덟 시간 일했다. 성별에 따라 실내 업무와 실외 업무로 나뉘었고, 금요일 밤에 우리 집에서 잔 친구는 토요일에도 머물려면 함께 일해야 했다. 친구들은 자기네 부모님께 제발 빨리 데리러 오라고 애원하기 시작했다.

클라이드는 교관 역할에 푹 빠졌다. "마당을 검사해서 잔디나 개똥이 아닌 것을 가려내라. 개똥은 삽으로 퍼내라. 잔디를 깎은 다음에는 테두리를 다듬어라." 클라이드가 강요하는 임무의 절반은 말 그대로 시간 낭비였다. "여기 있는 돌무더기를 정원 반대쪽으로 옮겨라. 여기에 구멍을 파고, 손수레에 흙을 담아서 저기에 흙 무더기를 쌓아라."

클라이드의 허락 없이는 물도 마실 수 없었다. "물 마시는 휴식 시간, 5분 실시!" 허가 없이 수도꼭지로 가는 것은 게으름을 피우려는 꿍꿍이로 취급받았다. 클라이드는 군에서 복무한 적도 없지만 정수리와 옆머리를 군인처럼 바짝 밀기 시작했고, 여전히 긴 뒷머리는 총총머리로 땋아 내렸다.

심지어 섭씨 37도를 넘고 열탕처럼 습한 날에도 우리는 여덟 시간 동안 일해야 했다. 눈이 내리거나 칼바람이 휘몰아치는 날에는? "옷을 따뜻하게 입어라!"라는 말을 들으며 역시 여덟 시간 일했다. 엄동설한에만 여자들과 함께 집안일을 했는데, 더 많은 사람이 같은 일을 하는데도 어떤 연유인지 여덟 시간 규칙은 바뀌지 않았다. "너희가 어른이 될 때를 대비해서 훈련하는 거다!"

"나 혼자 해도 너희보다 빨리 끝낼 수 있다." 클라이드는 이런 연설을 자주 늘어놓았다. "네 엄마랑 내가 둘이서 순식간에 끝낼 수 있다. 사실 그러는 편이 훨씬 수월하지. 하지만 그럼 너희가 일을 못 배우잖니. 네가 남자가 되었을 때를 대비하는 거다."

이 주례행사가 시작되었을 당시에 고작 다섯 살이었던 애덤은 마당에서 돌을 주웠고, 여덟 살이었던 나는 잔디를 깎고 테두리를 다듬었다. 마당에 무성한 삐죽빼죽한 가시가 신발 끈 사이를 뚫고 발을 찔러댔고, 잔디깎이에서 돌가루가 튀겨 무릎에 상처를 냈다.

여자들은 심지어 더 힘든 일을 했다. "찬장에서 그릇을 모조리 꺼낸 다음에 미지근한 물에 세제를 풀어서 안쪽을 박박 닦아라. 거실에 공업용 청소기를 돌려라. 진공청소기 말고 공업용 청소기로 해!" 그리고 빨래. 오, 지옥 같은 빨래. 나는 인간 일곱 명이 일주일 동안 더럽히는 옷의 무게가 23킬로그램에 달한다는 것을 이때 알게 되었다. 맑은 날이면 클라이드는 빨래는 무조건 빨랫줄에 걸어 햇볕에 말려야 한다고 우겼다. 멀쩡하게 작동하는 건조기가 있는데도 말이다. 게다가 클라이드의 아들인 나의 의붓형은 뒤를 제대로 닦지 못해서, 열한 살이 넘었는데도 클라이드가 화장실 쓰는 법을 가르치고 있었다. 여자들은 의붓형의 싸구려 팬티를 버리면 안 된다는 명령을 받았다. 사실, 그에게 매일매일 새 팬티를 사줄 여력은 확실히 없었다. 그래서 여자들은 팬티를 빨기 전에 딱딱하게 굳어 있는 변을 먼저 긁어내서 쓰레기통에 버려야 했다. 버드가 주장한 덕분에, 감사하게도 의붓형의 옷은 따로 빨았다.

사실, 우리 집은 애초에 더럽지도 않았다. 월요일부터 금요일까지 (일요일은 주님의 날이라며 빼줬다) 우리는 집안일 도표에서 각자 할 일을 배정받았는데, 클라이드가 작성한 이 표를 보면, 상단에 가로로 요일이 적혀 있고, 측면에 세로로 우리의 이름이 적혀 있었다. 클라이드 본인의 이름은 빠져 있었다. 클라이드가 말하기를 이유는 이랬다. "난 생활비를 벌고 식탁에 음식을 놓잖니. 이걸 할 수 있는 사람은 집안일에서 제외된다." 아동노동법을 포함한 여러 이유로 당연히 우리는 돈벌이에 참여할 수 없었으므로, 이것은 허울뿐인 제안이었다.

내가 끔찍이도 싫었던 것은, 우리가 이것을 원해서 자발적으로 참여하는 것처럼 클라이드가 위장하려 했다는 사실이다. 클라이드의 어법은 이러했다. "어이, 꼬마 친구. 저녁 먹고 식기세척기에 그릇을 넣을 시간 있니?" 만약 내가 "아뇨, 없어요. 숙제해야 해요."라고 말하면 클라이드는 "내가 시키면 넌 그냥 하는 거다."라며 윽박질렀다. "그럼 부탁한 게 아니라 명령한 거네요."라고 내가 말대답하면 그는 이렇게 대화를 마무리 지었다. "내가 이 집 가장이다."

새 '가장'과 결혼했을 당시에 버드는 졸업을 코앞에 두고 있었다. 두 가정이 하나로 합쳐지는 과정에서 으레 벌어지기 마련인 갈등을 극복하는 것 말고도, 엄마는 딜런스 슈퍼마켓에서 일주일에 40시간을 일하고 위치토 주립대학교에서 표준 과정학점을 이수하면서 또 조교 자격으로 학생들을 가르치고 있었다. 졸업하고 그토록 바라던 꿈의 직업(위치토시 똥통 중학교에서 7학년 아이들에게 영어를 가르치는 것)을 얻은 뒤에 엄마는 자신이 끔찍한 실수를 저지른 게 아닐까 두려워하기 시작했다. 딜런스 슈퍼마켓에서 계속 일하는 편이 낫지 않았을까 고민했다. 엄마는 그 슈퍼마켓에서 장장 15년간 일했다. 그동안 세 아이를 낳았고, 이혼과 재혼을 했다. 슈퍼마켓을 그만두기 직전에 그곳 사장이 엄마에게 매니저 자리를 제안했었다. 그 제안을 거절한 게 실수는 아니었는지, 엄마는 가슴을 졸였다. 딜런스 슈퍼마켓 정도면 충분히 좋은 직장이 아닐까. 나한테 딱 맞는 일자리를 괜히 그만둔 건 아닐까.

매일 엄마는 퇴근하고 집에 와서 울었다. 엄마는 자신이 읽고 쓰는 것을 좋아했으므로 그토록 즐거운 일을 남들에게 가르치는 것 또한 즐거우리라고 생각했었다. 그러나 즐겁지 않았다. 학생들의 일기를 채점하기 시작했을 때 엄마는 자신이 영어 선생이 아니라 직함만 번드르르한 맞춤법 교정자에 불과하다는 것을 깨달았다. 학생들은 엄마가 재밌다고 좋아했다. 엄마는 수업을 리키 레이크의 토크쇼 주제에 맞추어 진행했고, 수업 시간에 음악을 틀어도 된다고 허락했다. 그러나 초기에는 학생들이 엄마의 친절을 악용했다. 엄마는 문제아들을 가장 아꼈다. 바토 로코 보이즈, 포크 네이션, 수르 트레세, 블러드, 크립 등 갱단에 가담한 아이들이었다. 그러나 엄마는 독해력이 유치원생 수준인 아이들에게 여덟 가지 품사를 가르칠 수 없었다. 자기 자식이 학교를 네 번 빠지든 마흔 번 빠지든 무관심한 학부모들 때문에 울었고, 열두 살 꼬마의 백팩에서 삐져나와 있는 검정, 파랑, 빨강, 보라, 초록색 반다나가 갱단의 상징색이라는 것을 알았기에 울었다. 학생들의 고등학생 사촌이 총에 맞아 죽었다는 사실을 알고, 학생들 또한 어쩌면 2년 후에 두 블록 떨어진 곳에서 똑같은 운명을 맞이할 수도 있음을 알았기 때문에 울었다. 또한 자신이 사실은 슈퍼마켓에 더 어울리는 가짜 선생이고, 판잣집 같은 곳에서 살며 이웃한테 설탕을 빌려야 하는 처지임을 학부모들이 알아낼까봐 울었다. 그러나 대체로, 엄마는 매일 아침 출근할 때마다 새로운 직장에 처음 출근하는 기분이라서 울었다. 어떻게 해야 할지 도무지 감이 잡히지 않는 일자리 때문에, 4년이나 밤을 새워가며 고생해서 얻은 일자리를 도저히 좋아할 수 없을 것 같아서 울었다.

한편 집에서는 클라이드와 그의 두 자식이 들어오며 엄마의 책임이 두 배 이상 늘었다. 아침마다 엄마는 혼자서 아이 셋 대신 다섯 명을 등교시켜야 했고, 동시에 클라이드의 뒷바라지도 해야 했다. 엄마는 새벽 5시에 일어나서 도시락 일곱 개와 클라이드용 거대한 아이스박스에 음식을 쌌다. 새 남편이라는 인간은 늑장을 부리다가 일어나서 샤워하고, 허리에 수건만 감은 채로 침실 문턱에 서서 이렇게 말했다. "여보, 일

98

로 와서 내 머리 좀 땋아줄래?" 그다음에 클라이드는 온 가족이 둘러서서 '평온을 위한 기도'나 주기도문을 낭독하기를 원했다. "가족이란 무엇인가?"라는 질문으로 클라이드는 서문을 열었고, 그럼 우리 일곱 명은 입을 모아 말했다. "하늘에 계신 우리 아버지, 당신의 이름이…" 주기도문의 끝에서 클라이드는 말했다. "한 번에 한 걸음씩, 계속 노력하는 거다. 노력하면 보상이 따르는 법이야!" 할아버지는 물론 클라이드에게서 이 말을 하도 많이 들었던 터라, 열 살쯤에 나는 내가 회복 중인 알코올중독자는 아닌지 헷갈렸다.

엄마는 나 때문에 클라이드와 자주 싸웠다. 아이들, 특히 내 앞에서는 남편과 한편이 되어 그의 위상을 높여주기로 클라이드와 약속했지만, 나와 클라이드 사이에 분쟁이 일어나면 엄마는 대개 내 편을 들었다. 예를 들어, 클라이드는 내가 미용 제품을 너무 많이 가지고 있으며 매일 아침 머리 손질에 지나치게 많은 시간을 낭비한다고 불평했다. 당시에 나는 뼛속까지 멋쟁이였다. 샴푸, 컨디셔너, 젤, 헤어스프레이를 챙겨 썼으며, 전날 밤에 샤워를 했으면 아침에는 샤워 대신 머리부터 목까지 분무기를 뿌렸다. 물론 이렇게 하려면 셔츠가 안 젖게 목에 수건을 둘러야 했다. (웃통을 벗고 할 수는 없었다. 머리단장을 마친 다음에 셔츠를 입다가 정성스레 매만진 머리를 헝클어뜨리면 안 되니까.) 학교에서 사진을 찍는 날에는 라이프터치 사진관에서 받은 꼬리빗으로 머리를 빗었다. 먼저 새까만 머리를 촉촉하게 적시고, 올백으로 빗어 넘겼다. 물론 올백으로 다니고 싶었지만(쌈박한 올백을 안 좋아하는 사람이 어디 있을까?) 열한 살 꼬마가 소화하기에는 너무 대담한 스타일이 었다. 올백은 악동의 전유 헤어스타일이었으므로 주머니칼을 가지고 다니는 거리의 깡패만이 소화할 수 있었다. 반면에 나는 디즈니 만화 또는 축구공이 그려진 티셔츠를 가장 좋아했다. 물론 축구공과 디즈니 만화가 함께 있으면 더할 나위 없었다.

하여간 나는 머리를 뒤로 말끔히 넘긴 다음에 8분에서 10분에 걸쳐 왼쪽에 완벽한 가르마를 탔다. 머리카락 단 한 올도 잘못된 쪽으로 넘어가지 않게 주의했다. 그러고는 앞가르마를 한쪽으로 구부려서 마무리했다. 빗을 가르마와 평행으로 들고 머리를 넘기다가 마지막 순간에 오른쪽으로 급하게 꺾는다. 손목 꺾기라는 기술이었고, 그 기술에 따라 단순히 멋있는 머리에서 굉장한 머리로 바뀔 수 있다. 그다음에 헤어스프레이를 20~30초간 뿌려서 내 작품을 고정했다. 짜잔!

"애가 호모가 됐으면 좋겠어?" 클라이드가 거의 매일 엄마에게 말했다. "여자애들보다 머리에 돈을 더 많이 쓰잖아. 헤어스타일이 망가졌다고 엉엉 울지를 않나." 그건 사실이었다. 나는 머리가 바람에 흐트러지지 않을 정도로 헤어스프레이를 많이 뿌렸고, 이따금 울었다. 또한 쉬는 시간에 축구를 하고 머리가 흐트러질 수도 있으니 꼬리빗을 늘 지니고 다녔다. 심지어 바지 주머니에 빗을 조금 삐져나오게 꽂았는데, 왠지 그래야 한다고 생각했기 때문이다.

"자기 외모에 신경 쓰는 것뿐이야. 괜찮아." 엄마는 말했다.

버드는 내 머리를 자랑스러워했다. 고릴라라는 별명을 얻기 전에 나는 '2월에 태어난 아름다운 흑발 사내아이'였다. 매년 2월 9일에 엄마는 내게 말했다. "평생 나는 아름다운 흑발 사내아이를 2월에 낳고 싶었어." 그토록 구체적인 소망을 나는 한 번도 이상하다고 생각하지 않았다. 손님, 3월에 태어난 아름다운 흑발 사내아이는 어때요? 1월에 나온 모델도 나쁘지 않아요. 2월 아이가 있기는 한데, 아쉽게도 머리가 흑발이 아니라 짙은 갈색이라서요.

나와 클라이드 간의 대전쟁은 클라이드가 지극히 아끼던 브라이어스 아이스크림을 두고 발발했다. 열두 살 되던 해에 나 역시 브라이어스 브랜드의 민트 초콜릿칩 아이스크림의 맛에 눈을 떴는데, 이 사실을 알게 된 클라이드는 마치 내가 자신의 밥줄인 연금을 가로챈 것처럼 반응했다.

"아이스크림이 이것보다 많이 남았던 것 같은데." 어느 저녁에 클라이드가 당황하며 말했다.

"제가 좀 먹었어요." 덫에 걸린 줄도 모르고 내가 말했다.

"니가 먹었다고?"

"네."

"언제?"

"학교 끝나고요."

"학교 끝나고 언제?"

"음, 끝나고 집에 오자마자요?"

"무슨 요일에?"

"음, 맨날요? 거의 매일? 아, 아니다. 매일요. 네, 매일 먹은 것 같아요."

"매일 학교 끝나고 내 아이스크림을 먹었다고?"

"매일 학교 끝나고 우리 집 냉동실에 있던 아이스크림을 먹었어요, 네."

"브라이어스 아이스크림?"

"딴 아이스크림 있나요? 네, 브라이어스요."

"그건 용납할 수 없다. 너한테 다른 아이스크림을 사줘야 겠다."

그러고서 나는 이 대화를 까맣게 잊어버렸는데, 며칠 후 딜런스 슈퍼마켓의 싸구려 민트 초콜릿칩 아이스크림이 냉동실에 등장했다. 아이스크림은 브라이어스 아이스크림 바로 앞에 놓여 있었다. 그것을 보고도 내가 힌트를 알아차리지 못할까봐 불안했는지, 클라이드는 이렇게 쓴 쪽지를 아이스크림 뚜껑에 붙여놓았다. '가족용.' 그러고서도 혹시 생길지 모르는 오해를 확실히 방지하고자 브라이어스 아이스크림 뚜껑에는 이렇게 써놓았다. '클라이드 전용.'

나는 브라이어스 아이스크림을 집었다.

그날 밤 클라이드는 집에 오자마자 냉동실로 돌진했다. 그는 비싼 브라이어스 아이스크림에도, 싸구려 아이스크림에도 이름표가 더는 달려 있지 않다는 것을 발견했다. 클라이드는 폭발했다.

"일로 좀 와볼래?"

나는 거실에서 산수 숙제를 하면서 못 들은 척했다. 하얀 아이스크림 국물이 뚝뚝 떨어져 있는 시리얼 그릇을 품고서.

"잭! 여기 와보라고. 할 말이 있다."

계속해서 나는 Y값을 찾는 척했다. 네가 와, 개자식아.

"브라이어스 아이스크림 먹었니?"

"브라이어스 아이스크림 말이에요? 전부 먹었냐고요?"

"그 접시에 있는 거 뭐니?"

"거의 빈 접시인데요."

"뭐가 있었는데?"

"아이스크림이 좀 있었던 것 같아요."

"브라이어스 아이스크림이잖아!"

"어떻게 알았어요? 인공적인 초록색이 아니라서요?"

"제길, 아이스크림 뚜껑에 붙어 있던 쪽지 못 봤냐?"

"검은색 매직펜으로 '가족용', '클라이드 전용'이라고 써 놓은 거요?"

"그래!"

"봤어요. 아저씨가 쓴 거예요?"

"아님 누가 썼겠냐?"

"엄청 이기적인 사람이 썼겠죠."

"넌 브라이어스 아이스크림을 먹지 말라고!"

고등학교에 진학할 즈음에 나와 클라이드 사이의 갈등은 최고조에 이르렀다. 나는 친구들의 부모는 쩨쩨하거나 치사하지 않으며 대청소 날 따위를 열지 않는다는 것을 알게 되었다. 다른 집에서는 부엌 찬장에 있는 음식은 모두 가족용이었다. 친구들 부모는 자식이 운동하는 것을 자랑스러워했지만 클라이드는 내가 운동을 잘한다는 이유로 옛날에 자기를 괴롭히던 아이들과 같은 과라고 간주했다. "노년과 간교는 젊음과 기술을 언제나 이기기 마련이니" 클라이드는 이 생뚱맞은 속담을 늘 말끝에 들먹이곤 했다. (나는 지금도 그 속담이 정확히 무슨 뜻인지 잘 모른다.) 며칠씩이나 우리는 단 한마디도 하지 않고 지냈다. 한번은 내가 기록을 세우려고 했는데, 15일을 내리 대화 없이 지내다가 식사 자리에서 소금통을 건네달라고 해야 하는 바람에 끝났다.

나는 클라이드가 나를 때렸으면 해서 매일같이 그를 자극했다. 나를 때리는 순간 엄마가 그를 떠날 것을 알았기 때문이다. 클라이드가 나를 때리고 싶어 안달이라는 것 또한 알았다. 클라이드가 한번은 엄마한테 이렇게 말했다. "당신만 아니었음 저 자식을 마당으로 끌고 나가서 밟아버릴 텐데." 엄마는 대답했다. "쟤 손가락 하나라도 건드리면 당장 경찰에 신고할 거야. 그 전에 당신을 침대보에 꿰매고 주철 프라이팬으로 두들겨 팰 거고."

그때쯤엔 엄마도 우리가 클라이드로부터 탈출해야 한다는 것을 알았지만, 방안을 찾지 못하고 있었다. 두 사람이 버는데도 수입은 늘 빠듯했다. 그런 마당에 한 사람 수입으로 가정을 꾸려나갈 수 있을까? 내가 고등학교 1학년이 되었을 즈음에 엄마와 클라이드의 관계는 이미 많이 나빠져 있었는데, 대개 내가 불화의 발단을 마련했다.

끝내 클라이드가 엄마 대신 결정을 내려주었다. 그날 나는 축구 연습이 끝나고 굶주리고 지쳐서 집에 왔다. 클라이드는 소파에 퍼질러 앉아 〈스타트렉〉을 보면서 브라이어스 아이스크림을 먹고 있었고, 나를 보자 인사 한마디 없이 말했다. "식기세척기에서 깨끗한 그릇들은 빼고 싱크대에 있는 그릇을 채워라. 오늘 아침에 안 했잖아."

"엿이나 먹어! 진심으로, 정말 엿이나 먹으라고!"

클라이드가 벌떡 일어나 쏜살같이 달려오는 모습을 보고 나는 드디어 일이 터질 거라고, 우리가 마당으로 나가서 끝장을 볼 거라고 예상했다.

"쳐봐, 이 자식아. 할 수 있으면 해보라고! 쳐봐!" 클라이드가 돌아서서 그 커다란 엉덩이를 내밀었다. "너 따위는 한 방에 끝낼 수 있다. 내가 치면 넌 그대로 바닥행이라고!"

나는 간절히 밖으로 나가서 붙고 싶었다. 클라이드를 때려눕히는 것이야말로 가장 큰 소망이었지만, 안타깝게도 나는 15킬로그램 정도 덩치가 부족했다. 클라이드가 내 어깻죽지를 잡고 팔을 옆구리에 붙였다. "노년과 간교는 젊음과 기술을 늘 이기기 마련이니!"

그때 클라이드가 나를 신체적으로 위협해서인지, 포치에 있던 고양이를 집어 던져서 다리를 부러뜨려서인지, 엄마한테 헬스장을 다니고 하루에 먹는 음식의 칼로리를 계산하라고 해서인지, 내 친구들에게 이 집에 전화할 때는 '안녕하세요, 저는 누구누구입니다라고 소개하고, 재커리와 통화할 수 있을까요?'라고 말해라라고 강요해서인지, 샤워실 벽에 머리털을 잔뜩 붙여놓은 다음에 알렉사 누나한테 치우라고 명령해서인지, 누나한테 늘 방문을 열어놓으라고 말해서인지, 또는 잭이 우리 화장실에서 목욕하기 전에 허락을 받을 필요는 없어라고 엄마가 말했을 때 엄마를 침대에 떠밀고 미친년이라고 불러서인지, 그것도 아니면 바람을 피워서인지, 그 전부가 다 합쳐서인지는 모르겠다. 글쎄, 어쩌면 결국 빌어먹을 브라이어스 아이스크림 때문인지도. 어쨌든 이튿날에 우리 가족은 그 집에서 나갔다.

집을 떠나는 우리 등에 대고 클라이드가 외쳤다. "나 없이 넌 폭삭 망할 거다."

7

위치토 (명사)

타바코, 씹는 타바코, 담배, 버드 라이트, 키스톤 라이트, 크라운 로열 위스키, 커다란 미제 차에 대한 집착, 카마로, 쉐보레 쉐빌, Fucked On Race Day(포드), 입대, 조국을 위해 입대하라, 교회, 총기 상점, 전당포, 필로폰, 볼로냐햄, 싸구려 시리얼, 맥앤치즈, 마가린 좀 빌려줄래요? 옷을 위아래로 갖추어 입거나 신발을 신지 않아도 들어갈 수 있는 가게들, 무제한 식당, 하느님은 동성애자를 싫어한다!

어느 도시에서 타든지 간에 위치토행 비행기는 늘 천장이 낮은 소형 비행기고, 타이태닉에라도 탄 것처럼 신이 나서 싱글거리는 승객들이 바글거린다. 전미대학체육협회와 나스카의 공식 유니폼을 제복처럼 맞추어 입은 사람들과, 군복을 입고 맥코널 공군 기지로 돌아가는 군인들. 사람들은 모두 군인들을 붙들고 감사의 말을 쏟아낸다. 피곤한 승객들은 무의미한 대화를 열심히 이어간다.

우린 댈러스에 살아요. 잠깐 방문한 거예요.

아, 그래요? 우리랑 반대네요. 우리는 위치토에 살아요!

위치토 주민들은 소박하다.

나는 엄마보다 두 칸 앞자리에 앉았지만, 첫 번째, 두 번째, 그리고 세 번째 럼앤콕을 주문할 때 번번이 뒤통수가 따끔거렸다.

공항에서 우리 집까지는 차로 10분 걸리는데, 집으로 가는 길에는 아웃백 스테이크 하우스, 타겟 대형 할인매장, 피자헛, 빌리지인 모텔, 그리고 고등학교 댄스파티가 열린 날에 갔던 애플비 패밀리 식당 등 추억의 장소들을 지나친다. 고등학교 댄스파티 날, 저녁을 먹으러 가기 전에 나와 여자친구는 나의 1994년식 Z28 카마로 앞에서 사진을 찍었다. 당시 나는 머리끝만 금색으로 탈색하고 한쪽 눈썹 가운데를 대각선으로 밀고 다니면서 내가 꽤나 새끈해 보인다고 생각했었다. 그 꼴을 하고 다녀도 위치토에서는 놀림받지 않았다. 그날 저녁에 할아버지는 내게 50달러를 쥐여주며, 여자친구가 먹고 싶어 하는 건 전부 사주라고 당부했다. 우리는 모차렐라 치즈 스틱, 버번스트리트 스테이크, 치미 치즈케이크 등 전채요리부터 후식까지 풀코스로 먹었다. 그리고 할러데이인 익스프레스 모텔에서 데이트를 마무리 지었다.

위치토 시내에 들어서면 10분 이내에 350기통이나 그것보다 더 강력한 엔진을 단 쉐보레 트럭이 신호를 기다리고 있는 당신 옆에 와서 엔진을 부르릉거릴 가능성이 매우 높다. 그 엔진음이 뜻하는 바는 물론 레이스 한판 뜰래? 평상시에도 차들은 신호가 떨어지기가 무섭게 출발한다. 양보 따위는 없다. 남부연합기를 달고 다니는 차가 수두룩하다. 위치토에서 인기 많은 자동차 장식품을 예로 들자면, 포드 로고에 오줌을 누고 있는 캘빈과 홉 스티커, 배기통 아래 늘어뜨린 가짜 불알, 요한복음 3장 16절, 캔자스시티 치프스팀의 로고 화살촉이 있다. 한때 내 최고의 염원은 거대한 33인치짜리 머드 타이어를 6인치 리프트로 심지어 더 높인 쉐보레 K5 블레이저 트럭의 후면 차창에 '빅 딕 서스펜션'(Big Dick Suspension) 스티커를 붙이고 다니는 것이었다.

리지 로드를 따라 달리다가 엄마 집이 있는 덴마크 스트리트로 접어들자 길 끝에 있는 볼링장이 눈에 들어왔다. 아련한 향수가 몰려왔다. 수요일 밤에 붐비는 볼링장 풍경이야말로 위치토를 대표한다. 볼링장에 딸려 있는 크러미즈라는 스포츠 바에서는 매일 밤 가라오케 나이트를 열고, 음정이 죄다 어긋난 〈아이 호프 유 댄스 *I hope you dance*〉와 〈베이비 갓 백 *Baby Got back*〉이 어김없이 들려온다. 청중은 스툴에 엉덩이가 붙은 듯한 무심한 술꾼 세 명을 포함해 다섯 명을 넘길 때가 없다.

한평생 나는 이곳을 벗어나려고 몸부림쳤다. 일란성 쌍둥이만큼이나 내게 익숙한 곳이지만, 이곳에서 나의 자아가 형성되었다는 사실이 도무지 믿기질 않는다.

덴마크 스트리트에 있는 버드의 현재 집은 결코 호화스럽다고 할 수 없지만, 우리 가족이 클라이드를 떠나고 처음 들어간 집, 그러니까 '궁전'과 비교하면 대단한 발전이다. 클라이드 집에서 나오면서 짐을 싼 기억이 없고, 우리는 세간도 최소로 가져갔다. 그릇이나 접시, 수저도 가져가지 않았다. 수

건 몇 장과 이불, 우리 침대, 엄마 책상과 게이트웨이 컴퓨터, 노란색 철제 접이식 의자, 그리고 텔레비전이 전부였다. 그 텔레비전은 거대한 나무 수납장에 붙박이인 RCA 브랜드였는데 리모컨은 없고 아마도 가격이 50달러를 안 넘었을 것이다.

엄마는 우리가 그 집에서 나온 뒤에야 할머니와 할아버지에게 이혼 소식을 알렸다. 클라이드를 떠나기로 한 순간부터 그 집에서 걸어 나가기까지 24시간이 채 걸리지 않았으니 이야기할 시간이 빠듯하기도 했거니와, 두 번째 결혼이 파국으로 치달리고 있다는 사실을 그때껏 숨겨왔기 때문이었다. 한 번의 이혼도 인정하기 힘든 사실이니까.

어쨌든 우리는 살 곳이 필요했고, 그것도 가능한 한 저렴한 곳으로 가야 했다. 당시에 엄마는 빚이 3만 달러 정도에 파산 선고를 하기 일보 직전이었다. 따라서 '궁전'은 엄마가 마련할 수 있는 최선의 보금자리였다. 그곳은 보증금도 없고, 첫 달과 마지막 달 월세를 미리 내지 않아도 되었다. 당시에 엄마 친구의 지인이 곧 출소하는 남편을 피하려고 급히 이사할 곳을 찾고 있었다. 그래서 우리 가족이 한 달에 300달러를 내고, 그 사람이 미처 가져가지 못한 짐을 맡아주기로 했다.

'궁전'에 들어선 순간 역한 냄새가 코를 찔렀다. 내가 맡아본 냄새였다. 나는 굳이 지하실에 내려가지 않아도 그곳에 귀뚜라미가 바글거리며 바닥은 축축하고, 습기에 손상된 벽면에서는 단열재가 군데군데 드러나 있고, 무성한 거미줄 아래 물 펌프가 널려 있으리라 짐작할 수 있었다. 이런 지하실은 태풍 대피소 용도가 아니면 아무 쓸모가 없으며, 열 살짜리 아이들에게 잊지 못할 공포를 남긴다.

축축한 화장실 바닥에는 썩은 카펫이 깔려 있었다. 샤워하고 나오면 바닥이 몇 센티미터 움푹 꺼졌다. 이곳에서 오래 살면 언젠가는 바닥이 꺼져 누군가 추락할 것이 뻔했다. 어떤 설계 때문인지는 몰라도 화장실 세면대에 전기가 통해서, 수도꼭지에 손을 댈 때마다 찌릿찌릿 전기가 올랐다. 창틀 세 개는 깨져 있었으며 마당은 정글이나 다름없었다. 만약 이 마당에서 잔디깎이를 돌리면 온갖 나뭇가지가 천둥 같은 소리를 내며 박살 나서 내 다리에 꽂힐 것이다. 그래도 이젠 내 의지로 잔디를 깎는다. 클라이드의 노예로서가 아니라 엄마를 위해서.

"사람 살 곳이 아닌 것 같은데요." 이사한 날에 엄마 친구의 픽업트럭에서 짐을 빼며 내가 말했다.

"무슨 소리니? 완전 궁전인데." 엄마가 대꾸했다.

할머니는 우리 새집을 보고 기절할 뻔했다. 더러운 부엌, 곰팡내, 그리고 그 열기. 할머니는 곧장 양동이에 비눗물을 받아서 찬장을 닦기 시작했다. 할아버지는 격노했다. "그런 개자식을 봤나. 왜 당장 경찰을 불러서 네 집에서 쫓아내지 않고?" 할아버지는 원래는 클라이드를 좋아했지만, 순식간에 마음을 바꿨다. 이번 일만큼은 그 어떤 AA 경구로도 변명할 수 없었다. "빌어먹을 에어컨부터 구해야겠다." 지당하신 말씀. 그 집은 어마어마하게 뜨거운 바람으로 채운 상자 같았는데, 캔자스의 더운 바람은 습하기까지 하다. 할아버지는 창문에 설치하는 구식 에어컨을 어디선가 구해왔다. 150킬로그램은 족히 나갈 것 같은, 진짜 금속 에어컨이었다. "요즘엔 이런 물건 구하기가 힘들지. 이건 진짜 금속이다."

'궁전'에는 방이 두 개 있었고, 엄마는 당시 열다섯이었던 나와 열두 살이었던 애덤에게 방을 하나씩 배정해주었다. (알렉사 누나는 대학교 기숙사에서 살고 있었다.) 그러나 엄마 방이자 서재이자 다이닝룸이자 거실이었던 그 방에만 에어컨이 있었으므로 첫날 밤부터 우리 모두 거기서 함께 잤다. 엄마는 애덤의 1인용 침대에서 잤는데, 애덤이 클라이드의 아들과 함께 쓰던 이층침대의 아래층이었다. 애덤은 가정폭력 피해자인 엄마 친구의 지인이 남기고 간 파란색 푹 꺼진 침대에서 잤다. 쿠션을 칠 때마다 먼지구름이 일어나는 것을 애덤은 재밌어했다. 그 여자는 오렌지색 소파 침대도 두고 갔는데, 우리는 그 침대에 필로폰 소파라는 이름을 붙여주었다. 경찰이 마약 불시 검문 뒤에 압수하고 경매로 팔 것 같은 소파처럼 생겼기 때문이다. 필로폰 소파는 내가 차지했다.

그해 가을, 엄마는 위치토 주립대학교에서 석사 과정을 시작했고, 또다시 매일 밤 책상 앞에 말뚝같이 앉아서 녹색 독서등을 밝혔다. 다시 한번 엄마는 풀타임으로 일과 학업을 병행했지만, 적어도 이번에는 슈퍼마켓에서 일하지 않았다. 교사 생활을 시작한 지 2년차에 엄마는 자신의 전문 분야를 찾았다. 소위 '문제아'라고 불리는 아이들을(특히 발토 로코 보이즈와 그 외 갱단의 아이들) 엄마가 하도 잘 다루어서, 엄마의 교실은 학교에서 정학당한 아이들의 집합소가 되었다. 쟤는 그냥 맥길브리 선생한테 보내. 이것이 문제아들을 상대하기 꺼리는 다른 교사들의 정책이었다.

그림 그리는 것을 좋아하는 갱단 아이가 있으면, 엄마는 성모마리아 세밀화를 수업에 가져가서 "넌 이건 못 그릴걸?"이라며 도발했다. 그 아이가 제법 훌륭하게 따라 그리면 엄마는 "종이를 위에 대고 베낀 거 아냐? 맞지? 너무 잘 그렸는데."라며 칭찬했다. 엄마는 브레이크댄스 클럽과 방과 후 찬송가 클럽을 조직했고, 붐박스와 커다란 판지를 가지고 가서 비보이들이 교실 창문 밖으로 백플립을 하게 해주었다. 찬송가 클럽 아이들에게는 〈커크 프랭클린 앤드 더 패밀리 *Kirk Franklin and the Family*〉 앨범을 선물했다. "혁명을 원하는가? 웁웁!"

동료 교사들은 벌 받는 시간을 너무 재밌게 만드는 것 아니냐고 툴툴거렸다. 벌 받으러 온 애들인 건 아시죠? 엄마는 상관하지 않았다. 엄마는 문제아들을 사랑했는데, 아이들을 가르치지 시작한 2년차 중반쯤에 그 이유를 깨달았다. "너 같은 고집쟁이를 키워서 그래. 걔네는 고개를 삐딱하게 꺾고 어슬렁거리면서 아무도 믿지 않고 몇몇 사람에게만 엄청나게 충성하지. 보통 어른들은 그런 애들을 바로 무시하지만 난 네 쇠고집을 겪은 덕분에 그 애들을 이해하는 것 같아."

우리는 당시 부치라는 이름의 불독을 키웠다. 부치는 이동식 주택 단지에서 태어났고, 클라이드 널린저가 준 900달러 위자료로 샀다. 내가 엄마 집의 차고 문으로 들어가자 부치가 관절염 때문에 절뚝거리며 다가왔다. 부치는 내 종아리에 머리를 박고 침을 흘리며 거대한 턱을 무릎 바깥쪽에 비볐다. 내가 얼굴에서 늘어진 주름과 턱살을 잡고 흔들자 부치는 즐거워하며 킁킁거렸다. 불과 몇 주 사이에 나는 나를 돈방석에 앉혀줄 인기 리얼리티쇼의 출연자이자 공동 제작자가 되었다는 착각 속에서 하늘을 날다가, 몰래카메라와 일반인으로 분장한 스태프를 상상하며 맨해튼을 누비고 다닌 정신병자로 추락했다가, 이제는 내가 벗어나려고 평생 발버둥친 위치토에 다시금 처박힌 패배자로 변신을 거듭했다. 앞날이 막막했으며 어두운 우울의 늪이 게걸스레 나를 빨아들이고 있었다.

그래서 나는 술에 취하기로 했다. 달리 뭘 하겠는가? 나는 엄마의 차 열쇠를 가지고 검은색 닷지 칼리버에 탔다. 맨해튼에서 운전을 그리워하던 나는 주류판매점까지 여섯 블록을 신나게 달렸다. 주류판매점에 들어가자마자 중학교 시절 친구 마크 히치콕을 알아봤다. 미니 잭 대니얼을 술통 가득 쌓아놓고 파는 주류판매점에서 일하기에는 너무 똑똑한 녀석인데. 아무튼, 빌어먹을 위치토는 사람 앞길을 가로막는 데 뭐 있다니까.

"히치, 잘 지냈어?"

히치는 보면 모르냐,라고 말할 것처럼 어깨를 으쓱했지만 다음 순간 인사를 받았다. "그래, 잘 지내."

"다행이네."

"예전에 너네 엄마를 한번 만났는데, 네가 뉴욕에서 변호사로 일한다며? 멋지다."

"아, 맞아." 나는 그곳에서 히치를 마주 보고 있기가 창피했다. 우리는 J&J 주류판매점에서 카운터를 사이하고 서 있을 사람들이 아니었다.

"제길, 여기보단 낫겠지. 그건 확실하지."

우리 두 사람 모두 '내 인생'을 부러워하는 것 같았다. 내 인생이 훨씬 잘 풀렸다고 히치가 생각하고 있는 것이 눈에 뻔히 보였다. 그 인생이 잘 풀리기는커녕 배배 꼬였다고 말해주고 싶었다. 가게에서 나가며 문을 밀자 크리스마스 종이 딸랑거렸다. 나는 옆 가게에서 말보로를 한 갑 샀다. 스웨터를 입어야 할 정도로 쌀쌀한 날씨였지만 어떤 남자가 러닝셔츠 바람으로 키노 게임을 하고 있었다. 나는 차에 타서 담배에 불을 붙이고 왼쪽 팔을 밖으로 뺐다. 담배 피우면서 운전하기. 중서부의 큰 즐거움이다.

엄마는 부엌에 들어와서 내가 사온 맥주 열두 캔을 보았다. "열두 캔이나 샀어, 고릴라? 탄산음료를 과음하는 거 아니니?"

"딱 적당한 것 같은데." 내 말투가 얼마나 냉소적인지 가늠할 수 없었다. "담배 같이 피울래요?"

"멘솔 있나 보고 올게."

버드는 담배를 피우지 않았지만 모더 100mm 멘솔 담배 한 갑을 늘 보관했는데, 그녀의 '세 번째 남편이자 가짜 남편이며 최고의 남편'인 테리를 위해서였다. 담배 한 갑이 대략 여섯 달 갔다. 두 사람은 진러미 카드 게임을 하고, 알 그린의 음악을 듣고, 대마초를 조금 피웠다. 버드는 알딸딸해질 정도로만 피웠지만 테리는 맛이 갈 때까지 피웠다. "사실혼 남편을 하나 구했어." 엄마는 테리에 대해 이렇게 말하곤 했다. "이 남자는 술이랑 담배를 안 끊어서 언젠가 날 과부로 만들 거야." 엄마는 테리가 자신과 대마초를 동등하게 사랑한다는 사실을 알았지만, 그래도 충분히 만족했다.

대마초와 알코올중독 문제는 일단 접어두고, 테리의 굉장한 수염에 대해 이야기해보자. 테리는 눈처럼 새하얀 수염이 광대뼈 위까지 올라왔다. 콧수염은 얼굴에 난 다른 털보다 조금 더 길고 양쪽 끝이 위로 말렸다. 테리는 본인을 흑인 산타클로스라고 부르길 좋아했는데, 과연 그렇게 보였다. 테리가 젖꼭지에 피어싱을 했다는 것도 나는 알고 있었다. 테리의 자산이라고 엄마가 말해주었으니까.

처음에 나는 테리가 썩 마음에 들지 않았다. 7년 전, 엄마와 사귀기 시작한 지 얼마 되지 않아서 테리는 몇 주간 종적을 감추었다. 엄마는 테리가 죽은 건 아닌지 걱정하며 애를 태웠다. 아주 터무니없는 추측은 아니었는데, 사실 죽은 사람은 테리의 형이었고, 테리는 형을 따라 더 좋은 세상으로 가고 싶은 양 술을 퍼마셨다. 테리가 양껏 술을 마시고 마침내 나타났을 때 엄마는 과연 그에게 한 번 더 기회를 주어야 할지 내게 물었다. "엄마를 학대하는 사람만 아니면, 누구를 사귀는지는 엄마가 결정할 문제야." 나는 엄마가 테리를 다시 받아줄 걸 알았다. "형제를 잃은 상심 탓에 술을 마셨다는데, 이해해줄 수 있지. 흠, 한 번 정도는 넘어가줘도 될 것 같은데."

"딱 한 번만이야." 버드가 말했다. "만약 또 혼날 짓을 하면 우리 고릴라를 보내서 따끔한 맛을 보여줘야지." 버드가 정말로 테리를 혼내야 했다면, 나보다는 훨씬 더 큰 고릴라가 필요했으리라. 테리는 은퇴한 보디빌더였다. 테리는 피우던 담배를 내려놓지도 않고 나를 묵사발로 만들 수 있었을 것이다. 테리는 담배와 술을 끊으려고 하지 않아서 엄마의 속을 썩였다. 테리는 폐에 문제가 있었을 뿐만 아니라 20대에 주입한 스테로이드 때문에 심장도 나빴다. 그런데도 굴뚝처럼 담배를 피워댔으며 1리터들이 플라스틱 컵으로 술을 마셨다.

그럼에도 나는 엄마 곁에 테리가 있어서 기뻤다. 엄마는 테리에게 푹 빠져 있었다. 정말이지, 못 말리게 사랑에 빠져 있었다. 엄마는 주말에 테리가 바비큐를 하며 고기 굽는 모습을 좋아했다. 테리는 절대 집게를 쓰지 않고 맨손으로 햄버거 패티를 뒤집었다. 고기를 구울 때는 빨간 두건을 머리에 두르고 커다란 밀짚모자를 썼으며 흰 러닝셔츠를 입었다. 테리는 자기만의 비법으로 만든 바비큐 소스를 그릴 옆의 통에 담아두고 페인트 붓으로 고기에 발랐다. "저 남자가 고기 굽는 모습이 너무 좋아." 엄마가 그렇게 말하면 테리는 이렇게 대꾸했다. "고기 굽는 흑인 남자한테 말 거는 거 아냐?" 두 사람의 대화에서는 왠지 몰라도 메스꺼울 만큼 성적인 느낌이 풍겼다. 테리는 엄마를 연극과 재즈 공연에 데려갔고, 두 사람은 칠리 요리 경연대회를 본다고 다른 도시까지 여행을 갔다. 엄마는 테리가 심리학을 공부하러 학교로 돌아가겠다고 했을 때 무척 흐뭇해했다. 테리는 자신이 훌륭한 마약 상담사가 될 거라고 생각했다.

테리가 엄마를 진심으로 아끼는 것이 내 눈에도 보였다. 술독에 빠져 종적을 감추었다가 돌아온 테리는 그사이에 엄마가 캔자스 주립대학교에서 박사 과정을 밟으며 대학원생을 가르치는 일자리를 찾은 것을 알게 되었고, 엄마가 내민 강사증을 보고 눈물을 쏟았다. 엄마의 사진 아래 교수진이라고 쓰여 있었다. "당신이 잘하고 있을 줄 알았어, 우리 배추 아가씨." 엄마는 캔자스 주립대학교 캠퍼스까지 두 시간 30분을 꼬박 운전해서 가야 했는데, 가는 길에 테리는 적어도 세 번은 전화했다. "그 길에 공사는 어떻게 되어가? 죽은 사슴은 몇 마리나 봤어? 수업 시간에 앞쪽에 앉아서 필기 잘 하고. 당신이 정말 자랑스러워." 테리를 완벽한 남자라고 할 수는 없겠지만, 맥과 클라이드가 엄마한테 한 짓을 생각하면 내가 테리를 개인적으로 좋아하는지 아닌지는 중요하지 않다.

나는 두 번째 맥주를 따고, 얼굴로 문을 밀고 들어오려는 부치를 발로 밀어냈다.

"애덤은 언제 와?"

"내일."

애덤은 아빠를 만나러 캘리포니아에 가 있었다.

"그 인간이 구제불능인 걸 애덤도 언젠가는 깨달을까?"

"그랬으면 좋겠다."

"내 생각엔 애덤이 아직도 '나는 아빠 없이 자랐어요' 콤플렉스에 시달리는 것 같아."

"맞아. 할리우드의 피터팬 정자 기증자 같으니라고."

나와 엄마는 맥을 욕하면서 즐거워했다. 맥의 잘못을 따지자면 끝이 없다. 가족을 저버렸고, 아이들 양육을 나 몰라라 했다. 내가 캔자스 대학교에 다니던 시절에 한번은 맥이 나를 찾아와서 함께 술을 마시러 간 적이 있었다. 맥이 여학생 엉덩이를 만지는 바람에 나까지 쫓겨났는데, 아파트로 돌아가는 내내 맥은 내게 고함을 질러댔다. "넌 거기서 내 편을 들어주지 않았어!" "그래, 씨발. 너 존나 똑똑하다. 똑똑해서 좋겠다, 변호사님."이라고 소리를 질러대며 내 발뒤꿈치를 걷어찼다. 그 면상을 한 방 갈기지 않을 수가 없었다. 한번 때리기 시작하자 그에게 정말로 고통을 주고 있다는 확신이 들기 전에는 주먹질을 멈출 수가 없었다. 한 방, 두 방, 세 방. 그래도 피는 나지 않았다. 맥이 나를 느끼기를 원했다. 그리고 깨달았다. 지금 그를 때리고 있는 건 스물한 살의 나뿐만이 아니라 열세 살의 나이기도 하다고.

이튿날 오후에 나는 애덤을 데리러 미드콘티넨트 공항으로 일찌감치 나갔다. 100킬로그램에 육박하는 애덤이 조수석에 털썩 앉아 팔리아멘트 담배에 불을 붙이자 차가 들썩였다. 옷차림과 백팩에 고정해놓은 기다란 서프보드를 보니 애덤은 다시 스케이트보드에 빠진 모양이었다. 나는 애덤의 LA다저스 모자를 벗기고(새로 산 것 같았다) 머리를 헝클어뜨렸다. "머리가 멋지네. 대머리 될 기미는 아직 안 보이는데."

"꺼져, 난 대머리 절대 안 될 거야."

"애플비 갈까? 치킨텐더나 바비큐립 먹을래?"

"형, 너무 무리하는 거 아냐?"

애덤은 농담하는 게 아니었다. 우리 가족은 하도 오랫동안 애플비를 고급 식당으로 여겨와서, 그곳은 도저히 넘을 수 없는 가격 한정선 너머의 사치로 머릿속에 각인되었다.

중하층 계급은 아슬아슬한 영역이다. 중산층보다는 사실 하층에 가깝다고 느끼고, 비록 밥을 굶진 않지만 스스로를 '가난하다'라고 칭할 자격이 있다. 우리 가족은 굶지 않았다. 라이스어로니 같은 삼분요리를 배불리 먹었으니까. 옷과 신발이 있었고, 이따금 브랜드 옷을 입기도 했다. 물론 할인하는 나이키 신발을 살 때면 계산대에서 흥분과 동시에 가슴 뜨끔한 죄책감을 느꼈다. 진짜 사도 되나? 엄마와 할머니는 사도 된다고 입으로는 말했지만 무의식중에 입술을 다물고 한숨을 내쉬었다. "그래, 사라. 하지만 이건 생일 선물이야."

엄마는 자식들이 학교에서 따돌림당하지 않을 정도로 옷을 입을 수만 있다면 자신은 기꺼이 싸구려 페이리스 신발을 신었다. 우리도 페이리스에서 신발을 샀지만, 일반 신발들과 비슷해 보이는 범위에서였다. 싸구려라는 것이 신경 쓰이기 시작하면 우리는 남들 신는 것과 비슷해 보이게 '시술'을 했는데, 그 작업에는 창의성이 조금 필요했다. 예를 들면, 알렉사 누나는 페이리스에서 산 캔버스 운동화에 친구가 신다 버린 케드 운동화에서 파란색 로고를 떼어내서 붙였다. 엄마는 싸구려 신발을 신는 것에 불만 없는 척 감쪽같이 연기했지만, 우리를 위해 희생하는 것을 알기에 늘 가슴이 아팠다. "난 페이리스 신발이 좋아. 아줌마가 무슨 신발을 신든 누가 신경 쓰니? 내가 누구한테 잘 보이려고 비싼 신발을 신겠어?" 엄마는 자기가 진심으로 싸구려 신발을 좋아한다고 우리를 거의 설득했다. "이걸 신으면 흠이 나도 상관없으니까, 얼마나 마음 편해."

집에 돌아와서 애덤은 거대한 스케이트보드 가방을 지하실 계단 아래로 굴러뜨렸고, 우리는 가방을 따라 애덤의 영역으로 내려갔다. 그때 애덤은 로런스에 있는 캔자스 주립대학교를 다니다가 마약 문제에 휘말리는 바람에 위치토로 돌아와서 엄마의 지하실에서 살고 있었다. 애덤은 6년으로 늘어난 학사 과정을 마치려고 노력 중이었다. 나는 계단을 내려가면서 지하실 벽을 둘러보았다. 코팅된 흑인 예수 그림이 대번 눈에 들어왔다. 우리 집에는 별의별 것이 전부 코팅되어 있다. 엄마는 직장이나 학교에서 성취를 기념하는, 어느 정도 공식적인 느낌을 풍기는 것이라면 사족을 못 썼다. 예를 들면, 법률구조협회의 내 명함이나, 교사 학회에서 나눠준 배지 같은 것들 말이다. 게다가 그것들이 더 '멋져' 보이게 코팅을 했다. 『뿌리』의 저자 알렉스 헤일리가 사인한 사진이 흑인 예수 그림과 테리의 지난해 크리스마스 선물 사이에 있었다. 크리스마스에 테리는 규화목에 남포등을 붙박아서 엄마에게 선물했다. 남포등에는 예수 그림 스티커가 붙어 있다. 나는 아무리 머리를 쥐어짜도 테리가 대체 무슨 생각으로 엄마에게 그걸 선물했는지 짐작할 수 없었다. 남포등을 꾸미려고 예수 스티커를 따로 샀을까? 이 남포등을 돈 주고 샀을까, 아니면 집에 굴러다니던 걸까? 엄마한테 건네주기 전까지 그것을 선물로 주겠노라 얼마나 오래 마음먹고 있었을까? 몇 달? 몇 주? 몇 시간? 몇 분? 몇 초? 그게 엄마한테 필요할 거라고 굳게 확신했을까? 아니면 조금이라도 의심이 들었을까? 선물을 안 가져가는 게 실례라고 정말 생각했을까? 십중팔구 테리는 엄마가 '마음이 중요한 거지.'라며 받아주리라 자신했을 것이다.

지하실로 내려가는 계단에는 오렌지색 두꺼운 카펫이 깔려 있었다. 카펫은 계단을 타고 내려가 지하실 바닥 전체를 덮었다. 지하실 벽면의 중간까지 올라오는 합판 패널이 70년대 분위기를 조성하는 데 일조했다. 애덤은 대학교를 중퇴하고 집에 돌아온 뒤에 조금씩 실내를 개조하기 시작했는데, 그중 몇 가지가 눈길을 끌었다. 벽의 패널에 갖가지 고리가 박혀 있었고, 고리만큼이나 다양한 종류의 전선이 걸려 있었는데, 그 전선들 대부분이 방구석으로 뻗어나가 애덤이 천장에 찍찍이 스트랩과 스테이플로 고정해놓은 케이블 모뎀에 꽂혀 있었다. 어떤 심미적 목적으로 케이블을 이렇게 설치했는지는 알 수 없었다.

또한 애덤은 슬레지해머 망치로 벽 하나를 때려 부수어 '벽장'을 만들었다. 그 결과, 원래 사면이 둘러막힌 지하실 방이 이제는 조그만 지하실 화장실로 이어졌는데, 웬만한 건설업자들은 이것을 '구조적 파손'이라고 부를 것이다.

"지하실에서 떵떵거리고 사는구나?" 월세도 안 내고, 밥도 공짜로 먹고….

"형, 형이 빌어먹을 정신병동에 갇혀 있었던 것에 대해서는 이야기 안 할 거야?"

애덤에게 뭐라고 말하면 좋을지 막막했다. 어떤 면에서 나는 애덤에게 아빠나 다름없었다. 어쨌든 애덤의 인생에서 나는 유일하게 도움을 줄 수 있는 남자 인생 선배였다. 면도부터 옷 스타일, 술, 담배, 그리고 여자애들과 말하는 법까지 전부 내가 가르쳤다.

"내가 뉴욕으로 돌아갈 때 같이 가자. 브루클린에 아파트 구할 수 있게 도와줄게. 널 이곳에서 탈출시켜야겠어."

"그런데 형, 형도 지금 여기 있잖아. 에디 삼촌 같은 일로."

애덤과 나, 우리 형제는 위험한 유전자를 타고났다는 사실을 어린 시절부터 늘 경각하고 있었다. 최악의 경우에는 에디 삼촌처럼 될지도 모른다면서. 어렸을 때 나와 애덤은 에디 삼촌처럼 되느냐, 그렇게 되지 않느냐를 두고 께름칙한 경쟁을 했다. 당연히 에디 삼촌처럼 끝장나고 싶지는 않았다. 한평생을 정신병원에서 보내면서 명절이나 가끔 주말에만 집에 오고, 그러다 죽는 것. 하지만 에디 삼촌의 광기를 조금 가라앉히면, 그러니까 조현병을 제거하고 쿨한 특징만 모으면 음악에 재능이 없는 록스타나 다름없었다. 멋진 수염, 70년대 스웨그, 체인 달린 지갑, 장발, 손으로 담배를 말아 피우고 경찰들로부터 도망 다니고, 영혼이 지끈거릴 정도로 핑크 플로이드 음악을 크게 듣는 거친 남자.

우리는 티를 내지 않으려고 노력하면서 에디 삼촌을 따라 했다. 애덤은 에디 삼촌의 마약쟁이 일면에 특히 집중했다. 열한 살에 벌써 대마초를 매일같이 피웠고, 그다음엔 코카인에 살짝 손을 대었다가 코카인을 순화하여 흡입하기에 이르렀다. 대마초는 입에 달고 살았으며 대학에 가서는 술을 병나발로 불고 코카인과 다른 약물로 영역을 확장했다. 한편 나는 뉴욕으로 이사하기 전까지 대마초를 별로 즐기지 않았지만 술은 항상 좋아했다. 그리고 에디 삼촌처럼 나 역시 싸움에 휘말려 코뼈가 몇 차례 부러졌고, 때로는 경찰에게서 도망쳤고 때로는 잡혔다.

엄마가 해준 이야기에 따르면, 에디 삼촌은 머리가 깨지게 아플 정도로 아이스크림을 빨리 먹었다. 할머니가 "에디, 천천히 좀 먹으렴." 하고 말리면 삼촌은 "못 참겠어, 못 멈추겠어!"라며 계속해서 아이스크림을 퍼먹었다. 무언가에 씐 것처럼. 한편 나는 아이스크림이 아니라 벽에 머리를 박는 것에 집착했다고 한다. 벽에 머리를 박으며 한 시간 가까이 울고불고 죽음을 통탄했는데, 그게 네 살 때 일이었다. "할머니는 늙었어! 곧 죽을 거야! 엄마도 죽을 거야! 누나도 죽을 거야! 난 죽기 싫어!" 내가 이런 행동을 자주 해서 엄마는 겁에 질렸었다고 한다. 내가 기저귀를 차는 나이였을 때 벌써 엄마는 조현병의 초기 증상을 알아보기 시작했다.

애덤이 드럼을 치기 시작했으므로 나는 위층에 가서 텔레비전을 보았다. 〈스포츠센터〉에서 방영하는 중국 투어에서 타이거 우즈가 퍼트를 넣었든가 못 넣었든가 했고, 농구 경기에서는 레브론 제임스가 위저드팀을 상대로 높은 점수를 냈다. 텔레비전에서 나오는 프로그램들이 왠지 이상했다. 그것들이 내게 직접 말을 걸진 않았지만, 어쩌면 내게 무슨 말을 전달하려는 것 같았다. 리모컨 버튼을 눌러도 채널이 곧바로 넘어가지 않았다. 경기 하이라이트는 현재 내 상황을 축약한 메시지를 알게 모르게 은근히 암시하고 있는 듯했다. 그래, 넌 지금 타이거 우즈처럼 중요한 샷을 놓쳤지만, 넌 사실 레브론이야! 곧 엄청난 점수를 내게 될 거야. 확신할 수 없었다. 나는 계속해서 리모컨을 시험해보았다. 채널을 연달아 바꾸면서 텔레비전이 어떤 속도로 반응하는지 관찰했다. 하지만 누구에게 말할 정도로 확실히 이상한 점은 없었다. 정신병자가 텔레비전이 자기한테 메시지를 보낸다고 하네. 이건 좀 지켜봐야겠는데. 버드가 부엌에서 외쳤다. "안내 방송입니다. 심통 난 고릴라가 정신과 상담을 받으러 가야 할 시간입니다." 정말이지, 우리 엄마는 시계처럼 정확하다.

병원에 가는 길에 라디오에서 칸예 웨스트가 "가족 모두에게 차를 사줬지, 볼보 따위 말고!"라고 랩을 했는데 오른쪽 차선에서 웬 흑인이 볼보!를 타고 지나갔다. 남자는 정신 나간 듯이 껄껄 웃고 있었고 얼굴도 칸예랑 좀 닮았다. 똑같은 턱수염과 피부색. 정말 칸예인가? 칸예가 아니다. 그건 나도 알았다. 하지만 만일, 정말 만에 하나 엄마도 리얼리티쇼에 가담했고 프로듀서가 뉴욕에서 촬영을 지시하고 있는 거라면? 어쩌면 내가 여름내 너무 열심히 일하느라 지쳤기 때문에 우리 쇼가 방송을 타기 전에 내가 정신병원에서 도움 받기를 원했던 거라면? 이게 다 시험일지도 모른다. 그리고 지금 프로듀서가 이렇게 암시하는 것일 수도 있다. 우리는 널 기다리고 있어. 넌 가족 모두에게 차를 사줄 만큼 부자가 될 거야. 물론 넌 소박한 위치토 촌뜨기니까 볼보에 만족할지도 모르지. 너무 우스웠다.

"봤어?" 나는 엄마에게 물었다.

"뭘?"

"볼보 타고 지나간 흑인 남자. 칸예가 볼보라고 말한 순간 지나갔잖아."

"아니. 안 듣고 있었어. 이게 칸예니?"

엄마가 시치미 떼는 건가? 확실치 않다.

타운 반대쪽에 있는 병원에 가는 짧은 시간에 나는 B2 폭격기가 머리 위로 날아가는 걸 두 번이나 봤다. 공군 부대에서 이륙한 폭격기가 위치토 상공을 지나가는 건 흔한 일이지만 이렇게 짧은 시간에 두 대나 본 적은 없었다. 폭격기는 동쪽, 즉 뉴욕을 향하고 있었다. "와, 저거 봤어?" 내가 물었다.

"뭐?"

"폭격기 말야! 저기! 보여?"

"그래. 폭격기구나, 고릴라. 그래서?"

"우아, 제길, 제길, 제길!"

"얘가 왜 이래?"

"오늘이 9·11 테러의 2부야."

"오늘은 11월 6일이고, 아직 1부야. 무슨 말을 하는 거니?"

"어제 뉴스 안 봤어? 포트후드 말이야. 11월 5일에 테러리스트 공격이 있었잖아. 오늘은 11월 6일. 뒤집으면 9월 11

126

일이야. 오늘 또다시 테러가 있을 거야. 저 폭격기들이 동쪽으로 가고 있었어. 뉴욕으로."

엄마는 들은 체도 안 하고 칸예를 따라 랩을 했다. "우리는, 예, 내가 말했잖아, 우리는!" 나는 도무지 결론을 내릴 수가 없었다.

정신과 대기실에 걸려 있는 텔레비전에서 폭스 뉴스가 나왔다. 포트후드. 지하드. 국방부. 이슬람교. 테러. 미국 영토에서. 그러나 나는 폭격기를 다시 들먹이지 않았다. 무슨 말을 할 수 있기 전에 의사를 만나러 갈 차례가 되었기 때문이다.

진료실에서 우리는 내 기분과 병의 진행 과정, 정신병력, 현재 증상 등을 검토했다. 증상? 아, 예를 들면, 내가 텔레비전에서 메시지를 받고 있다거나 그런 것? 나는 기다 아니다 대답할 준비가 되지 않아서 중간길을 택했다. "메시지라니, 무슨 뜻이죠?"

"예를 들면, 텔레비전이 당신한테 말을 걸고 있다고 생각해요?"

"음…" 나는 잠시 망설였다. 의사의 표정을 보아하니 정답은 확실히 아니요였다. 아뇨, 제발 날 미치광이 소굴에 다시 처넣지 말아요. 나는 태연한 척 말했다. "글쎄요, 어떻게 보면 텔레비전은 우리 모두에게 말하고 있지 않나요? 하지만 텔레비전이 오직 나에게만 메시지를 보내고 있냐고요? 그렇다면 대답은 아니요,입니다. 당연히 말도 안 되죠."

의사는 데파코트와 리스페달 처방전을 써주었고, 우리는 다시 대기실로 돌아가서 산더미 같은 서류를 작성하고 다음 진료를 예약해야 했다. 버드가 서류를 작성하기 시작하며 말했다. "고릴라가 당이 떨어졌나보네. 먹을 것 좀 사와." 나는 병원 주차장에서 차를 빼면서 아이팟에서 라디오 파워 93.9 채널로 바꾸었다. 청부업자 그레그라는 별명을 쓰는 라디오 디제이가 위치토의 힙합과 R&B 채널에 온 것을 환영한다고 말했는데, 그다음에 누구의 음악을 틀었을지 맞혀보라. 바로 제이지와 칸예였다. 그런데 칸예의 신곡이 아니라 옛날 노래인 〈네버 렛 미 다운 Never Let Me Down〉이었다. 스팽글스 패스트푸드점으로 가는 길에 나는 프로듀서가 나를 안심시키려고 메시지를 보냈다는 확신 속에서 흐느끼며 노래를 따라 불렀다. "진실한 것에 대해 말하자면, 적어도 내게 진실한 것은. 내가 찾은 단 한 사람. 단 한 사람. 오, 너는 절대 나를 실망시키지 않을 거야." 그래, 나는 내쳐진 게 아니었다. 용기를 내. 도움을 받아. 널 실망시키지 않을 거야. 프로듀서가 말하고 있었다. 그런데 대체 왜 이렇게 우회적으로 메시지를 보내지? 그냥 전화해서 다 괜찮다고, 날 포기하지 않았다고 말하면 안 돼?

스팽글스에 들어가니 대단한 미인이 일하고 있었다. 패스트푸드점에서 햄버거 주문을 받고 있기에는 너무 예뻤다. 하지만 직원의 미모를 제외하면, 다른 것들은 평소와 다름없었다. 햄버거를 우걱우걱 욱여넣고 오레오 밀크셰이크를 후루룩 마시는 위치토 주민들. 나는 지역 R&B 라디오 채널에서 칸예와 제이지의 음악을 틀었다는 사실이 단순히 세상에서 가장 잘나가는 두 래퍼의 음악을 틀었다는 것보다 의미가 많다는 증거를 찾아 두리번거렸다. 그러나 아무것도 없었다. 예쁜 직원은 1달러만 더 내면 딸기 밀크셰이크를 받을 수 있다며 라지 콤보를 주문하라고 부추겼다. 그날 나는 태어나서 처음으로 울면서 스팽글스 주차장에 들어가고 울면서 나갔다.

도무지 종잡을 수 없었다. 환청을 듣는 게 이런 기분인가? 조현병 환자들이 '목소리'를 들을 때, 어쩌면 그들은 아들을 산으로 데려가 죽이라는 신의 목소리나, 갓난아기를 칼로 찌르라는 텔레비전 캐릭터의 명령을 문자 그대로 듣는 게 아닐 수도 있다. 라디오에서 흘러나오는 노래, 텔레비전 방송, 또는 스팽글스의 우선 대기 줄에서 기다리는 사람들의 수다 등 세상에 떠도는 흔한 '소리'를 듣고 이상하게 해석하는 건지도 모른다.

저녁에 나는 엄마가 냉장고에 채운 음식들을 살펴보았다. 약을 복용하기 시작한 후로 온종일 걸신이 들린 듯 배가 고팠다. 오예! 핫도그, 케첩, 지방 2퍼센트 우유, 네스퀵 코코아, 딜런스 사워크림, 차이브딥, 볼로냐햄, 할머니가 만든 수프가 있다. 찬장에는 치리오스 시리얼, 레이스 감자칩, 식빵이 있었다. 이런 음식들은 백인쓰레기에게 프루스트의 마들렌이나 다름없다. 나는 식빵 한 장에 소시지 두 개를 싸서 전자레인지에 돌렸다. 기다리다가 볼로냐햄을 그 위에 한 장 추가하고, 네스퀵을 마시려고 캔자스 제이호크팀 머그잔을 꺼냈다. 식빵 핫도그에는 감자칩과 차이브딥을 얹었다. 수프는 2차전을 위해 아껴두기로 했다.

코코아와 시리얼을 떠먹을 숟가락을 찾으려고 서랍을 열었다가 그 자리에서 얼어붙었다. 내가 리얼리티쇼를 찍고 있다고 철저히 믿고 있던 벨뷰 정신병동에서의 첫날 밤에 침대 옆 나무 서랍장 맨 위 서랍을 열었을 때와 정확히 똑같은 끼이이익 소리가 났다. 느릿느릿하고 소름 돋는, 영화에서나 나올 법한 소리였다. 완벽하게 그럴싸하지만 현실에서는 낡은 서랍장이 내지 않는 소리. 모종의 행동이나 움직임, 또는 물체에 사람들이 인위적으로 부여하는 소리다. 영화에서는 맨주먹으로 때려도 마이크 타이슨의 KO 펀치 같은 소리가 나듯이 말이다. 벨뷰에서 이 소리를 듣고 나는 웃음을 터뜨렸었다. 깜짝 놀라긴 했지만 녹음 장치가 설치된 방이니까 당연하지 않냐고 고개를 주억거렸었다.

하지만 엄마 집의 식기 서랍장에 녹음기가 설치되어 있을 리는 없잖은가. 그런데 벨뷰 병원에서와 똑같은 소리가 났다. 소리는 그냥 넘어갈 수도 있었겠지만, 서랍 속의 물건들은 또 어떠한가. 나무 손잡이가 온통 긁힌 낡은 스테이크 칼이 있었는데, 아무리 봐도 살인 도구처럼 생겼다. 정확히 말하면, 『갱스 오브 뉴욕』에서 대니얼 데이 루이스가 연기한 도살자 빌이 적의 갈비뼈에 쑤셔 넣을 법한 칼이었다. 나는 칼을 들고 이리저리 살펴보다가 조리대의 접시에 내려놓았다. 잠깐, 나는 칼날을 보며 생각했다. 우리 집 칼은 전부 이렇게 낡지 않았나? 이걸로 핫도그를 자른 적이 있잖아.

나는 제작진이 미리 설치한 소품이나 그들이 보내는 메시지 혹은 표식이라고 착각할 수 없는 것을 찾아 지하실로 내려갔다. 그러니까, 내 동생을 찾아갔다. 지하실 뒤쪽에 있는 애덤의 침대는 계단에서 40보가량 떨어져 있었지만 우렁찬 코골이 소리가 계단까지 들려왔다. 나는 애덤이 인기척을 느낄 때까지 1~2분 정도 자는 얼굴을 내려다보았다. "왜?" 애덤은 너무 졸렸는지 나를 보고 놀라지도 않았다.

"아무것도 아냐?"

"아무것도 아니라고? 그냥 거기 서서 나 자는 거 보고 있어?"

"응. 미안. 겁이 나서."

"괜찮아. 무슨 일이야?"

"잠깐 누워도 돼?"

"응."

애덤에게서 애덤 냄새가 났다. 하지만 평소보다 얼굴이 부어 있었는데, 마치 고무로 만든 것처럼 부자연스러웠다. "넌 너야, 맞지?" 내가 물었다.

"무슨 소리야? 그래, 난 나야."

나는 애덤의 얼굴을 꼬집었다.

"아이씨, 뭐하는 거야?"

"그냥 만져봐야 했어. 정말 너라고 확인해야 해서. 미안." 애덤의 까끌까끌한 수염을 만지니 확신이 들었다. 동생의 수염은 나만큼 굵지는 않지만 사포처럼 꺼끌꺼끌했다.

"미안. 그냥 지금 힘들어서 그래."

"괜찮아. 나도 가끔 너무 오래 혼자 있으면 환영을 보는 것 같은 기분이 들 때가 있어. 잠이나 자." 나는 애덤 옆에서 몇 분 졸다가 우리가 궁전에서 이사 나올 때 공짜로 가져온 필로폰 소파로 갔다. 필로폰 소파는 진짜였다. 필로폰 소파를 꾸며낼 수는 없지.

8

이튿날 아침에 나는 엄마 차고에 롤리팝 요정이 없다고, 그들은 『오즈의 마법사』에 나오는 허구의 인물이라고 나 자신에게 상기시켜야 했다. 또한 차고에서 밖으로 나갔을 때 마침 집 앞의 한적한 도로를 지나간 빨간색 서버번 SUV가 90년대 초에 친구 엄마가 운전하던 차와 똑같은 모델인 것도 우연일 뿐이라고 스스로에게 말해야 했다. 보도에서 빈둥거리고 있는 노인들은 우스운 모습을 연출하거나 그러려고 노력하고 있지 않으며, 아무도 저 노인들을 여기에 심어놓지 않았다. 노인들은 원래 좀 우스꽝스럽기 마련이다.

나는 심호흡을 크게 한 번 하고 외갓집으로 향했다. 고향에 돌아오면 언제나 도착한 지 24시간 이내에 인사를 드리러 가고, 매일 찾아뵙는다.

할아버지가 알코올중독 치료소에 가기 전까지는 외갓집 차고에서 늘 밀러 라이트 맥주 냄새가 풍겼다. 할아버지가 하키 퍽처럼 납작하게 짜부라뜨린 맥주캔들이 200리터들이 대형 쓰레기통에 가득했기 때문이다. 보잉 회사에서 조기퇴직을 권고했을 때 할아버지는 얼씨구나 하고 받아들였다. "원래는 은퇴하면 맨날 술만 마실 생각이었다. 술 마시고, 어쩌면 낚시를 좀 하고. 참 괜찮은 계획이었는데.” 그러나 2월 중순에 집 뒷편 포치에서 머리가 깨진 채로 쓰러져 있는 할아버지를 발견하고 할머니는 마침내 그 은퇴 계획을 중단시켰다. 다음 날 할아버지가 물었다. “날 입원시킬 거야?” 할머니는 아니라고 했다. 할아버지가 제 발로 가기를 원했다.

당시 다섯 살이었던 내가 치료소에 할아버지를 보러 갔을 때 간호사가 말했다. “너희 할아버지는 술 끊으시려고 여기 있는 거란다.”

그 말에 나는 웃음을 터뜨리고 말했다. “에이, 무슨 소리예요. 우리 할아버지는 맨날 맥주, 맥주, 맥주만 마시는데!”

엄마가 내 머리를 찰싹 때리고 조용히 하라고 했다.

할아버지는 알코올중독 회복의 아홉 번째 단계를 진지하게 받아들였다. 기회가 있을 때마다 당신이 피해를 끼친 사람에게 직접 보상하라. 할아버지는 엄마한테 형편없는 아버지였지만 손주들한테 잘해줌으로써 과거의 잘못을 만회하고자 했다. 그리고 엄마가 학업에 정진할 수 있게 도우려고 애썼다. 엄마는 학교에 어울리는 사람이니까 계속 공부하라고, 장학금을 받고 학교에 다니라고, 공부에 집중할 수 있게 자신과 할머니가 물심양면으로 힘껏 돕겠다고 말했다. 그래서 우리는 학창 시절의 아침과 저녁 시간을 대부분 외갓집에서 보냈다. 할아버지는 변했다. 더는 우리가 피해야 하는 퉁명스러운 사람이 아니었다. 할아버지는 우리를 위해 집 앞 진입로에 농구 골대를 놓고 일대일 농구 게임을 가르쳐주었다. 할아버지와 할머니가 아니었더라면 나는 축구를 할 수 없었을 것이고, 알렉사 누나는 바이올린을 배우지 못했을 것이며, 애덤은 드럼을 가질 수 없었을 것이다. 할아버지의 회색곰 시절 모습은 기억도 가물가물하다. 내게 할아버지는 늘 다정한 곰돌이였다. 우리의 가장 격렬한 싸움은 일요일 저녁에 누가 그레이비 소스를 먼저 받느냐를 두고 벌어졌다.

나는 할아버지와 할머니 모두 깊이 사랑했지만, 할머니와는 유달리 특별한 공감대를 느꼈다. 엄마는 1983년 2월 8일에 분만실에 들어갔다. 열여섯 시간이나 지속된 길고 고통스러운 출산이었다. 엄마는 진통제를 거부했고, 제왕절개에 대해선 들으려고 하지도 않았다. 엄마가 진통을 느끼고 이제 병원에 가야 한다고 말했을 때 맥은 대마초를 정성스럽게 말고 느긋하게 피웠다. 엄마는 딱히 화나지도 않았다. 맥은 늘 외출하기 전에 한 대 피웠으니까. 그러나 엄마가 어마어마한 산고에 그토록 오래 시달린 뒤에 그가 또다시 한 대 피우러 나갔을 때는 엄마도 폭발했다. 그 인간은 대마초를 실컷 피우고 돌아와 엄마 얼굴에 역한 냄새를 뿜으며 뒤늦게 돕는 척했다. "숨 쉬어, 들이쉬고, 내쉬고, 들이쉬고."

엄마가 분만 열세 시간째에 들어설 때까지 할머니는 올 수 없었다. 꼭 산고 때문이 아니더라도 충분히 고통스러운 하루였다. 그날 오후 내내 할머니는 에디 삼촌을 이송할 정신병원 사람들을 기다리고 있었다. 할머니에게 나는 하늘이 에디 삼촌 대신 보내준 아이였다.

그로부터 15년 뒤에 나는 엄마에게 당신 오빠의 죽음을 알려야 했다. 내가 전화를 받았을 때 할머니는 말을 알아듣지 못할 정도로 오열하고 있었다.

"할머니? 왜 그래요?"

"킹 에드워드." 할머니가 말했다.

"킹 에드워드가 뭐요?" 나는 무슨 일인지 이미 깨달았다.

"킹 에드워드가 죽었어!"

"어떻게 해요? 제가 지금 갈까요?"

"아니, 아니. 아직은 아니야. 엄마는 어딨니?"

"학교에요. 교직원 회의가 있어요."

"네가 가서 말해줄래?"

"네."

"고맙다, 아가." 할머니는 고맙다고 말했다. 마치 태초의 인간처럼 울부짖고 있었지만, 그래도 고맙다고 인사하는 것을 잊지 않았다.

"30분 안에 갈게요."

에드워드 삼촌은 내 차를 좋아했다. 오직 그 이유 하나로 우리는 그 차를 팔지 않았다. 할아버지가 토피카에 있는 정신병원으로 면회를 갈 때마다 삼촌은 두 가지를 부탁했다. 첫 번째, "총알차 가져와." 두 번째, "갓파더 갈 거야. 피자 한 판 다 먹어버릴 거야." 1974년식 닷지 다트 스윙거는 318엔진이 달린 흰색 하드탑으로, 과연 진정한 총알차였다. 사실 내게 그런 차를 주어서는 안 되었다. 열다섯 살짜리가 감당할 만한 차가 아니다.

속도 제한을 준수하면 우리 집에서 존 마셜 중학교까지 4분 만에 갈 수 있었다. 2분 안에 가기로 했다. 그보다 천천히 가는 것은 에디 삼촌에 대한 모욕처럼 느껴졌다. 이 끔찍한 소식을 빨리 전달해야 했기 때문만이 아니라, 삼촌이 죽은 지 얼마 안 되었으니 아직 이 세상에 있을지도 모르는 그의 영혼이 총알차가 포효하며 질주하는 것을 느끼게 해주고 싶었다. 나는 진입로에서 나오자마자 말 그대로 총알처럼 달렸다.

집에서 출발하여 두 블록을 지나기도 전에 나는 시속 130킬로미터로 달리고 있었다. 세 블록을 지나고 멈춰서 우회전을 해야 한다. 교차로에 당도하기 전에 도로 건너편에서 뷰익 르세이버를 운전하던 여자가 내가 속도 제한의 네 배 속도로 달려오고 있는 것을 모르고 느긋하게 왼쪽으로 꺾으려 했다. 총알차는 물론 후륜구동이었고 바퀴가 즉시 잠겼다. 차가 왼쪽으로 돌아갔다가 오른쪽으로 꺾였고, 다음 순간 나는 연석을 들이받았다. 다른 차와 부딪히지는 않았지만 연석을 워낙에 세게 박아서, 내가 앞창으로 튕겨 나가지 않은 게 천만다행이었다.

금세 경찰이 나타났다. 내 차가 연석을 들이받은 소리를 듣고 이웃이 신고했을 거다. 그게 아니면 내가 미친 듯이 악을 쓰고 있었기 때문인지도.

첫 번째 경찰이 도착했을 때 나는 여전히 악을 쓰며 욕하고 있었다. 자연스레 다른 사람들은 내가 차 사고 때문에 그러는 거라고 생각했다.

"난 가야 해요! 지금 가야 한다고!"

그 경찰은 아마 세상에서 가장 이성적인 사람이었던 모양이다. 다른 경찰이었다면 나를 곧바로 쓰러뜨리고 제압했을 것이다. 100퍼센트 내 잘못으로 일어난 사고 현장에서 발악을 하고 있었고, 게다가 중년 백인 여자가 내게 손가락질을 해대고 있었으니까.

"우리 삼촌이 죽었어! 우리 삼촌이 죽었단 말이에요! 엄마한테 말해야 해요! 엄마는 존 마셜 중학교에 있어요! 거기 선생이에요!"

그 이성적인 경찰은 서류를 작성하자마자 나를 엄마가 일하는 중학교에 데려다주었다.

나는 2층에 있는 도서관으로 갔다. 도서관에서는 7학년 아이들과 농구팀 코치 냄새가 났지만 도서관에 들어서는 순간 나는 어른이 된 기분이었다. 나는 울지 않고 담담한 표정을 지으려고 노력했다. 하지만 내가 맥길브리 선생님과 이야기할 수 있냐고 누구한테 묻기도 전에 엄마가 나를 보고 일어났다. 나는 복도로 나오라고 고갯짓했다.

"무슨 일이니?" 엄마가 겁에 질려 물었다.

"킹 에드워드."

엄마는 즉각 알아들었다. 할머니 말을 내가 곧바로 알아들은 것처럼. 그래도 엄마는 내게서 들어야만 했다.

중학교 복도는 원래 공명이 심하다. 도서실 창문을 통해 내다보는 선생들이 보였다. 엄마의 울부짖음만 들어도 누가 죽었다는 소식이라는 것이 분명했다. 그게 아니라면 다들 놀라서 달려 나왔을 것이다. 나는 대수학을 가르치는 팔리 선생과 시선을 맞추고, 엄마를 데리고 가겠다고 몸짓했다.

차까지 엄마를 거의 안고 가야 했다.

할머니한테 담배 냄새를 풍기긴 싫었지만, 늘 그래왔듯 할머니네 집에 아침을 먹으러 가는 길에 나는 담배를 두 대 피웠다. 달걀, 베이컨, 위치토 지역신문 〈위치토 이글〉, 그리고 정오 뉴스가 우리의 일상을 이루었다. 집에 들어가자 자몽을 먹고 있는 할아버지가 보였다. 지하실에서 할머니는 핑크 플로이드를 귀가 아플 정도로 크게 틀어놓고 다림질하고 있었다. 얼핏 봐서는 쉽게 추측할 수 없겠지만, 머리를 벌집만큼 커다랗게 부풀린 이 여든 살 노부인은 믹 재거, 지미 헨드릭스, 로저 워터스를 숭배했다. 폭주하는 에디 삼촌의 삶에 배경음악처럼 깔려 있던 노래들을 할머니는 사랑하게 되었고, 다림질할 때마다 강렬하고 몽환적인 애시드 록을 들었다. 할머니의 이상적인 하루는 세탁기에 가득한 빨랫감과 라디오에서 흘러나오는 롤링스톤스 또는 핑크 플로이드와 함께 시작되었다. 할머니의 건조기는 적어도 500킬로그램은 나가는 쉰 살짜리 유물인데, 메이태그 회사 사람이 배달한 그날만큼이나 여전히 잘 작동한다. 아마도 그 오랜 세월 한 일이 별로 없기 때문일 것이다. 기온이 영하로 내려가지만 않으면 건조기는 쉬고 빨래는 빨랫줄에 걸렸다. 그리고 할머니는 옷을 다림질했다. 양말 한 짝도 빼지 않고.

온 가족의 더러운 옷을 꼼꼼하게 빨래하고 다리는 사람이 있어서 좋았지만, 그 서비스는 공짜가 아니었다. 먼저 20

킬로그램에 육박하는 빨래를 어깨에 메거나, 손에 들기 힘든 다양한 낡은 가방에 담는다. 예를 들면, 어깨끈이 사라진 곰 돌이 푸 청가방 같은 것. 그렇게 빨래를 담아서 할머니네 집에 가져간다. 그러고서 거대한 가방과 빨래 바구니를 지하실 계단에서 굴러뜨린다. 절대 잊지 말아야 할 사항이 있다. 티셔츠, 청바지, 속옷은 다리지 말라고 눈에 띄는 곳에 써놓아야 한다. "청바지도 안 된다고? 살짝만 다리자, 아주 살짝. 응?" 그렇게 써놓지 않으면 청바지는 풀을 잔뜩 먹고 칼주름이 들어간 채로 돌아온다. 할머니는 아무것도 모르는 척 시침을 뗀다. "주름 잡지 말라고 했었니? 그랬어?" 리바이스 청바지에 칼주름을 잡는 즐거움을 할머니에게서 빼앗는 것은 가히 가학적으로 느껴지지만, 그것을 보상하기 위해 나는 고향에 올 때마다 할머니가 차려주는 푸짐한 아침밥을 먹는다.

금세 할머니가 지하실에서 올라와 나를 대충 한 번 껴안고 할아버지와 나의 아침 식사 주문을 받았다. 베이컨, 달걀, 토스트는 됐어요. 할머니가 원하면 주스는 마실게요. 커피도 부탁해요. "플라카에 토르티아 좀 구워주면 안 될까?" 플라카는 할머니가 어린 시절 오클라호마 톤카와에 살 때 농장에서 쓰던 묵직한 접시 모양이 철판이다. 할머니는 플라카에 토르티아를 올리고 치즈를 녹이며 굽는 것을 좋아했다. 또한 할머니는 자신에게 멕시코인의 피가 흐른다고 생각하는데, 최소 절반 이상인 건 확실하다. 할머니가 한 번도 본 적 없는 할머니의 어머니는 미국 원주민이었을지도 모른다고 한다. 할머니는 레바논 사람과 제일 닮았지만, 도리토를 발음할 때는 스페인어를 하듯이 R을 굴린다. 도르르르리토. 나는 플라카에 구운 토르티아를 먹겠다고 했다.

할아버지는 할머니의 극진한 시중을 자신이 견뎌야 하는 시련 대하듯이 한다. "윌리엄, 아침 먹을 준비 됐어?" 지난 몇 년간 할아버지는 '특정한 소리' 몇 개만 안 들린다고 우겼지만 청력을 거의 상실했다는 것을 이제는 인정할 수밖에 없다. 할머니는 늘 고함을 질러야 한다. "윌리엄! 소시지 먹을래, 아니면 베이컨? 칠면조 베이컨 아니면 일반 베이컨? 오트밀은? 손은 씻었어? 윌리엄?"

할머니가 이날의 특별 메뉴를 소리치는 동안 할아버지는 팔에 얼굴을 묻고 있었다. "도와주소서, 주님. 내가 바꿀 수 없는 것들을 받아들이도록 도와주소서. 예를 들면, 저 여자 말입니다."

"할아버지는 헌신적으로 뒷바라지해주는 사람이 있어서 참 힘드시겠어요. 청소랑 빨래는 물론 끼니마다 입맛에 맞추어 요리까지 해주다니, 얼마나 힘들어요." 내가 놀렸다.

"네 할머니는 그럭저럭 괜찮은 여자지." 할아버지가 말하면 할머니는 혀를 끌끌 차고 이를 빤다.

"아이고, 저 남자 진짜." 두 분 다 연기력이 일품이다.

아침을 먹으면서 나는 〈위치토 이글〉을 읽는다. 어쨌든 세월이 흐르며 팸플릿처럼 얇아진 신문에서 아직 남은 지면을 읽는다. 신문은 너덧 장밖에 되지 않는다. 나는 시민의 목소리 면을 제일 좋아한다. "오바마는 아직도 출생신고서를 제출하지 않았다." "공공부조를 받는 이들은 의무적으로 마약

검사 결과를 제출해야 한다." "진보주의자들은 우리의 수정헌법 제2조를 박탈하려고 하지만 내가 죽기 전까지는 총을 뺏지 못할 것이다." "하느님은 아담과 이브를 창조하셨다. 아담과 스티브가 아니라."

아침 식사 후에 할머니가 설거지를 마무리하는 동안 우리는 소파에 앉아서 정오 뉴스를 보는데, 전날 저녁 뉴스의 재방송이나 다름없다. 대개 나는 뉴스를 보다가 졸기 시작한다. 할아버지는 자기 의자에서 잔다. 우리 두 사람은 설거지에 가까이 가서도 안 된다.

대화가 잠시라도 끊기면 할아버지는 곧바로 잠이 든다. 할아버지는 자기가 얘기하는 도중에 상대가 졸아도 기분 나빠하지 않는다. 나는 할아버지의 레퍼토리를 토씨 하나 틀리지 않고 정확히 외운다. "한번은 우리가 밤에 놀러 나가서 꽤 취했는데, 보비 병장이 그걸 알아낸 거야. 아침 6시에 우리를 깨운 다음에 완전 군장 차림으로 32킬로미터 행군을 시켰지." 또는 "외할아버지는 정말 독한 남자였어. 늙은 농부였는데, 그때는 그렇게 살아야 했다." 또는 "한번은 우리가 뉴욕에 갔었다. 코네티컷의 댄버리에서 머무르다가 뉴욕까지 운전해서 갔는데, TGI 프라이데이를 못 찾아서 댄비리로 돌아갔지." 어떤 레퍼토리는 규칙적으로 반복된다. 한국 전쟁에 참전했을 때의 이야기 같은 것들이다. "한국인들은 우리 무기를 존경했다. 우린 그 사람들 다리 힘을 존경했고. 발차기가 여간 강한 사람들이 아냐." 그리고 전쟁에서 오발로 자기편을 쏘는 것은 영화에나 나오는 헛소리라든가, 자동차를 관리할 때 가장 중요한 것은 "반드시 여자를 태우고 다녀야 한다. 튼튼한 콘돔도 중요하지."

그곳에 있자니 우울함이 몰려왔다. 점점 쇠약해지고 있는 할아버지는 일상적인 일에도 할머니에게 의존했다. 또한 할머니는 여전히 노새처럼 건장하고, 테일러 스위프트가 왜 레이디 가가나 마일리 사이러스의 발끝도 못 따라가는지를 두고 열띤 논쟁을 펼칠 만큼 명민했지만 70대였을 적의 체력은 사라졌다. 내 인생에서 외갓집은 안식처였다. 학창 시절에 나는 할머니네 집에서 치리오스 시리얼과 달걀을 먹고 등교 준비를 했고, 할머니가 학교에 데려다주었다. 그리고 숱한 저녁에 우리 삼 남매는 할머니네 집 바닥에 요를 두껍게 깔고 앉아서 엄마가 슈퍼마켓에서 퇴근하기를 기다렸다. 고등학교에 진학하고서도 내가 운전할 수 있기 전까지는 축구 연습을 마치고 할머니네 집에 와서 달걀 여섯 개와 베이컨 여섯 장을 먹었다. 모든 인간을 기다리는 끝이 할머니와 할아버지 앞에 바짝 다가온 지금, 나는 최대한 많은 시간을 함께 보내고 싶었다. 그러면서도 다른 한편으로는 아침을 먹자마자 그 집에서 도망치고 싶었다.

대개 나는 5시 뉴스가 끝날 때까지 버티다가 6시 뉴스 중간에 스포츠 방송이 시작하기 전에 떠났다. 조부모님과 어울리며 신문을 읽고 지역 방송을 두세 시간 본 덕분에 위치토시의 최근 동향을 빠삭하게 알게 되었다. 내가 떠날 때 할머니는 말끔하게 다림질한 운동복 반바지를 한 아름 안겨주며 웃었다. "네가 당나귀인 것처럼 짐을 실어주는 거야, 재커라이아."

　노인들과 보낸 오후만큼이나 저녁 시간은 단조롭게 흘러 갔다. 차고, 맥주, 담배, 맥주, 담배. 부엌에 앉아서 불독 쳐다 보기. 차고, 맥주, 담배, 담배, 담배. 내가 연달아 담배를 몇 대 나 피울 수 있을까? 맥주 세 캔을 비우는 사이에 너덧 대를 피 우면 적당할 듯 싶었다. 그리고 두 대 더. 여섯 번째 맥주캔에 도달할 즈음에 나는 '흠, 두세 대만 더 피우고 끝내야지.'라고 생각 하기 시작했다.

　고등학교 시절의 유물이 차고 뒤쪽 구석에 쌓여 있었다. 골키퍼 장갑 한 무더기, 우리 팀이 주 경기에 출전했을 때 치 어리더들이 만들어준 불곰 현수막. 거꾸로 뒤집혀 있는 점프 훈련용 1미터짜리 플라이오메트릭 박스. 그 상자 안에는 축 구화 여러 켤레와 줄넘기용 줄, 단거리 경주 훈련용 중량 조 끼가 들어 있었다. 한때 나라는 사람을 정의했던 물건들이다. 내가 축구팀의 결속을 증명한답시고 머리를 금발로 탈색했었 다는 사실이 믿기지 않았다. 우리가 신입생들을 꼼짝 못 하게 내리누른 다음에 배에서 피가 날 때까지 손바닥으로 때렸다는 것도. 또한 내가 신고식을 당하는 신입생 입장이었을 적에 배 에서 피가 나 두 사람 중 한 명이라는 사실을 사랑으로 여겼 다는 것도. 심지어 나는 축구팀에서 팀 패치를 나눠주기도 전 에 팀복을 주문했었다. 축구 경기가 열리는 날이면 군복 바지 를 입었던 그 소년은 성장해서 이제 다른 사람이 되었다.

　하지만 과연 그게 누구일까?

　내가 여덟 살 때 의붓아버지 클라이드는 우리 가족을 가난한 백인쓰레기라고 불렀고, 그때부터 나는 그 사람이 틀렸다는 것을 증명하는 데 전념했다. 남 말 하고 자빠졌네. 우리 엄마는 대학에 다니고 우리 남매는 A만 받는 우수생이야. 난 축구팀에 있고 우리 누나는 바이올린을 켜. 애덤도 크면 무언가 대단한 걸 할 거야. 너야말로 꼴사납게 윗머리를 밀고 뒷머리는 총총머리로 땋아 내리고 있잖아. 고등학교도 졸업 못 하고, 타코 집에 가서 "형씨, 고기만 한 컵 주쇼." 이렇게 주문하는 사람이 너라고.

헤어스타일에 신경 쓴다고 호모라고 불렸던 위치토 소년이 자라서 브루클린에서 게이 룸메이트들과 살았다는 사실에 나는 자부심을 느낀다. 아니, 인종주의자가 되지 않은 것만으로도 하나의 성취를 이룬 기분이다. 내가 언젠가 성전환자의 권리에 대해 열정적으로 토론하고 '시스젠더'가 무슨 뜻인지 알게 되리라 상상하지도 못했다. 그러나 그게 다 무슨 소용인가? 이제 나는 빌어먹을 차고에 살고 있다. 일주일 전에는 정신병동에 갇혀 있었다. 잘난 변호사 선생님. 지금 현실에서 내 동생은 지하실에서 암페타민을 코로 흡입하고 있고, 나는 노스웨스트 그리즐리 승리 공식이라고 적혀 있는 고등학교 시절 응원 현수막을 바라보며 그 시절에 우리가 경기를 마치고 원샷으로 들이켰던 싸구려 맥주를 마시고 바람 빠진 축구공을 벽에 차고 있다. 너무 취해서 공을 제대로 차지도 못하면서. 그래, 군인 카고 바지가 멋지다는 착각에서 빠져나온 거 축하한다. 서브우퍼 스피커에 대한 환상에서 졸업한 것도 축하한다. 몇 년이나 몸싸움에 휘말리지 않은 것도 축하한다. 하지만 제길, 로스쿨 졸업증이 엄마네 집 차고에서 대체 무슨 소용인가? 와, 스펙이 대단하시네요. 어쩌다 이런 고급 인력이 쿠어스 라이트 맥주캔에 담뱃재 쌓는 일에 지원하셨나.

그때 버드가 차고 문틈으로 얼굴을 쭉 내밀고 몇 차례 고개를 갸웃거렸다. "맥주캔 참호에 캠핑 의자를 놓고 트럭운전사처럼 담배를 피우고 있는 고릴라한테 잊지 말라고 말해주는 거야. 내일 두 번째 상담 있어."

"고마워. 잘 자요."

"내일 아침 9시에 나팔 불면서 방송할 거니까 그렇게 알고 있어."

비아 크리스티 정신건강센터 별관에서 내 맞은편에는 통이 엄청나게 큰 청바지에 검은 늑대가 그려진 티셔츠를 입은 청소년이 앉아 있었다. 늑대 머리 위로 둥실 떠 있는 달이 보라색과 흰색 번갯불을 쏘았다. 마운틴듀 같은 탄산음료로 아침밥을 때울 것 같은 아이였다. 옥시코돈 중독이거나, 어쩌면 필로폰에도 중독되어 있을 것 같았다. 아이 옆에 앉은 어머니는 인상을 팍 쓰고 악문 잇새로 중얼댔다. "마지막이야, 진짜. 빌어먹을, 마지막이라고. 알아들었어?"

어렸을 때 옆집 아이들이 생각났다. 시린내와 아동학대의 냄새를 풍기던 아이들. 2월에 윗옷도 안 입고 먼지와 쿨에이드를 뒤집어쓴 채로 우리한테 자기네 땅에 들어오지 말라고 욕하며 고함치던 어린아이들. 그 아이들은 네 살배기와 여섯 살배기였다. 그리고 버드는 그 집에서 마가린을 빌려야 하는 신세였다.

간호 보조원이 들어왔다. 연녹색 간호사복 바지 위에 풍선을 든 곰돌이가 그려진 흰색 티셔츠를 입고 있었다. 앞머리는 일자로 잘랐고, 노랗게 염색한 머리를 빠글빠글하게 파마했다. "재커리 맥더멋 씨. 진료실로 오세요."

의사는 중년 흑인 남자였고, 엄청난 몸짱이었다. 웨스트위치토 YMCA에서 운동하는지, 아니면 센트럴에 있는 골드짐에 가는지 궁금했다. 의사가 질문하는 동안 나는 160킬로그램짜리 역기를 들고 있는 의사와, 그 옆에서 계속해!라고 소리치는 운동 파트너를 상상했다. 벽에 걸어놓은 액자에 평온을 위한 기도가 적혀 있었다.

의사는 의사들 특유의 단조로운 말투로 질문을 시작했다.

"기분이 어떻습니까?" 의사가 물었다.

"기분이 없어요."

"무슨 뜻입니까?"

"아무것도 못 느끼겠어요. 아무 감정이 안 들어요. 영혼이 나간 것처럼요."

"모든 약물에는 부작용이 있습니다."

"그건 이해해요. 하지만, 시간 낭비하지 않게 그냥 다 말할게요. 머리가 빠지고 맨날 침을 흘려요. 발기가 안 돼요. 사정도 못 하고요. 몇 분이나 멍하니 넋을 놓고 있고, 일주일 만에 거의 5킬로그램이 쪘어요."

"발기불능과 성욕 부진 같은 성적 부작용은 리스페달 복용자에게 흔히 나타납니다. 살이 찐 건 대체로 데파코트 때문이고요."

부작용이 어디서 오는지는 나도 안다. 그것을 어떻게 줄이느냐를 알고 싶은 거다. "그럼 해결책이 뭐예요?"

"어쩌면 서너 달 후에 약물치료를 재평가해볼 수 있겠죠."

"서너 달요? 재평가요? 어쩌면? 난 서너 달이나 발기불능으로 살 수 없어요. 아직 스물여섯 밖에 안 되었다고요. 인생에서 가장 중요한 일처럼 들리지 않는다는 건 알지만, 내겐 중요해요."

의사는 전형적인 질문을 계속해서 읊어나갔다. 진료실에 들어오기 전에 이미 작성한 문진표와 다를 바 없었다.

"마약을 하고 있습니까? 코카인, 대마초, 헤로인, 아니면 필로폰?"

"아니요."

"술은요?"

"마셔요."

"얼마나 마십니까?"

"글쎄요, 최소 네 캔. 보통 하룻밤에 여섯 캔. 어쩔 땐 여덟 캔이나 열 캔요."

"많이 마시네요."

"약 이야기로 돌아가면 안 될까요? 복용을 중단하면 어떻게 돼죠?"

"중단하면 안 됩니다."

"중단하면요?"

"심각한 우울증이 찾아올 겁니다. 발작을 심하게 일으킬 수도 있고요."

"실제로 그렇게 될 확률이 얼마나 되죠?"

"그건 말할 수 없습니다."

"말할 수 없다고요, 아니면 말해주지 않겠다고요?"

"말해줄 수 없는 겁니다."

"어떻게 될지 몰라서 그런 거예요? 아니면 다른 대책 없이 약물 중단을 허용하는 건 의사의 법적 의무에 어긋나서 그런 거예요?"

"말할 수 없습니다."

"뭐, 고맙습니다. 이 문제에 합리적인 결정을 내리는 데 크나큰 도움이 되었어요."

"재커리, 술을 끊을 겁니까, 안 끊을 겁니까?"

"위치토에 있는 동안에는 안 끊어요."

벽에 걸린 평온을 비는 기도가 신경을 긁었다.

주여, 내가 바꿀 수 없는 것들을 수용할 마음의 평화와

바꿀 수 있는 것들을 바꿀 용기와

그 두 가지를 구별하는 지혜를 주소서, 아멘.

내게 지금 필요한 것이 '바꿀 수 없는 것을 수용하는 평온한 마음'인가 아니면 '바꿀 수 있는 것을 바꿀 용기'인가? 뭘 받아들이라는 거지? 내가 발기불능에, 침을 질질 흘리고, 뇌 기능이 절반으로 감소했다는 사실? 그래, 내가 술을 미친 듯이 푸고 있는 건 나도 안다. 하지만 불면증이 조증을 유발하

는데, 적어도 술을 마시면 곯아떨어질 수 있잖아. 폭음은 안전하게 느껴졌다. 술은 내게 익숙한 악마니까.

어쨌든 나는 다음 수요일에 의사가 권장한 물질 남용 모임에 갔다. 모임은 클리닉 뒷방에서 열렸는데, 아침밥 대신 마운틴듀를 마실 것 같은 청소년이 있었고, 그곳에 있는 사람들 대부분은 나의 어린 시절 이웃들을 떠올리게 했다. 화이트스네이크의 음악을 귀 아프게 틀어놓고서 폰티악 파이어버드로 골목에서 혼자 레이싱을 하던 필로폰 중독자. 왕뱀을 반려동물 삼아 키우던 남자. 그 방에 앉아 있는 필로폰 약쟁이 중 몇몇은 아직도 얼굴에서 경련이 일어나고 있었다. 내 옆에 앉은 남자는 커피 믹스 통에 똥을 누던 큰아버지 랜디를 닮았다. 한 여자는 내 친구 콜트의 여동생을 빼닮았는데, 그 애는 마지막으로 소식을 들었을 때 제자벨 스트립클럽에서 일한다고 했다. 그냥 나갈까 고민했다. 술을 끊을 생각은 전혀 없었지만, 그래도 이 사람들을 잠시 관찰하고 싶어서 남기로 했다.

우리는 『재생자』라는 마이클 키튼 주연의 영화를 봤다. 술독에 빠져 인생을 날려 먹었다가 회복한 남자의 이야기다. 공짜 피자도 있었다. 처음엔 먹지 않을 생각이었다. 싸구려 공짜 음식을 보고 좋아라 하는 사람들을 나도 모르게 업신여긴 것이다. 그러나 결국 나도 페퍼로니 피자를 두 조각 먹었다. 술을 끊을 때 끊더라도, 이건 옳은 방법이 아니었다. 한 방에 있는 사람들을 업신여기면서 내 문제를 성찰할 수는 없는 법이다. 더구나 이곳에 있는 사람들은 문제 있는 사람들이 아니었다. 이들이 바로 문제였다.

엄마가 나를 데리러 왔다. "어땠니?"

"어처구니없었어. 백인쓰레기 집합소였지. 영화를 한 편 봤어. 혓바닥에 피어싱을 한 사람이 적어도 두 명인데, 남자 한 명, 여자 한 명. 다신 안 갈 거야."

엄마는 아무 말도 하지 않았다.

나는 집에 가서 또 술을 마시기 시작했다.

일주일 후에는 약물 복용을 중단했다. 약 때문에 드라마 내용도 이해할 수 없었다. 하루에 몇 번이나 엄마가 내 얼굴에 묻은 침을 닦아주거나, "고릴라, 옷 좀 봐."라고 말해야 했다. 나는 지하실에 홀로 앉아서 언젠가는 내 페니스가 다시 일어날 의지를 보일지 걱정하며 흔들어보았다. 샤워할 때마다 머리가 한 뭉텅이씩 빠졌고, 10킬로그램가량 살이 쪘다. 나는 약을 끊기 전에 버드에게 미리 말해주었다. 걱정이 태산이었지만 버드는 내가 발작을 일으킬까봐 가장 두려워했다. 버드가 말했다. "네가 약을 중단한다니까 엄마는 너무 겁이 나. 하지만 이 약 때문에 네가 어떻게 되어가는지 보니까 못 말리겠구나."

발작은 끝내 일으키지 않았지만 심각한 우울증에 대한 의사의 경고는 농담이 아니었다. 나 혼자서 내가 하루에 몇 시간이나 잘 수 있나 내기했다. 낮잠 자는 시간을 빼고도 하루에 열두 시간 내리 자는 것은 일도 아니었다. 낮잠까지 합치면 열네 시간, 가끔은 열여섯 시간까지 잘 수 있었다. 나는 사람이 하루에 잠을 얼마나 잘 수 있느냐를 재며 하루하루를 보냈다. 마지막 낮잠과 밤잠 사이에는 술을 마시고 담배를 피웠다. 맥주, 담배, 맥주, 담배, 담배. 내가 자라면서 봐온 남자들이 매일 밤 열두 캔을 어떻게 해치우는지 이제 이해할 수 있었다. 이 상황에서 술 마시는 거 말고 무엇을 할 수 있겠는가? 사람들은 과음이 현실 도피라고 말한다. 나로 말하자면, 나는 내가 세상에서 지워진 것처럼 느꼈다. 어차피 그렇게 느끼는데, 내가 스스로를 지우지 않을 이유가 무엇이란 말인가? 내게 남은 부분을 조금씩 지우는 것이, 잃어버린 자신을 되찾는 것보다 쉽게 느껴졌다.

9

그가 차고로 들어왔을 때 엄마가 계단에서 외쳤다. "G-O-R-I-L-L-A. 네 동생 B-O-B-B-Y가 부엌에 있다." 당시 보비는 출소한 지 1년이 조금 넘은 상태였다. 나는 보비를 지난 6년간 보지 못했지만, 뽀글뽀글하던 머리를 어깨까지 길러 총총머리로 땋고, 소위 '깜빵 근육'으로 몸집을 키운 것을 제외하면 보비는 내가 기억하는 모습 그대로였다.

"잘 지냈어, 친구?" 보비의 목소리도 예전과 똑같았다.

보비가 오기 전까지 나는 지난 몇 시간 동안 천장을 보면서 잠이 들었다 깨기를 반복하고 있었다.

"겁나 슬퍼 보이네." 보비가 말했다. 우리는 포옹으로 인사했고, 나는 보비한테 몸이 엄청 커졌다고 말했다.

"갑빠라는 거다, 친구." 보비가 정정해주었다.

"깜빵 갑빠."

보비 프린스 주니어는 보스턴에서 많은 아일랜드 혈통 남자가 가톨릭으로 태어나는 것과 마찬가지로 태생부터 크립이었다. 엄마는 꼭 보비의 이름을 철자로 풀어서 B-O-B-B-Y라고 불렀지만, 보비는 자꾸 고쳐주었다. "C-O-C-C-Y라고 불러주세요. 보비에는 B가 너무 많잖아요." 블러드 갱단에 들어가는 그 B말이다.

보비는 나보다 두 살 어렸고, 내가 고등학교 졸업반이었을 때 엄마가 만든 비공식 방과 후 과외 그룹 '파워 아워'(Power Hour)의 초창기 학생이었다. 처음에는 그룹에 흑인 남자아이들만 있었는데, 모두 특정한 갱단에 속했다. 갱단끼리 서로 앙숙이더라도 우리 집에서만큼은 싸우지 않았다. 엄마는 애들에게 밥을 차려주고 한 번에 두세 명씩 가르쳤는데, 그동안 나머지 아이들은 우리 집 진입로에서 농구를 하거나 지하실에서 역기를 들었다.

매일 오후 우리 집의 진입로에는 보비의 자동차인 1990년식 하늘색 닛산 맥시마가 세워져 있었다. 보비의 차가 시야에 들어오기도 전에 트렁크가 들썩거릴 정도로 크게 틀어놓은 릴 웨인이나 버드맨의 음악이 들려왔다. 타이어에는 크로뮴 도금 테처럼 보이는 플라스틱 휠캡이 달려 있었고, 보비는 후드에 자기 얼굴을 그려 넣으려고 돈을 모으는 중이었다. "그릴을 보여줘야 하거든, 친구." 보비는 앞니 위에서 빛나는 금색 그릴을 자랑스러워했고, 실제로 그릴이 기막히게 잘 어울렸다.

그 당시 보비의 학교 가방에는 대학교에서 받은 편지가 가득했다. 스포츠에서 내로라하는 대학들이 보비에게 전액 장학금을 제안하며 자기네 학교 육상팀으로 오라고 권유했다. 애리조나, 노스캐롤라이나, 캔자스, 텍사스, 오클라호마, 클렘슨, 오하이오 주립대학교 등이었다. 그리고 그 학교들 사이에 있는 학교도 대부분 포함되었다. 그러나 우리 가족의 삶에 나타났을 무렵에 보비에게는 대학교들의 제안을 받아들일 희망이 없었다. 당시 열다섯 살이었던 보비는 대학입학자격시험 점수가 전미대학체육협회에서 허락하는 최저 표준편차보다 몇 단계 낮았고, 독해력은 거의 빵점에 가까웠다. 그 이유 중 하나는, 보비가 초등학교 3학년이 되어서야 처음 학교에 갔기 때문이다. 학교에 들어가고 처음 몇 년 동안 보비는 닥터 수스 책을 읽지 못해 끙끙댔다.

보비는 오클라호마 촌동네의 이동식 주택에서 태어났다. 보비의 표현에 따르면, "깡촌, 깡촌의 구석, 완전 구석"이었다. 두 대를 연결한 이동식 주택의 큰 방에서 보비와 힐아비지, 그리고 때에 따라 사촌 세 명에서 여섯 명까지 함께 잤다. 집에는 다른 방도 몇 개 있었지만 쓰레기가 가득 차 있었다. "쓰레기 수집가처럼 말야?" 그 집에는 전기도, 수도도, 하수 시설도 없었다. 볼일을 볼 때는 양동이를 썼다. 문자 그대로 양동이 말이다. 여섯 명에서 아홉 명이 화장실에 놓은 커다란 흰색 양동이에 오줌과 똥을 누었는데, 그리 자주 비우지 않았다. "그렇게 살다가 어른이 되어서 진짜 변기에 똥을 누면 세상이 다르게 보이지. 난 어디에서도 볼일을 볼 수 있어. 종이 한 장 깔면 땡이야. 어떤 사람은 그게 더럽다고 하지만, 정말 더러운 건 그놈의 양동이야."

다른 어린이가 알파벳을 배울 때 보비는 아버지로부터 매춘 알선을 배웠다. 엄마가 출소한 뒤에는 캔자스로 와서 엄마랑 살았다. 그러나 보비네 엄마는 여름마다 보비를 캔자스주와 오클라호마주 경계에 있는 아빠네 집에 맡겼는데, 자신이 아들을 '매춘굴'에 두고 간다는 사실을 몰랐다. 보비네 아빠는 볼일을 보러 나가면서 아들을 자기 수하 직업여성들에게 맡겼다. 여자들은 보비를 쇼핑에 데려가 옷과 나이키 신발 등을 사주었다. 보비가 변성기가 오기도 전에 여자들은 이런 말을 하곤 했다. "저기 흰 떡이랑 한번 하려는 거니, B. P. 주니어?"

보비 덕분에 엄마의 과외 그룹은 빠르게 성장했다. 매주 새로운 얼굴이 나타났다. 보비는 우리 엄마를 '맘스'라고 부르기 시작했다. 엄마는 아이들을 위해 냉장고에 저렴한 소고기와 냉동 타코를 산더미처럼 쌓아두었다. 그 음식들이 정확히 진수성찬은 아니었지만 보비는 늘 이렇게 말했다. "우리 맘스가 요리 좀 하지." 보비는 매일같이 밥에 스팸만 먹고 자랐으므로 엄마가 차리는 음식이 진미로 보였던 것이다. 어느 날 엄마는 보비가 새로 온 아이들에게 이렇게 말하는 것을 우연히 들었다. "여긴 진짜 집이야, 친구. 운동하고 집에 오면 밥을 먹고 숙제를 할 수 있어." 보비는 엄마와 수백 시간을 같이 공부했고, 끝내 『파리대왕』을 처음부터 끝까지 읽을 수 있었다. 소설 속 인물 피기가 여리다고 엄마가 말하자 보비는 그게 무슨 뜻이냐고 물었다. "약하다고. 천식이 있거나 안경을 쓰는 아이들 있잖니. 늘 괴롭힘을 당하는 아이들."

"아, 알겠어요." 보비가 말했다. "여린 떡이군요."

엄마는 화장실 옆에 있는 수납장에서 수건을 치우고 피넛 버터와 잼, 빵, 통조림 햄, 크래커, 비엔나소시지, 라면 상자,

그리고 단백질 섭취를 위한 참치 통조림을 쌓아놓았다. 이 과외 그룹에 관한 이야기가 엄마가 다니는 성당에까지 전해졌는데, 이 성당은 신자 대부분이 흑인이었다. 어느 날 모두에게 사랑받는 사목회장 앨프리드 라이트가 냉동 콘도그를 50상자 넘게 가져다주었다. 보비는 뒤에서 라이트 씨를 신발 떡이라고 불렀는데, 라이트 씨는 왼쪽 다리가 오른쪽 다리보다 거의 30센티미터 정도 짧아서, 왼쪽 발에 밑창이 어마어마하게 두꺼운 신발을 신어야 했기 때문이다. 그 신발은 무척 무겁게 보였다. 라이트 씨는 한쪽 다리가 짧아서가 아니라 그 신발을 들어 올리기가 어려워서 절뚝거리는 것 같았다.

라이트 씨는 아이들 모두에게 인사하고 냉동실을 꽉꽉 채운 다음에 요량껏 쓰라고 엄마에게 종종 50~60달러를 주었다. 라이트 씨가 나가자마자 보비는 찬장에서 피넛버터 통을 하나 가져와서 뚜껑에 발을 올리고, 절묘하게 피넛버터 통을 끌면서 절뚝거리고 돌아다녔다. 제법 그럴싸한 연기였다. 뚜껑에서 발을 떼거나 통을 넘어뜨리지 않고 끌고 다니는 기술이 특히 감탄스러웠다.

"콘도그가 뭐야?" 과외 그룹의 단골 중 한 명인 비스트가 물었다.

"콘도그가 뭔지 너도 알아, 임마. 니 입술이 콘도그다."

보비는 자신의 입술 역시 통통하다는 사실은 아랑곳하지 않고 냉동 콘도그를 윗입술과 아랫입술에 하나씩 대고 비스트를 놀렸다. "콘도그가 뭐냐고? 이 자식은 콘도그가 뭔지 모른단다!" 보비가 말하면서 콘도그를 흔들었다. "비스트, 이거

봐라. 니 입술을 전자레인지에 넣고 돌릴 거니까." 그리고 보비는 비스트를 위해 콘도그를 덮혀주었다.

보비가 과외 그룹에서 공부한 지 1년이 조금 넘었을 무렵에는 대학에 갈 희망이 보일 정도로 점수가 올랐다. 보비가 시험을 보러 가기 전날 버드는 잠을 설쳤다. 보비는 그날의 컨디션에 성적이 크게 좌우되었기 때문이다. 엄마는 성령의 힘을 보태주려고 묵주 기도를 올렸다. 그러나 보비는 자신의 운명을 신에게 맡기지 않았다.

만일 보비가 시험을 대신 치를 사람을 고용한다면, 그것이 먹혀들 시험 장소는 딱 한 군데였다. 노스이스트 마그넷이라는 학교였는데, 그 학교에는 운동부가 없었다. 위치토 미식축구나 농구, 육상에 대해 조금이라도 아는 사람은 보비 프린스를 제꺽 알아봤을 것이다. 보비는 키가 10센티미터만 더 컸으면 미식축구 프로리그에서도 뛸 수 있었을 정도로 실력이 걸출했다. 보비는 자기가 시험을 봐도 충분히 점수를 낼 거라고 예상했다. "한데 말이다, 그 장학금을 꼭 받아야 했거든. 나 같은 애가 애리조나 주립대학교에 무슨 돈으로 다니겠냐? 나는 안전한 방법을 택해야만 했어." 그리고 보비는 확실히 그렇게 했다. '보비'는 예비시험에서 받은 최고 점수보다 6점을 더 냈다.

학교 선생들은 보비가 대술인을 고용했다는 자백을 받아내려 했지만, 고등학교 교감이 지문을 검사하겠다는 위협에 보비는 넘어가지 않았다. 보비는 말했다. "당신들은 다 내가 멍청하다고 생각하죠. 슬슬 인종차별 같다는 생각이 드네요."

그들은 더 이상 추궁하지 않았다.

보비는 4년제 대학에 편입하기 전에 버틀러 카운티 커뮤니티 칼리지를 1년 다니기로 했다. 미식축구팀에서 1년 더 뛰고, '진짜 학교'에 가기 전에 기초를 더 튼튼히 다지기 위해서였다.

보비는 고등학교 졸업 댄스파티가 열린 날에 총에 맞았다.

그날 보비는 잘못된 색깔 옷을 입고 잘못된 동네에 갔다. 콘돔을 사려고 편의점에 들렀을 때 보비는 주차장에서 자신을 노려보고 있는 블러드 갱단 두 명에게 별다른 주의를 기울이지 않았다. 우리의 C-O-C-C-Y는 크립 갱단답게 사우스폴 브랜드의 파란색과 노란색 줄무늬 폴로 셔츠, 셔츠에 어울리는 청바지, 그리고 흰색 리복 운동화에 파란 끈을 매고 있었다. 그날 보비가 여자친구와 함께 사진을 찍으러 왔을 때 버드는 "너는 꼭 포주 협회 파티에 가는 것 같구나."라고 말했다.

빨간색 후드 차림의 남자들이 호텔로 따라온 것을 보비는 눈치채지 못했다. 총을 쏜 사람이 12구경 방아쇠를 당기기 전에 "어이, 블러드!"라고 외치지 않았다면 보비는 아마 죽었을 거다. 보비는 호텔 방문을 막 열던 참이었다. 보비는 여자친구를 재빨리 방으로 밀어 넣었지만 자신은 어깨에 총을 맞았다. 범인과 보비는 아무런 관계가 없었다. 십중팔구 갱단의 신고식이었을 것이다. 그 사건으로 아무도 체포되지 않았지만 총을 쏜 사람에게 '어쩌면' 무슨 일이 생겼을지도 모른다.

그 총격 사건은 보비가 대학에 진학할 가능성을 사실상 끝장냈다. 그 일이 터진 뒤에 보비는 오클라호마에 가서 아버지랑 살겠다고 말했다. 우리 엄마와 보비 엄마 둘 다 말렸다. 그곳에는 아무런 미래가 없다고, 어깨 상처가 낫고 그때 다시 학교에 다니면 된다고 두 사람은 간곡히 설득했다. "평생 거기서 살겠단 건 아니에요, 맘스. 그냥 잠깐 촌놈으로 살아보는 거죠." 보비는 자기 아버지와 좀더 가까워지고 싶었던 것이다.

그로부터 여섯 달 뒤에 보비는 연방법정 피고석에 자신의 아버지와 나란히 서서 주경계 화물차 휴게소에서 매춘을 알선한 혐의를 인정하고 있었다. 보비 시니어는 아들을 배신하고 자기와는 무관한 일이라고, 전부 B. P. 주니어가 저지른 거라고 연방수사국에 말했다. 보비는 5년 10개월을, 보비 아버지는 그 두 배의 형기를 받았다.

이 사건은 온갖 신문에 실리고 심지어 〈피플〉잡지에도 언급되었다.

엄마는 어반리그 배움센터에서 한창 일하던 중에 그 소식을 들었다. 학생들 사이에서 별명이 범고래인, 미식축구 열성 팬이자 인종주의자인 250킬로그램짜리 동료 교사가 히죽거리면서 기사를 읽어주었다. "전 노스웨스트 미식축구 스타, 성매매 알선으로 기소당하다. 당신이 예뻐하던 보비에 대해 이제 어떻게 생각해요?" 그가 엄마에게 물었다. 엄마는 바들바들 떨기 시작했고, 울면서 교실에서 뛰쳐나갔다. 엄마는 마음이 찢어질 듯 아팠지만 다른 한편으로는 화가 났다. B-O-B-B-Y가 어떻게 그런 짓을? 오클라호마에 가겠다는 말이 입에서 쑥 들어갈 때까지 붙잡아두었어야 했는데, 왜 그러지 않았지? 엄마는 보비가 '자신의' 대학입학자격시험 점수를 받은 날을 기억했다. 둘이서 얼마나 기뻐하며 방방 뛰었는지. 감옥에서 B-O-B-B-Y에게 무슨 일이 생길까?

"그래서, 나오니까 어때?" 내가 보비에게 물었다.

"와, 염병할 인터넷. 그 컴퓨터란 걸 배워야겠다. 너도 페이스북 하냐?"

"거의 안 해. 나 같으면 그걸 먼저 배우진 않겠어."

"사람들이 전부 자기 휴대전화로 컴퓨터를 하더구먼. 내가 빵에 들어갔을 땐 다들 폴더폰을 막 사기 시작했는데. 그게 짱이라고 생각했고. 우리 엄마도 페이스북 한다."

"나도 해." 버드가 끼어들었다. "사람들이 우리 학교에 오게 할 수 있어. 학사모를 씌어주는 거지."

"맘스는 학사모 씌우죠, 씌워요." 나는 같은 말을 반복하는 보비의 음성 틱을 무척 좋아한다. 보비에게 오늘 데이트가 있냐고 물어보면, 데이트하지, 데이트해. 같이 잤어? 같이 잤지, 잤어. 차는 깨끗하니? 깨끗하지, 친구. 깨끗해.

나는 남자들끼리 할 이야기가 있다고 엄마를 내보냈다.

"말해."

"C-O-C, 너 정말로 괜찮아? 아님 존나 힘들었어?"

"빵이 어땠냐고? 빵 얘기 듣고 싶은 거야?"

"응. 빵 얘기 듣고 싶어." 내가 말했다.

"솔직히 말하면, 다녀온 사람들은 거기에 대해 이야기

하기 싫어해. 보통은. 그래도, 제길, 그냥 해줄게. 뭘 알고 싶어?"

"뭐, 뻔한 거지. 누가 우리 보비 프린스 주니어 떡을 건드렸나?"

"헐, 이 자식 봐라. 누가 우리 보비 프린스 주니어 떡을 건드렸나, 이러고 있다. 어땠을 거 같냐, 친구?"

"무사했기를 바라지."

"무사했지, 무사했어. 이런 거다, 친구. 난 크립이잖냐, 맞지? 한때는 크립이었다고, 한때는. 하지만 빵에 들어가선 그 생활을 그만두고 싶었어. 거기서 다른 크립 애들이랑 어울릴 수 있었겠지. 다들 내가 누군지 알았어. 거기 우리 애들도 있고, 우리 파랑 가까운 사람들도 있었으니까, 그 무리에 낄 수 있었겠지. 하지만 그냥 형기 마치고 나오고 싶었어. 그리고 너도 날 알잖아. 날 싫어하는 사람은 없지. 워낙에 사람들이랑 잘 어울리니까. 그래서 싸움에 휘말린 적도 없어."

"한 번도? 무섭지도 않았어?"

"진짜로 말하는데, 거기가 끔찍하지는 않았어. 맘스가 편지를 보내줬어. 전화는 비싸서 못했지만, 친구. 그냥 형기 채우고 나온 거야. 딱 한 번 씨움이 실짝 난 적 있었는데, 쫄았던 건 그때뿐이었던 것 같아. 물론 내가 처리할 수 없어서는 아니고. 그냥, 거기서는 받아친다고 끝나지 않으니까. 원래는. 안 끝나지."

"죽인다고?"

"내가 살인자 아닌 거 알잖냐. 아니, 농구 하면서 내가 좀

깐족거렸어. 알잖아, 내가 장난 좋아하는 거. 어린 친구가 내가 자기를 무시한다고 생각한 거야. 근데 난 정말 그냥 장난 치는 거였어. 날 수비하지 못하길래 계속 놀렸지. '어이, 니가 날 막을 수 있을 것 같아? 날 막고 싶으면 빵에서 나가서 누굴 데려와야 할걸.' 뭐, 이런 식으로. 얘가 날 막으려고 기를 쓰는데 난 계속 골을 넣었어. 어쨌든 그래서 나랑 싸우고 싶어 하더라고. 바로 맞짱 뜨자고 했어. 왜냐면 빵 안에서 싸우는 건 안 좋으니까. 어쨌든 내가 말했어. '해봐, 그럼. 꼭 싸우고 싶으면 해보라고, 해야겠으면.'"

"이겼어?"

"브로, 잘난 척하는 건 아니지만 내가 싸움 좀 하잖냐. 사실 화가 나지도 않았어. 이 자식이 나랑 싸우고 싶어서 안달하니까, 살짝 맛만 보여줬지. 그런데 얘가 날 찔러 죽이려고 한다는 소문이 들리지 뭐야. 그래서 아, 제기랄, 이랬지. 어떤 녀석들이 나한테 와서 자기들이 대신 그 자식을 찔러주겠다고 하는데, 난 누굴 다치게 하고 싶지 않았어. 그리고 너도 알다시피 내가 이빨 좀 까잖냐. 그 녀석한테 가서 말했지. '이봐, 난 너한테 아무 감정 없다고.'"

"그게 끝이야?"

"그래, 그랬지. 싸움은 그게 전부였어. 왜냐하면, 브로, 들어봐. 거기서 사람들이 농구를 하잖아. 그리고 자랑하는 건 아니지만, 내가 단지―"

"존나 빠르다고."

"그렇지. 더구나 내가 그 녀석을 손봐주는 걸 다들 봤거든.

그러니까, 생각해봐. 내가 빠르기만 한 게 아니라 주먹도 쓸 줄 안다는 걸 봤어. 괜히 센 척하다가 잘못하면 된통 당할 줄 안 거야. 안 먹힌다고, 브로. 알겠어? 그래서 지낼 만했어. 물론 다른 사람들이랑 싸움이 안 났으니까 지낼 만했던 거지."

"별로 힘들지 않았던 것처럼 말하네."

"그 구덩이로 돌아갈 생각은 없어, 브로. 정말 끔찍한 것도 봤다고. 한번은 멕시코인이랑 흑인이 같이 백인 녀석을 강간하고 있었어. 그 소리, 브로. 그 소리를 절대 못 잊을 거야. 칼에 찔려서 피 흘리는 사람들도 봤어. 누가 칼에 찔려서 피를 쏟고 있는데 다들 카드만 치는 거야. 하지만 난 망가지지 않았어. 팔다리 멀쩡하고 이빨이랑 무릎뼈도 무사한 채로 돌아왔지."

보비가 자신의 20대 초반이 어떻게 흘러갔는지 말하는 동안 나는 보비의 인생이 정말 아깝다는 생각뿐이었다. 전과자인 자신에게 세상이 얼마나 가혹할지 보비는 아직 몰랐다. 건강보험을 제공하는 일자리를 찾기가 얼마나 어려울지도. 교도소에서 6년을 지내고 나오면 평생 범죄자라는 낙인을 달고 산다. 보비는 일자리를 찾고 있있시반, 심지어 딜런스 슈퍼마켓에서 창고 정리 일을 하려고 해도 일단 전과자라고 표시하고, 엄마가 어마어마하게 좋은 추천서를 써주어야 할 것이다. 전과자는 나라에서 학자금 지원을 받을 수도 없으므로 대학교에 다닌다는 꿈은 끝장났다. 모르긴 몰라도, 보비에게는 고등학교 댄스파티에서 최고로 인기 많은 남학생으로 뽑혔던 순간이 인생의 전성기가 될 것이다. 열여덟 살에 저지른 멍청한 잘못 하나 때문에.

로스쿨에 지원할 때 나는 보비의 인생과 수감제도의 잔인한 실상에 대해 썼다. 그리고 지금, 내가 쓴 에세이가 사람의 모습으로 나타나 자신을 기억하냐고 묻고 있었다. 내가 에세이에 정확히 무엇이라고 썼는지는 기억나지 않지만, 우리 사회가 저버리고 사법제도가 망가뜨리고 있는 사람들을 돕는 데 헌신하고 싶다고 썼던 것 같다. 어쨌든 내가 기억하기로는, 엄마 집 차고의 캠핑 의자에 앉아서 매일같이 국산 맥주를 여덟 캔씩 짜부라트릴 계획이라고 쓰지는 않았다.

대부분 사람들은, 심지어 진보주의자도, 보비 같은 사람들의 운명에 대해 깊이 고민하지 않는다. 사람들은 세상을 흑백논리로 이해하고, 보비 같은 사람들은 두 번 생각할 것 없이 나쁜 놈으로, 화물차 휴게소에서 성매매를 알선한 인간쓰레기로 분류한다. 그렇게 생각하는 편이 쉽고 편하기 때문이다. 이 모든 범죄자, 대부분 흑인으로 구성된 듯한 이 사람들을 어떻게 처리하지?라는 질문에 교도소는 꽤나 적당한 해결방안처럼 보인다. 형량을 결정하는 과정에 이런 질문은 포함되어 있지 않다. "이 사람의 아버지가 포주였나, 아니면 회계사였나? 포주인 아버지가 가업에 동참하라고 부추기진 않았나? 교도소에 가두는 것이 장기적으로 이 사람과 사회에 어떤 도움이 될까? 이 사람이 자신의 의지와 무관하게 시스템이라는 거대한 기계의 톱니바퀴로서 휘말린 점은 어디까지 참작해주어야 할까?" 이런 생각을 하기 시작하면 이야기가 복잡해진다. 오직 악한 사람만 범죄를 저지르고, 악한 사람은 짐승처럼 우리에 가둬도 괜찮다. 깊이 생각해봤자 머리만 아프지 않은가.

더구나 보비가 불과 몇 달만 일찍 체포되었다면 판사는 그 범죄를 미성년자의 미성숙한 두뇌 탓으로 돌렸을 것이다. 그런데 열여덟 살 생일을 맞자마자 보비는 악동 청소년에서 악한 성인 남자로 마술처럼 둔갑했다. 그래서 우리는 보비에게 집행유예와 범죄기록말소를 제안하는 대신, 연방교도소에서 2,190일을 살게 했다. 보비는 이제 4분의 1이라는 통계에 속한다. 바로 수감 전과가 있는 미국 흑인 남자다. 보비는 애리조나 주립대학교에 갈 수도 있었는데.

보비는 벨뷰 정신병동보다 훨씬 더 무서운 곳에 갇혀 있었고, 나보다 200배 많은 시간을 그곳에서 보냈다. 내가 감금과 유사한 것을 당했다면 보비는 감금을 당했다. 그러고 나서 나는 우울증에 빠져 허덕이고 있는데, 지금 우리 집 식탁에 앉아 있는 보비는 슈퍼마켓에서 창고 정리하는 일을 간절히 바라면서 웃고 있다. "난 복 받았어, 브로. 복 받았어."

어쩌면 세상은 보비 같은 사람들을 도울 의무가 없을지 모르지만, 나는 의무감을 느낀다. 보비 같은 사람들이 애리조나 주립대학교에서 심리학 기초 과정을 수상하려면 교외에 사는 일반적인 백인 소년보다 얼마나 많은 장애물을 넘어야 하는지 목격했다. 그 장애물에 발이 한 번이라고 걸리면 결과가 얼마나 참혹한지도 보았다. 이걸 생각할 때마다 열불이 터진다.

우리 사무실의 완고한 법정 변호인 한 명이 국선변호인들을 '불을 향해 돌진하는 나방'이라고 불렀다. 우리는 도저히 다른 일을 할 수 없으므로, 거의 의지와 무관하게 본능적으로 이 직업에 몸을 담는다. 그러나 사회 정의를 구현한다는 헌신에는 비싼 값이 따른다. 이 직업에 임하다보면 공감 능력이 닳는다. 얼마나 빠르게, 또 얼마나 심하게 닳는지는 개인차가 있지만 모두 느낀다. 어떻게 보면 결혼과 유사하다. 처음 몇 년은 두뇌의 화학 작용이 일종의 촉매가 되어 그럭저럭 행복감을 느끼며 버틴다. 그 흥분이 가라앉은 뒤에 찾아오는 권태를 견딜 수 있느냐가 관건이다.

회환에 찌든 늙은 국선변호인들은 비참한 알코올중독자 삼촌과 비슷하다. "내 말 들어라. 절대 결혼하지 마." 이런 말을 하는 삼촌 말이다. 로스쿨을 갓 졸업한, 한마디로 신혼부부와 비슷한 풋내기 국선변호인들은 자기는 다를 거라고 스스로에게 말하고, 또 선배들에게 말한다. 이 일을 하는 것을 특권으로 여기며, 정말 기쁘다고. "우리는 세상에서 가장 멋진 일을 하는 거야." 그들은 서로에게 이렇게 말한다. 그러나 통계를 보면 현실은 다르다. 그런데도 어린 국선변호인들은 사실을 기반으로 한 데이터를 무시하고, 자꾸만 눈에 들어오는 불행한 사례를 외면한다.

눈을 똑바로 뜨고 응시하면, 이 직업이 인간의 무언가를 앗아간다는 사실을 부정하기가 힘들다. 이 일을 하는 사람들은 개인 법률사무소에서 일하는 또래보다 늙어 보인다. 젊은 외모를 유지하는 데 필수인 로션, 헬스장, 옷 따위를 그들과 같은 수준으로 구매할 수 없기 때문이다. '대출 납부유예'라는 용어가 인생의 일부가 될 것이고, 아마도 적정량보다 술을 훨씬 많이 마시게 될 것이다. 매일 밤 동료들은 아직 괜찮다고 스스로를 다독일 것이다. 월요일부터 단골 바에서 위스키 다섯 잔에 흠뻑 취한 채로, 지난 5년간 매년 매월 매주 매일 목격한 비참한 사건들이 잘 때마다 가슴을 쑤시지 않는다는 듯이 말할 것이다. 그러면서 담배를 피울 것이다. 동료들은 한 갑에 13달러나 하는 담배를 늘 챙겨 다니면서 나눠주고, 아무런 질문도 하지 않을 것이다. 당신이 담배를 피워야만 한다는 걸 모두 이해할 것이고, 가끔은 달라고 하기도 전에 권할 수도 있다. 우리는 이 말을 하길 좋아한다. "그런 날이었구나?"

매일 목격하는 일들에 분노가 치밀 것이다. 20분짜리 스냅숏으로 설명해보겠다. 내 의뢰인 중에 에이즈 보균자이자 늙은 마약중독자인 산토스 씨가 있다. 재판장 뒤쪽 대기실로 끌려온 산토스 씨는 늙었지만, 자기 나이보다 심지어 더 늙어 보인다. 중독 치료를 위해 메타돈을 복용하는 산토스 씨는 타인의 메타돈을 훔치다가 잡혔다. 절도는 불법이다. 물론 이 범죄의 동기가 흉악하다고 말하기는 힘들지도 모른다. 예를 들면, 산토스 씨가 극심한 금단증상에 시달리는데 자기 메타돈이 다 떨어졌을 수도 있다. 산토스 씨는 기소인부절차를 시작한 지 닷새가 되었는데도 여전히 구치소에 갇혀 있다. 판사 앞에 벌써 두 번이나 섰다. 산토스 씨의 서류에는 그의 슬픈 인생 이야기가 약어로 개발새발 쓰여 있다. AIDS, MH이슈 730, Undoc Mex, Meth Px, Prog. 이건 좋다. 내가 검사에게 좀 봐주쇼라고 말할 빌미를 준다. "이 사람은 에이즈 보균자에 정신질환이 있는 데다가 메타돈 처방전도 있습니다. 과거에 마약 회복 프로그램에 다녔고 거기서 치료와 의료 도움을 받았어요. 형기완료로 처리할 수 없을까요?" 산토스 씨가 불법 이민자라는 사실은 일단 생략.

"그럼 형량 협상을 받아들입니까?"

"네, 그럴 거예요. 그렇게 해주겠어요?"

"오늘 받아들이면요. 기회는 딱 한 번입니다."

"좋아요."

"변호인, 당신 차례예요." 산토스 씨가 철창 뒤로 들어가면 법정 직원이 날 부른다. 그럼 나는 기쁜 소식을 스페인어 통역사를 통해 전달한다. "집에 가고 싶죠? 형기완료를 받아냈어요." 다만 산토스 씨가 '형기완료'라는 용어의 실질적 의미를 이해하지 못하는 게 문제다. 법정 직원이 산토스 씨를 판사 앞으로 끌고 가기 전까지 시간이 길어도 5분이다. 대부분은 판사한테 판결을 받아들인다는 마법의 단어 "네?"를 말하라고 설득하기까지 충분한 시간이다.

유죄를 인정하며 범죄경력이 남는다는 것을 이해합니까? 네.

형량을 받아들이라고 강요당하거나 위협받았습니까? 아니요.

형량에 대해 변호인과 충분히 상의할 시간이 있었습니까? 네.

당신이 미등록 이민자라면, 이 형량으로 인해 이민 신분에 영향이 발생할 수도 있음을 이해합니까? 네.

2010년 1월 12일 킹스 카운티에서 당신이 의사의 처방전 없이 규제 약물인 메타돈을 소유하고 있었으며 그 사실을 인지하고 있었다는 걸 인정합니까? 네.

형량 협상 체결. 형기완료.

수갑 풀어줄 테니 조용히 집에 가서 다신 죄짓지 마쇼.

하여간에 이것은 제대로 진행되었을 때의 시나리오다. 산토스 씨의 판결은 일반적이었고, 아마 그날 오후에 판사는 이와 비슷한 사례를 30~40건은 다뤘을 것이다. 나 역시 그날 아침에만 비슷한 사건 예닐곱 건을 아무 문제 없이 끝냈다. "잘 모르겠으면 대답하지 마요. 내 소매를 당기고 나한테 물어봐요. 이해하죠? Entiendes?"

"Sí, entidendo."

"모르겠으면 어떻게 하라고요? 멍하니 앞만 쳐다봐요. 내 소매를 당기고요, 알았죠? 나한테 물어보는 거예요, 알겠죠? 절대 대답하면 안 돼요. 나한테 물어보는 건 괜찮은데, 이해하지 못하는 질문에 대답하지 마요, 알았죠? 계속 그냥 네, 아니요, 네, 네, 네 이렇게 말하면 돼요. 내가 귀에 대고 정답을 말해줄게요. 이해했어요?"

"Sí, entidendo." 그러나 산토스 씨는 판사 앞에서 망쳐버렸다.

"변호사와 충분히 상담할 시간이 있었습니까?"

"아니요."

제기랄. 그러나 따져보면 산토스 씨 말이 옳다. '네.'라고만 대답하면 되는 간단한 절차를 이해하지 못한 것이 그 증거다. 영어를 잘 못하는 산토스 씨에게 500단어짜리 까다로운 법률 용어를 5분 안에 이해하라고 강요한 탓이다.

산토스 씨가 "아니요."라고 말하자마자 나는 산토스 씨 팔을 잡고 말했다. "네, 네라고 해야 해요."

"변호사랑요?" 산토스 씨가 판사에게 묻는다.

"형량 협상을 받아들일 수 없습니다!" 판사가 퍽이나 즐거운 기색으로 말한다.

"판사님, 잠시만… 산토스 씨가 잠시 헷갈렸습니다. 통역사가 질문을 다시 알려주었어요. 이제 이해합니다. 형량 협상을 받아들일 겁니다. 한 번만 너 기회를 주시면ㅡ"

"형량 협상은 끝났습니다, 변호인. 다음 사건. 경위, 정리하세요." 꽝꽝.

금요일 오후에 우리가 시간을 너무 끌었다. 판사는 얼른 퇴근하고 싶어서 짜증 난 상태였다. 바로 그 이유로 산토스 씨는 라이커스 아일랜드 교도소에서 주말을 보내야 한다. 마약 중독에 시달리는 늙은 에이즈 보균자에게 구치소에서의 3일을 면제해주기에는 판사의 5분이 아깝다는 거다. 안됐구려, 산토스 씨. 월요일에 다시 합시다!

속상해하고 있을 때가 아니다. 내가 무얼 잘못했는지는 나중에 생각해야 한다. 프레스콧 씨 역시 형량 협상을 기다리고 있기 때문이다. 건전지였는지 데오드란트였는지, 아무튼 길거리에서 팔 만한 물건 몇 개를 라이트에이드 약국 체인점에서 훔친 대가로 프레스콧 씨는 15일 형기를 받았다. 어쩌면 그 돈으로 마약을 사려고 했을 수도 있다. 아니면 음식을 사려고 했는지. 또는 둘 다였는지. 어쨌든 라이트에이드는 35달러를 손해 봤다. 그리고 당신, 프레스콧 씨, 지금 형량 협상을 받아들이고 다음 주에 풀려나느냐, 아니면 거부하고 한 달이나 한 달 반을 살게 될 가능성을 감수하느냐, 결정하시지요.

"집에 가는 겁니까?" 나를 기억이나 하는지 판단을 내리기도 전에 프레스콧 씨가 묻는다. 산토스 씨가 조금 전에 서 있던 자리에 이제 프레스콧 씨가 서 있다.

"협상 제안을 받았어요. 하지만 안타깝게도―"

"형기완료? 받아들일게요. 괜찮아요."

"알아요. 하지만 그게 아니에요. 검사 측에서 15일을 제안했어요. 벌써 5일 여기 있었고, 5일은 자동으로 감면해주니까… 5일 남았네요."

"웃기지 말라고 하쇼. 왜 나한테 형기완료를 안 주는 거요? ACDC도 못 준대요?"

ACD를 말하는 거다. 일종의 기소유예로, 특정 기간 동안 피의자가 범죄를 저지르지 않으면 해당 기소를 기각해주는 제도다.

"ACD를 못 받을 건 당신도 알잖아요."

"알았어요, 그럼 형기완료요."

"안 된대요."

"부탁해볼 수 없어요?"

"벌써 했어요. 당연히 했죠. 아마 열 번은 물어봤을 거예요. 내가 여기서 뭐 하는 거 같아요?"

"알았어요, 알았다고요. 한 번만 더 물어볼 수 없어요?"

"열한 번째 물어본다고 검사가 갑자기 오케이 하겠어요? 15일이 최선이에요. 5일만 더 있으면 돼요. 할 수 있어요."

"싫어요. 형기완료를 받아줘요."

"그랬으면 좋겠죠. 아니, 난 저 사람들이 우리한테 돈도 좀 줬으면 좋겠어요. 하지만 둘 다 터무니없는 바람이라는 거 알잖아요. 15일 할래요? 하기 싫은 건 알아요. 하지만 그래도 받아들일래요?"

"판사한테 부탁해봐요."

"부탁할게요. 당연히 부탁할 거예요. 하지만 이 판사는 못된 놈이라서, 아무리 부탁해도 해주지 않을 거예요. 확실해요."

"부탁이나 해봐요."

"기껏해야 나는 열흘로 내려달라고 부탁할 수밖에 없는데, 그럼 판사는 안 된다고 할 거예요. 그러고서 15일 받아들이겠냐고 묻겠죠. 그때 거부하면, 위험한 도박을 하는 거예요. 다음 재판이 열릴 때까지 한 달이 걸릴지도 몰라요. 꾹 참고 받아들여요."

"15일 받아들일게요."

"갑시다"

나는 중고차 세일즈맨이나 다름없다. 중고차 대신 빌어먹을 형량 협상을 강매할 뿐이다. 네, 매니저한테 물어보겠습니다. 하지만 정말로 이것보다 싸게 드리긴 힘들 거 같아요. 어때요, 15일 꽉꽉 채운 구치소 형기 받으실래요? 보증금은 필요 없습니다. 지금 이 자리에서

서명하거나, 아니면 끝이에요.

　다음, 가정폭력범. 이건 가벼운 사건이라서 검찰이 민사 사건으로 유죄를 인정하면 분노조절 프로그램에 다니는 것으로 끝낸다는 조건을 제안했다. 그래서 이 사람은 바로 풀려난다. 아마 집에 갈 텐데, 부인에 대해 접근금지 명령이 떨어져 있으므로 상황이 복잡하다. 전화, 문자, 페이스북 메시지, 또는 제삼자를 통해서도 접근하면 안 된다. 이를 어기면 새로운 혐의로 기소당할 텐데, 그들 사이에는 애가 한 명 있고 부인은 그가 집에 오길 바란다. 집에 가도 경찰한테 들키지만 않으면 괜찮을 거다. (하여간에 이 가정폭력범과 부인은 그렇게 생각한다.) 나는 이 사람을 다음 주나 다다음 주에 불복종을 이유로 다시 만나게 될 거라고 확신한다. 경찰한테 걸릴지도 모르지만, 그보다는 이들 부부가 또다시 싸우고 이웃이 경찰을 부를 가능성이 더 크다.

　법원에서 나가는 길에 산토스와 프레스콧과 가정폭력범이 순서대로 내 머릿속을 차지한다. 첫 번째와 세 번째 사이에 술집에 들렀다. 나 때문에 산토스가 그렇게 된 걸까? 법정 경찰이 산토스를 끌고 가기 전에 형량 협상에 대해 몇 번 더 설명했어야 했을까? 아니, 내 잘못이 아니다. 산토스한테 10분도 안 되는 시간에 그에게 주어진 형량 협상의 개념을 이해하라고 강요한 사람은 내가 아니다. 집에 얼른 가고 싶어서 발을 구르던 사람도 내가 아니고, "빨리, 빨리 오세요! 판사님이 기다리잖아요! 빨리 진행해야 합니다. 변호인! 벌써 4시 15분이에요!"라고 소리치던 사람도 내가 아니다. "알았어요. 잠깐 만요. 이걸 내 의뢰인한테 설명해야 한단 말입니다." 내가 이렇게 말하지 않았나? 산토스가 가난하고 병든 중독자인 것도 내 잘못이 아니다. 그곳에서 그의 불행에 마음 아파한 사람은 나 혼자였다.

동료를 붙잡고 하소연할 수도 있겠지만, 그건 정말 꼴사나운 짓이다. "그래, 나도 알아. 나도 너랑 같은 일을 하거든. 이번 주에 나도 그런 일을 50번은 겪었어." 그래도 대부분 사람은 하소연하지 않고는 못 배긴다. 바로 그 이유로 회식이 고통스럽다. 회식 자리에서 들리는 이야기라고는, 인정머리 없는 판사들, 의뢰인은 물론 우리 국선변호인들까지 전부 버러지라고 생각하는 표독한 검사들, 그리고 우리가 검사 측과 작당한다며 "너 검찰 끄나풀이지? 넌 내 사건에 관심도 없지? 다른 변호사 불러줘!" 고래고래 소리치는 막돼먹은 의뢰인들에 대한 하소연과 불평뿐이다.

마음을 비워라. 이 일을 한다는 자체가 당신이 신경을 쓴다는 증거이자 좋은 사람 중 한 명이란 뜻이다. 자기 자신에게 이걸 자꾸 상기시켜야 한다. 비록 거대한 시스템이라는 체스판에서 졸병밖에 안 될지언정, 인간 대접도 받지 못하는 사람들의 고통에 대한 사회의 무관심과 경찰국가에 맞서 싸우고 있는 것은 우리뿐이다. 지나치게 공감하지 마라. 그러다 가슴에 구멍이 나면 피를 쏟게 될 터이니.

격렬한 이상주의의 흥분을 유지하기란 불가능하다. 그러나 비밀을 하나 말해주겠다. 인간의 음침한 호기심은 결코 사라지지 않는다. 이 직업을 택함으로써 우리는 미국에서 가장 가학적인 호러쇼의 맨 앞자리를 얻었다. 별로 매력이 없다고 생각하나? 주말에 기본 케이블 채널 편성표를 넘겨보라. 수많은 채널에서 교도소에 관한 리얼리티쇼가 첫 회부터 마지막 회까지 마라톤으로 방영한다. 당신은 이런 쇼를 보고 속이 뒤집힐지 몰라도, 이 야만적인 제도에는 관음적인 매력이 있다. 눈이 핑핑 돌아가게 잔인하긴 하지만, 눈이 돌아가는 건 사실이다. 모든 국선변호인이 나처럼 느끼지 않을지는 몰라도, 자신은 절대 그런 적 없다고 발뺌하는 사람은 한 번쯤 의심해볼 만하다.

샌프란시스코 국선변호인 사무실에서 인턴으로 일한 여름에 나는 오전 시간은 법정에서 졸음과 싸우며 보냈지만, 오후에는 샌퀜틴 교도소에 갔다. 샌퀜틴 교도소가 어떤 곳이냐면, 내가 그곳 수감자에게 맥도날드 햄버거를 사다주면 범죄다. 손목과 발목에 찬 쇠고랑, 덜컹거리는 쇠창살. 교도관, 총, 레이저 와이어, 그런 것들. 샌퀜틴 교도소에 갈 때마다 다른 일이 벌어졌고, 어떤 의뢰인을 맡게 될지, 어떤 사건일지 예상할 수 없었다. 온 얼굴에 문신을 새긴 필로폰 중독자가 면담 시간 15분 내내 변호사에게 악을 쓰고 변호사도 똑같이 맞받아쳤으며, 그러는 동안 나는 이 사람이 우리 둘 다 죽이면 어쩌나 벌벌 떨고 있었다. 어떨 때는 인지 능력이 부족한 마약상이 자신이 얼마나 큰일에 휘말렸는지 이해하지 못하고 아기처럼 천진한 얼굴로 바닥만 보고 있었다. 또 어떨 때는 자기 상황을 정확히 파악하고 있으면서 전혀 걱정하지 않는 초연한 사기꾼을 만나기도 했다. 의뢰인마다 상황이 가지각색이었지만, 그들 모두 내게 똑같은 인상을 남겼다. 그곳에 있는 사람들의 인생은 결국 한마디로 축약될 수 있다. 세상에 당할 만큼 당했다.

위치토의 엄마 집 차고에서 술 담배로 8주를 보냈을 즈음에 나는 내 삶으로 돌아가야 한다는 것을 깨달았다. 어떤 면에서는, 빌어먹을 시스템의 야만성을 목격하는 일이 그리웠다. 살이 뒤룩뒤룩 찐 백인 노인이 비쩍 마른 흑인 크랙 코카인 중독자를 라이커스 아일랜드 교도소로 보내는 냉담한 태도 같은 것 밀이다. 재판을 마치고 주차장으로 가는 길에 판사는 아무 생각이 없었을 것이다. 어쩌면 자랑할지도 모른다. "이번 주에 선고한 형기만 합쳐도 100년일세! 난 그야말로 사람을 감옥에 묻어버린다고." 그 판사의 머릿속에서 본인은 멋진 사무실에서 위스키잔을 우아하게 돌리는 지성인이지, 24.99달러짜리 싸구려 졸업가운을 핼러윈 코스튬처럼 입고서는 진부한 법정 드라마를 찍듯 망치를 쾅쾅 두드려대는 얼간이가 아닐 것이다. 바비큐 파티에서 사람들이 '판사님'이라고 부를 때마다 흐뭇하겠지. 돌아갈 준비가 되었다는 자신은 없었지만 더는 위치토에 머무를 수 없었다. 보비 프린스를 위해서라도 돌아가야 했다. 가난이 초래하는 범죄를 해결하는 유일한 합리적인 방안이라고 이 나라가 수긍해버린 역겨운 사법제도로 다시 뛰어들 시간이 왔다. 관료주의적 무관심의 단단한 벽에 다시 한번 머리를 들이박자. 컨베이어벨트에 올려진 것처럼 재판정을 돌고 도는, 쇠고랑을 찬 가난한 흑인 남자들을 보고 마음 아파하자. 그러면서도 나는 왕뱀처럼 목을 조르고 있는 넥타이를 찢어버리고 법원의 복도를 뛰어다니며 이렇게 외치는 것을 상상했다. "이건 아니잖아! 엿 같이 잘못되었다고! 법원 전체가 글러 먹었어! 애티카를 기억하라![9] 애티카!"

다 태워버리자.

---

9   1971년에 뉴욕주 애티카 교도소에서 수감자들이 기본적인 인권 보장을 요구하며 봉기를 일으키자 당시 주지사는 무장경찰을 투입하여 진압했고, 직원과 교도관을 포함해 43명이 죽었다.

10

라과디아 공항에서 윌리엄스버그의 새 아파트로 가는 택시 안에서 나는 뉴욕시가 유발하는 그 익숙한 기분, 다시 말해 살아 숨 쉬는 매 순간 주머니에서 돈이 빠르게 새어 나가고 있다는 기분을 느꼈다. 20분이 지나고 50달러만큼 더 가난해진 나는 택시에서 내려 맨해튼과 메트로폴리탄 대로 모퉁이에 있는 아파트를 찾았다. 인터넷에서 발견한 이 아파트는 외관만 보면 낡은 창고 같았다.

위치토에서 60일간 숨어 지내다 돌아왔다. 내가 경험한 일의 충격과 무게를 고스란히 감당할 수 없었다. 정신병동에 갇히기 전까지 나는 내가 우리 사무실에서 으뜸가는 법정 변호사이며 데이브 셔펠의 뒤를 이을 코미디언에 이스트빌리지가 배출한 가장 쿨한 사내라고 생각했었다.

하지만 이제는 자신감을 극대화하는 조증의 도움 없이 뉴욕에 돌아왔다. 현실을 마주해야 했는데, 마주하기엔 너무 참담한 현실이었다. 웬 광인이 내 통장 잔고를 바닥내고 법정에서 내 이름으로 숱한 업무상 과실을 저질렀으며 나를 아끼던 사람들을 밀어냈다. 그 광인이 다름 아닌 나라는 사실은 별로 중요하지 않았다. 미국 경제계는 내가 처한 곤경에 공감하지 않는다. 폭풍 같은 조증이 와서 얼반아웃피터스에서 800달러어치 독특한 티셔츠를 샀어요. 한 번만 봐주실래요? 은행의 초과인출 방지 조치에 이런 항목은 포함되어 있지 않다. 나 자신을 신용카드 도용범으로 신고할 수도 없는 노릇이다. 애당초 돈이 많지도 않았다. 나는 2주에 1,400달러를 벌었다. 월세가 1,200달러였고 학자금 대출을 한 달에 700달러씩 갚아나갔다. 무제한 교통카드 또한 매달 100달러씩 든다. 공과금, 인터넷, 휴대전화 비용을 내려면 하루 소비는 18달러에 한정해야 했다. 월세로 보낸 수표가 봉급이 입금되기 전에 처리될까봐 늘 가슴을 졸였다. 국선변호인의 도움이 필요한 이들을 포함해서 세상 사람들 대부분이 나보다 훨씬 어렵게 살긴 했지만, 챕스틱 하나를 살 때도 고민한 건 사실이다.

　　뉴욕에 돌아온 첫 주에 나는 이스트빌리지의 옛날 아파트에 들렀다(바닥부터 천장까지 빨간색 매직펜으로 뒤덮은 바로 그곳). 쓰레기봉투 하나를 가득 채울 만큼 쌓인 고지서와 학자금 대출 미납 독촉서를 가지러 갔다. 괜히 그것들을 열어보다 종이에 베이는 위험을 감수하느니, 차라리 버드가 파산 직전에 이르렀을 때 활용한 대처법을 본받아 그것들을 쓰레기봉투째로 세인트마크스와 애비뉴 A 모퉁이의 쓰레기통에 버렸다. 어렸을 적에 대출 수금업자들이 집에 전화하면 버드는 내게 수화기를 넘겨주어 내가 영국 악센트를 연습할 기회를 마련했다. "걱정하지 마, 저 사람들은 꼭 다시 전화하니까." 버드는 말했다. 당시에 버드는 재정 문제에서 모범 시민이라고 할 수 없었지만, 돈이 없을 때는 없는 거다. 그리고 나도 돈이 없었다. 앞으로 몇 주간 런던 사투리를 연습할 수 있겠다고 생각했다.

성인으로서의 삶에 다시 적응해야 했는데, 도무지 기력이 나질 않았다. 아침밥을 차려줄 할머니가 없었으므로 길 건너편 잡화점에서 1달러짜리 커피로 아침을 때웠고, 점심에는 길 건너편 잡화점의 햄 샌드위치를 먹었다. 저녁에는 길 건너편 잡화점의 냉동 부리또를 먹었다. 디저트는 좀 사치를 부려서, 길 건너편 잡화점에서 버드와이저 여섯 캔을 샀다.

길 건너편 잡화점에서 일하는 남자는 내 신체를 보존하는 데 결정적인 역할을 맡았을 뿐만 아니라 인간관계의 90퍼센트를 차지했다. 조금 삐걱거리는 관계였는데, 그는 영어를 잘하지 못했으며 나는 한담을 나눌 기분이 좀처럼 나지 않기 때문이다. 내가 가게에 들어가면 그는 "버드와이저!"라고 외쳤는데, 내게 버드와이저라는 별명을 붙인 건지, 아니면 "형씨, 평소랑 똑같은 거?"라는 질문을 그렇게 표현한 것인지는 모르겠다. 하여간에 그는 "버드와이저!"라고 외치며 나를 반겼고, 나는 대개 "네."라는 대답으로 대화를 완성했다. 특별히 수다스러운 기분일 때는 "네, 안녕하세요."라고 말했다. 직장에 복귀할 때까지 병가가 몇 주 남았으므로 하루하루를 침대에서 보냈다.

우울증에 걸렸다고 인정하는 것은 어렵지 않았다. 매일매일 열여섯 시간씩 자는데, 달리 무엇이라고 생각하겠는가. 하지만 우울해도 괜찮다고 나 자신에게 허락하기가 힘들었다.

그래, 나는 정신증을 앓아서 정신병동에 강제로 수용되었었고, 코미디언으로 성공할 절호의 기회라고 믿었던 것은 날아갔으며 살던 아파트에서도 쫓겨났다. 더구나 언제 다시 제정신을 잃을지도 모른다는 불안감을 안고 살아야 했다. 그래도 나는 길 건너편 잡화점에서 일하는 남자가 열여덟 시간 근무를 마치고 앞치마를 벗은 뒤에 어떤 삶을 살지 생각해보지 않을 수 없었다. 잡화점 카운터에서 매일같이 사탕을 계산하는 것이 그의 아메리칸드림은 아니었을 테니까. 그 남자의 눈에는, 어쨌든 내가 상상하기에 그 남자의 눈에는, 내 삶이 제법 괜찮아 보였으리라. 힙한 브루클린 동네의 월세 1,200달러짜리 아파트에 살며 텔레비전과 위(Wii) 게임기를 소유한 사람. 매주 웨스턴유니언 송금 서비스를 통해 이슬라마바드에 돈을 보낼 필요도 없고, 내 가족의 안전 또는 나의 법적 신분을 걱정할 필요도 없다. 내 삶에서 장거리전화는 필수가 아니었다. 온종일 퍼질러 자다 일어나서 맥주를 마시는 것. 그것이 내가 짊어진 십자가라니, 감히 어떻게 불평하겠는가?

내 의뢰인들은 또 어떤가? 뉴욕시 전역에서 아등바등 살고 있는 가난한 형제자매들과 그들이 날마다 겪는 괴로운 일들은? 시리아의 불쌍한 형제자매들은 또 어쩌고? 진짜 고생이 무엇인지 그들은 안다. 난민 캠프에서는 우울증을 과연 무엇이라고 부를까?

우울증은 채식주의나 공정무역 커피만큼이나 사치로 느껴졌다. 그 입 닥쳐라, 복에 겨운 불평쟁이야. 이 말이 머릿속에 계속 맴돌았다. 의사들과 엄마가 우울해도 괜찮다고 아무리 말해도, 내 속에 존재하는 위치토 소년은 '안 돼.'라고 말했다. 맞서 싸우라고 말했다. 싸워서 이기라고, 자기 연민과 눈물을 떨쳐내고 나가서 싸우라고. 아버지의 부재가 가슴에 남긴 커다란 구멍에 맞서 싸우라고. 적어도 나는 아빠랑 살아보기는 했잖냐. 정 필요하면 문자 그대로 싸움박질이라도 하라고, 누군가를 한 방 때리고, 술을 마시고, 술을 마신 다음에 누구를 한 방 때리라고.

나는 정신과 의사가 필요했다.

그래서 의사를 구했다. 닥터 싱에게 진료를 받으러 가는 길에 나는 2호선 승강장에 서서 철로의 웅덩이와 버려진 치토스 봉지, 스내플 주스 병, 오래된 껌 등 각종 맛있는 쓰레기 사이를 누비는 쥐를 지켜보았다. 녀석은 바빴다. 여기저기서 부스러기를 주워 먹고, 자기 부인이 될 암컷 쥐를, 어쨌든 일시적으로 부인이 되어줄 쥐를 찾아 부지런히 돌아다니고 있었다. 어두컴컴한 터널에서 쥐약을 피해가며 쏜살같이 질주하고 있는 쥐는 자신이 어린이와 어른 모두에게 불러일으키는 공포를 즐기고 있었다. 쥐로 사는 것도 썩 나쁘지 않을 성싶었다.

전철역의 승강장에 설 때마다 나는 달려오는 전철 앞에 뛰어들면 어떨지 상상하지 않을 수 없었다. 그러나 이번에는 노란 선을 넘어 가장자리에 바짝 다가서서, 달려오는 전철이 내게 던지는 질문에 대해 좀더 깊이 고민했다. 내가 스스로 인생을 끝내지 않으리라는 것은 알았다. 하지만 뒤에서 스쿠터를 타고 있는 사람이 실수로 나를 밀면? 몸이 닿자마자 복근에 힘을 주고, 허벅지 뒤쪽 근육의 반발력으로 버티겠지? 과연 내가 그렇게 할지, 자신이 없었다. 자살 충동이라는 사다리에서 꽤 높이 올라간 듯했다. 그러나 또 다른 한편으로는, 자해를 하거나 높은 곳에서 뛰어내리거나 총에 장전한 적도 없으면서 높이 올라갔다 주장할 수 있을까? 너무 과장하는 거 아닌가.

할렘에 도착해서 컬럼비아 대학교 캠퍼스를 지나 닥터 싱의 진료실로 갔다. 〈뉴요커〉 지난 호들을 들척이며 내 차례가 오기를 기다렸다. 닥터 싱이 11시 정각에 진료실 문을 열었다. 진회색 양복에 파란 와이셔츠, 보라색 넥타이를 맨 멋쟁이 의사였다. "재커리? 들어와요."

나는 인조가죽 의자에 앉아 진료실을 둘러봤다. 벽에 『돈키호테』 프린트가 걸려 있고 소파에는 크리넥스가 있었으며 책장 세 개에 학술서가 빼곡했다.

"만나서 반가워요. 어머님께서 전화로 예약하셨어요. 얼마 전까지 캔자스주 위치토에 있었죠?"

"네."

"브루클린에서 국선변호인으로 일하고 있고요."

"네."

"스트레스가 심할 것 같네요."

"가끔은요."

"자세히 듣진 못했지만, 제가 알기로 당신은 최근에 벨뷰 정신병동에 입원했었고, 초기 진단에 따르면 아마도 양극성장애, 그리고 이중진단에 대마초와 알코올 과용이 포함되었어요.”

“맞습니다.”

“헐벗은 채로 전철역에서 경찰에게 발견되었고요. 정신증을 앓았고, 당신이 리얼리티쇼에 출연하고 있다는 망상에 거의 일주일간 빠져 있었고요.”

“다 맞습니다.”

“1형 양극성장애가 무엇인지 누가 자세히 설명해준 적 있어요?”

“정신질환 진단 및 통계 편람에 적혀 있는 설명을 읽었고,『조울병, 나는 이렇게 극복했다』를 조금 읽었어요. 나한테 일어난 일을 묘사할 수는 있는데 그게 정확히 무슨 뜻인지는 몰라요. 이번 일을 겪기 전까지 양극성장애는 단순히 기분이 아주 들떴다가 아주 나빠졌다, 그런 거라고 생각했어요.”

“‘아주 들뜬 기분’보다는 다소 복잡합니다.” 닥터 싱은 양극성장애가 한때는 조울증이라고 불렸다며, 그 증상을 열거했다.

1. 자아팽창감과 거대자신감. (비판이 결여된 자신감에서부터 본인이 특정 분야의 전문가라는 망상까지 다양함.)
    → 내가 래리 데이비드보다 훨씬 훌륭한 코미디언이라고 생각했었다.
2. 수면 욕구 감소.
    → 여름내 하루 최대 수면이 네 시간. 가끔은 밤을 꼬박 새웠다.

3. 격렬해지는 언어. (나타나는 특징: 큰 소리로 매우 빠르게 말하며 말을 잘 멈추지 못함. 소리와 연극성, 언어의 유희에 집중함. 다른 사람이 대꾸하거나 관심을 보이건 말건 계속해서 말함. 때론 화를 내며 분노를 쏟아냄.)

→ 아무도 내 말을 듣고 싶어 하지 않을 때 빨간색 매직펜으로 벽에 연설을 적은 것?

4. 여러 생각이 빠르고 지리멸렬하게 솟아나며, 생각이 걷잡을 수 없이 달리는 느낌.

→ 3번을 보시오.

5. 주의가 산만함. (중요하지 않고 자신과 무관한 일에 금세 주의가 쏠림.)

→ 토요일 오후 내내 행인들을 촬영했다. 마이크 타이슨 다큐멘터리를 일주일에 여섯 번 봤는데, 오직 이 영화를 집중적으로 비평하는 블로그를 만들 수 있다고 생각해서였다.

6. 목표지향적 활동이 증가함. (사회, 직장, 학교 또는 성적 행위에 대한 계획을 과도하게 세우며 일을 벌인다. 심체적 불안 증세를 보인다. (예를 들면, 가만히 있지 못하고 끊임없이 오락가락하거나 피부나 옷을 잡아 뜯는 행위.)

→ 2009년 여름에 내가 세운 목표: 한 시간짜리 스탠드업 코미디 스페셜 계약 체결, 텔레비전 프로그램에 작가 겸 연기자로 계약 체결, 『뉴욕타임스』에 인맥 만들기, 프로듀서의 음반회사가 성공하게 도와주기, 그 음반회사에서 내 음반을 발표하기, 매일 아침 윗몸 일으키기 50개를 하고 두 시간 축구 연습하기.

7. 큰 위험을 수반하는 향락성 행위에 무분별하게 몰두

함.

→ 빙고입니다, 의사 선생님.

닥터 싱은 이중진단 전문가였다. 그 말인즉, 알몸으로 전철역을 뛰어다닐 뿐만 아니라 술과 대마초를 지나치게 즐기는 사람들을 전문으로 한다. 닥터 싱은 양극성장애가 없는 사람도 이따금 대마초가 유발하는 정신증 삽화를 겪을 수 있다고 설명했다. 또는 유전적 소인은 있되 대마초를 피우지 않으면 괜찮았을 텐데, 대마초를 피운 탓에 조증을 일으킨 경우일 수도 있다고 했다. 아니면 결국 양극성장애를 앓을 운명이었거나. 확실한 답은 없었다. 대마초를 피우지 않고 지켜보는 수밖에.

"하지만," 닥터 싱이 말했다. "평생 대마초를 피우지 말라는 말은 아닙니다. 사람들한테 무언가를 금지하고 싶지 않아요. 별로 소용이 없다는 걸 깨달았거든요. 일단 당분간만 대마초를 피우지 말았으면 합니다. 대략 1년쯤요. 만일 또다시 증상이 발현되면 당신은 단순히 대마초에 민감한 사람이 아니라고 결론 내릴 수 있겠지요. 한번 시도해보겠어요?"

어려울 것 같지만 노력하겠다고 말했다. 그리고 우리는 약물치료에 관해 이야기하기 시작했다. 닥터 싱은 약을 최소한으로 줄이자고 제안했다. 데파코트와 리스페달은 무척 센 약이니까, 일단 기분 안정제만 복용해도 별 탈 없을 것 같다고 말했다. 라믹탈. 대부분 환자는 이 약으로 부작용을 겪지 않는다. 부작용을 겪어도 대개 가벼운 발진 정도다. 발기부전 없음. 탈모 없음. 체중 증가 없음.

난생처음 나는 달가운 마음으로 항정신병약을 받아들였다. 고등학교 시절에 우울증 진단을 받았을 때 나는 스스로를 실패자라고 여기며 좌절했었고, 나약한 사람이나 약을 먹는 거라고 생각했다. 물론 졸로푸트를 복용한 뒤에 훨씬 삶이 즐거워졌으며 차를 몰고 강으로 돌진하고 싶은 충동이 사그라들긴 했지만, '진짜' 내 기분 같지 않았다. 지금 느끼는 것은 확실히 '진짜'였고, 확실히 끔찍했다. 새로 시작하는 약물치료에서 마음에 걸리는 것이 하나 있다면, 그 약의 효력이 나타나기까지 2~3주는 걸린다는 사실이었다. 영겁의 시간처럼 느껴졌다.

닥터 싱은 진료를 마무리하며 트루먼쇼 망상에 대해 말해주었다. 내가 그랬듯이 자기가 리얼리티쇼의 주인공이라고 착각하는 정신증을 앓는 사람들이 최근에 미디어의 주목을 끌었다고 했다. 이것은 별도의 병이 아니다. 1형 양극성장애나 어쩌면 조현병의 증상인데, 어쨌든 흔치 않고 매우 현대적인 현상이다. 19세기 사람들이 자신이 리얼리티쇼의 주인공이라고 착각할 수는 없었을 테니까.

하루가 멀다 하고 엄마와 통화하지 않고는 견딜 수 없었다. 내가 첫 문장을 끝내기도 전에 버드는 내 목소리의 음색을 듣고 기분을 알아챘다. 뉴욕에 돌아온 첫 몇 주 동안 우리는 나의 정신건강을 직접 언급하지는 않았다. 엄마는 내게 어린 시절 이야기를 들려주며 기분을 북돋우려고 했다. 내가 히맨을 흉내 낸답시고 팬티 바람에 누나의 부츠를 신고 돌아다닌 이야기. 기저귀를 막 졸업할 나이에 화가 나면 얼굴이 파래질 때까지 숨을 참고 벽에 머리를 들이박았다는 이야기. 그래서 내가 기절하지 않게 얼굴에 후후, 입바람을 불어주었어야 했다고 한다. 한번은 내가 슈퍼마켓 통로 한복판에 드러누워 어른들이 식겁할 정도로 오랫동안 바닥을 내리치며 소리를 질러대는 바람에 엄마는 남들 시선을 무시하는 법을 배웠다고 했다. 또한 엄마는 가끔 화장실 문을 닫아걸고 『엉뚱한 아이를 다루는 법』을 읽었다. "널 매질하고 싶은 충동이 들지 않도록 말이야." 다섯 살 때 학부모 교사회 회장이 장래희망을 묻자 내가 "호모가 되고 싶어요."라고 했다는 이야기. 축구를 하다 상대편에게 골을 내주면 땅을 내려쳤고, 고작 여덟 살이었을 때도 경기에서 지면 몇 시간이고 우울해했다는 이야기. 내가 축구를 잘하고 덩치가 크다는 이유로 "저 애 출생증명서 떼어 오라고 해요!"라고 소리 지르던 학부모들을 엄마가 때려주고 싶은 걸 간신히 참았다는 이야기 등등.

　이런 일화들은 "괜찮아질 거야."라는 시답잖은 말보다 훨씬 위로가 되었다. "괜찮아질 거야."라는 말은 결국 내가 지금 괜찮지 않다는 사실을 못 박는 것이자 자기는 공허하고 입바른 격려밖에 해줄 수 없다는 뜻이다. 괜찮아질 거야. 무슨 근거로? "괜찮아질 거야. 왜냐하면…" 이렇게 말하고 그럴싸한 근거를 대는 사람은 별로 없다. 따라서 그 말은 기껏해야 희망사항일 뿐이며, 심지어 모욕적이기도 하다. 너는 지금 나락에 떨어졌지만 나는 해줄 수 있는 게 없다, 이런 말이니까. 아무도 나락에서 빠져나오는 법을 차근차근 가르쳐주지 않는다.

엄마가 들려주는 나의 어린 시절 이야기는 이런 공허한 위로와 전혀 달랐다. 그 일화들을 통해 엄마는 이렇게 말하고 있었다. "너 자신을 포기하지 마. 난 네가 어떤 사람인지 알아." 또는 "넌 지금 약해. 아주 약해졌어. 그래서 네가 얼마나 멋진 사람이었는지 들어야 해. 네가 이 세상에 온 이래 엄마는 널 무조건 온 마음을 다해 사랑했어. 그걸 알아주렴. 엄마가 늘 네 편이라는 것을 잊지 마. 모두가 널 맹랑한 꼬마라고 생각했을 때 엄마는 진실을 말하는 아이를 봤어. 너는 낳기 힘들었고 키우기는 더 힘들었단다. 심지어 대마초를 입에 달고 사는 네 동생보다 더 힘들었지. 그럼에도 나는 세상 그 무엇보다, 누구보다 널 믿었어. 그래서 네가 혼자 책임지게 내버려둬야 하던 상황에서도 네 편을 들고 말았지. 엄마는 네가 어떤 사람인지 아니까. 엄마 눈에는 보이니까. 이번 난관도 너 혼자 헤쳐나가게 방관하지 않을 거야. 이번 사건도 그저 엄마가 지난 26년간 머릿속에서 써온 재커리의 일생의 한 장일 뿐이야."

당연한 말이지만 버드는 나의 굳건한 버팀목이 되어주느라 진이 빠졌다. 정신병동에 입원한 건 끔찍한 경험이었지만, 아마 엄마에겐 훨씬 더 끔찍했을 것이다. 제정신이 돌아올 때까지 나는 내 상태를 이해하지도 못했으니까. 자랑스러운 아들이 언젠가는 제정신으로 돌아올까 애를 태우며 지켜보는 일은 엄마 몫이었다. 엄마의 인생은 쉬운 적이 없었다. 처음에는 술꾼 아버지, 그다음엔 약쟁이 남편, 그러고서는 독재자 남편. 엄마는 평생 가난했으며 본인을 위해 산 것이 없다. 자신이 가진 모든 재산과 모든 힘을 자식들에게 쏟아부었다. 엄마의 삶은 맥앤치즈로 때우는 끼니, 이웃에게 빌린 마가린, 자동차의 3달러어치 기름이 전부였다. 그러면서도 우리 가족이 어떻게 먹고살지 끊임없이 고민하고 궁리해야 했다.

우리 가족은 그럭저럭 잘 해냈다. 엄마는 딜런스 슈퍼마켓을 탈출했으며 오롯이 자신의 노력만으로 대학을 졸업하고 석사 학위를 땄다. 그 후에도 계속해서 노력했다. 쉰 살에 엄마는 교육학 박사 과정 졸업을 앞두고 있었다. 알렉사 누나는 플로리다 대학교에서 수의과를 졸업하고 시카고에 있는 동물병원에서 레지던트 과정을 밟고 있었다. 애덤은 조금 시간이 걸리고 있지만 자신의 길을 찾을 거라고 우리 모두 믿는다. 내가 로스쿨을 졸업했을 때 엄마는 어찌나 자랑스러워했는지, 내게 보내는 편지마다 귀하(Esq.)라는 호칭을 붙이기 시작했다. 변호사가 바글거리는 사무실에서 아무도 그걸 보고 감탄하지 않으니까 그만하라고 말해도 소용없었다. 엄마는 자식들에게 에디 삼촌의 증세가 나타날까봐 평생 두려워했다. 내가 두 살이었을 때 엄마는 아동 정신질환을 공부하기 시작했다. 엄마의 아들은 그 뒤로 열다섯 번의 싸움, 두 번의 퇴학, 셀 수 없이 많은 정학, 박살 낸 차, 우울증 발작 등 다사다난한 성장을 거쳐 변호사가 되었다.

그런데 어느 날 전화가 와서 그녀의 '2월에 태어난 아름다운 흑발 사내아이'가 벨뷰 정신병동에 갇혀 있으며 어쩌면 조현병일지도 모른다고 말한 것이다. 완전히 미쳤었던 오빠처럼.

나는 주변 사람들 탓에 평생 고생한 엄마한테 또 짐을 지웠다는 죄책감에 가슴이 미어졌다. 한평생 나는 엄마를 구하고 싶었는데, 오히려 고통에 빠뜨렸다. 그래도 나와 엄마, 우리 두 사람은 알았다. 상황이 아무리 나빠져도 엄마가 내 곁에 있으리라는 사실을. 버드의 사전에 포기라는 단어는 없다.

11

그러다 흑인 산타가 죽었다.

버드가 하도 격렬히 흐느끼고 있어서 말을 알아들을 수 없었다. 심호흡을 하라고 세 번 말한 끝에 "테리!"와 "고릴라!"를 알아들었다.

"뭐라고?" 하지만 삼촌이 죽은 날 '에드워드'라는 말만 듣고 엄마가 알아들었듯 나 역시 "테리!"가 무슨 뜻인지 알았다. 가슴이 찢어지는 듯한 오열이 이어지다가 인생 최고의 사랑이 죽었다는 뜻의 울음이 뒤따랐고, 그것이 조금 사그라든 뒤에야 나는 물어볼 수 있었다. "언제, 어쩌다가? 숨 쉬어요."

"테리가 죽었어, 고릴라. 죽었다고. 그이 누이가 발견했어. 화장실에서 팬티만 입은 채로 발견됐어! 테리가 죽었어, 고릴라!"

"언제?"

"내가 학교에 있을 때 그이 누이한테 전화가 왔는데, 나한테 앉아 있냐고 물어보는 거야. 그래서 나는 그이 부모님이 돌아가셨단 소식인 줄만 알았어. 꿈에도 상상 못 했어, 설마 테리가! 오, 안 돼! 하느님, 안 돼요!" 엄마는 과다호흡증후군을 앓고 있는 사람 같았다.

"버드, 앉아. 숨을 쉬어야 해. 앉아서 숨을 쉬어. 5초 동안 아무 말도 하지 말고 숨만 쉬어요." 엄마는 흐느끼며 밭은 숨을 헐떡이긴 했지만, 점차 숨소리가 차분해졌다.

"내가 바로 갈게."

"너는 요즘 너무 힘들잖아!"

"힘든 사람은 지금 엄마잖아. 바로 갈게."

내가 이틀 후에 덴마크 1050번지에 도착했을 때 엄마는 그야말로 참담한 몰골이었다. 발륨을 복용하고 있었는데, 과용하지 않게 리사라는 친구가 점검해주고 있다고 했다. "내가 무슨 약을 먹었는지도 기억이 안 나."

"세상에." 내가 말했다. "약쟁이, 그게 바로 엄마야."

"세상에, 난 두 번 이혼한 과부야." 엄마는 웃다가 다시 울기 시작했다. 그러고는 테리의 선물을 가리켰다. 예수 스티커를 붙이고 니스칠한 규화목에 접착한 남포등 말이다. "내 가짜 남편이 구세주 스티커가 붙어 있는 나무 쪼가리를 줬었는데."

"지금은 마법의 구세주에 대해 놀리지도 못하겠다. 엄마, 너무 안됐어요."

"주정뱅이 늙은이. 주정뱅이 골초 늙은이. 바보처럼 질질 짜게 날 과부로 두고 가버리다니. 금연하라고 의사들이 그렇게 말했는데 그 어리석은 늙은이가 말을 들어? 속옷 바람으로 죽어버렸지."

엄마가 이렇게 무력한 모습은 처음 보았다. 테리가 '가짜 남편'에 멍청한 주정뱅이라고 계속 되뇌어서 스스로를 세뇌하려는 듯했다. 그러나 버드는 거짓말쟁이가 아니다. 엄마는 테리가 자신에게 어떤 존재였는지 정확히 알았다. "심지어 나는 정식 과부도 아니야. 장례식에 전처 두 명이 있을 텐데, 나는 세 번째도 될 수 없어."

"그건 그저 서류상의 문제야."

"옴브레, 오, 세상에. 나의 옴브레." 엄마는 테리를 옴브레라고 불렀다. 테리가 스페인에서 보디빌딩을 하던 시절에 얻은 별명인지, 아니면 내가 알고 싶지 않은 야한 뜻이 숨겨져 있는지는 모른다. 나는 전자라고 믿기로 했다.

장례식에 가는 길에 엄마가 농담을 몇 번 하길래 이쯤에는 엄마를 좀 놀려서 기분을 북돋워줄 수 있겠다 싶었다. "세상에, 쉰 살 먹은 과부. 그게 바로 엄마야."

"내가 남자 보는 눈이 좀 있잖니." 엄마가 말했다.

그래도 나는 평소보다 농담의 수위를 낮추었다. 평소에 엄마가 테리 이야기를 꺼내면 나는 테리가 준 크리스마스 선물들에 대해 5분 동안 쉼 없이 툴툴거렸다. 규화목 남포등 말고도 어처구니없는 선물이 많았다. 한번은 테리가 알렉스 누나에게 올리브잎 추출물의 효능을 찬양하는 팸플릿을 선물로 주었다. 척 봐도 사기성 건강보조식품에 딸려 올 법한 것이었는데, 테리는 팸플릿만 가지고 있었다. 이듬해 누나가 내게 그것을 선물로 주었다. 같은 해에 테리는 당시 스물세 살이었던 애덤에게 태엽을 감는 나사(NASA) 로켓 장난감을 선물했고,

나한테는 내가 초등학교 4학년에 읽은 책을 두 권 주었다. 엄마는 몹시 화를 냈지만, 규화목 예수님을 참아주었는데, 뭔들 못 참아주겠는가.

엄마는 쓰러지기 일보 직전인 상태로 교회에 도착했다. 내가 안고 가다시피 간신히 교회에 들어갔다. 아흔 살은 되었을 텐데 예순 살로 보이는 테리의 아버지 줄리어스가 자기 옆에 앉으라고 엄마를 불렀고, 이 초대로 엄마를 정식 과부의 신분으로 승격해주었다. 이것이 엄마에게 큰 위로가 되었다. "세상에, 과부석에 드디어 앉아보는구나."

"그래도 중요한 일들은 잘 해결되고 있네." 내가 말했다. "엄마 혼자 힘으로 걷는 것도 곧 시도해보기로 합시다."

"하느님의 집에서 네 독한 말발을 뽐내지 않아도 된단다."

엄마와 나는 줄리어스 옆에 앉았다. 엄마가 줄리어스의 어깨에 얼굴을 묻었다. 줄리어스를 보면서 얼마나 가슴이 아팠을까. 테리가 25년을 더 살았으면 줄리어스랑 똑같은 얼굴이었을 것이다.

"정말 유감이다." 줄리어스가 말했다. "정말 슬픈 일이야."

장례식이 진행되는 내내 엄마는 오열했다. 세상 그 어떤 진짜 과부보다, 교회에 있던 그 누구보다 크고 격렬하게.

나는 으스스한 의식을 치르러 엄마를 관으로 데려갔다. 내가 엄마를 부축하지 못했다면 엄마는 관 위로 쓰러졌을 것이다. "버드, 관에 들어갈 생각은 하지 마." 내가 말했다.

"하지만 들어가고 싶은걸. 오, 세상에, 옴브레."

마지막 찬송가는 17분가량 지속되었다. "예수님, 오, 예수님." 등등. 나는 엄마의 귀에 대고 속삭였다. "이 빌어먹을 노래는 대체 언제 끝나?"

엄마가 내 손바닥을 손톱으로 찌르며 말했다. "우리가 지금 하느님의 집에 있다는 걸 기억하렴, 냉소적인 잘난척쟁이야."

테리는 에디 삼촌이 잠들어 있는 묘지에 묻혔다. 묘지로 가는 차 안에서 엄마는 가벼운 농담조로 말하다가 우울해지기를 되풀이했다. "그래도 난 이제 과부 신분을 획득했어. 줄리어스가 다른 계집들 쫓아버리는 거 봤지? 테리의 주정뱅이 아들만 그 화냥년들이랑 어울렸다고."

"왜 그 여자들이 화냥년이야?" 내가 물었다.

"내가 정식 과부니까."

"우리 뒤에 있는 차에서는 지금 누가 누구를 화냥년이라고 부르고 있을지 궁금하군."

"마음대로 부르라고 해. 상관없어. 줄리어스는 내가 옴브레의 과부라는 걸 알아."

"현수막을 달아줄까? 니스칠한 규화목에 붙여놓게."

"고릴라, 빌어먹을. 엄마가 애도하게 좀 내버려두렴."

"오늘 온종일 엄마를 부축하고 관에 뛰어들려는 걸 막느라 고생해서 내일이면 삭신이 쑤실 거 같아. 애도하게 잘만 도와줬구먼."

"옴브레는 입만 살아서 박사 학위를 절대 따지 못했을 거야. 온통 큰소리뿐이라는 걸 나도 알았어. 하지만…" 엄마는 또다시 울음을 터뜨릴 것 같았다. "하지만 나는 테리랑 카드를 치고, 찬송가를 들으면서 살고 싶었어. 그 수염을 만지고, 그 수염, 오, 하느님."

"숨 쉬어, 버드. 숨 쉬어."

"내 겨드랑이에서 벌떼가 바글거리고 폭스바겐이 가슴을 누르고 있는 기분이야. 머리가 깨질 것 같아."

장례식장에는 영혼을 위로해주는 음식이 가득했다. 동부콩, 바비큐립, 야채, 프라이드 치킨, 달콤한 아이스티 등이었다. 엄마는 이제 혼자 서 있을 수 있다고, 만약 힘들어지면 앉을 테니, 밥을 챙겨 먹으라고 나를 보냈다. 고릴라 당이 떨어질까봐 걱정된다고 하면서. 혹시 엄마가 몇 입 먹을 수도 있지 않을까 싶어서 나는 접시 가득 2인분을 담아 왔다. "프라이드 치킨은 안 먹고 싶겠지만 맥앤치즈는 한입만 먹을래요?" 내가 물었다. "맛은 별로 없는데, 먹어야 힘을 내지."

"오빠가 죽었을 때보다 더 힘들어. 이혼 두 개 합친 것보다 더 힘들고. 지금보다 힘들었을 때는 내 평생 딱 한 번이야. 네가 병원에 있었을 때."

"고통에 순위 매기지 않아도 돼."

엄마는 몇 입 먹더니 그만 가자고 했다. "그이와 함께한 시간을 감사히 여기라고 한 번만 더 누가 말해봐. 때려줄 거니까."

나는 며칠 더 머무르고 떠났다. 뉴욕으로 엄마를 데려가고 싶었다. 위치토가 내 정신에 그토록 많은 상처를 남겼는데, 엄마의 영혼은 어떻겠는가? 아빠, 클라이드, 에디 삼촌, 이제는 옴브레마저. 더구나 엄마의 말에 따르면, 인생 최고의 사랑과 사별한 것이 그해 가장 괴로운 일이 아니란다. 나는 위치토에 머무르면서 엄마를 보살펴주고 싶다고, 내가 머무르길 원하면 그렇게 하겠다고 말했다.

"고릴라, 너랑 나는 기름통을 들고 불길을 헤쳐나갔어. 그러고 나서도 아직 두 발로 서 있지. 이제 그 털북숭이 엉덩이를 내 차고에서 치우고 뉴욕으로 돌아가렴."

12

정신증을 앓느라 90일 병가를 내고 직장에 복귀하는 첫
날에 어떤 옷을 입어야 할까? 우리 회사의 드레스코드는 느슨
했다. 평소에는 티셔츠와 청바지를 입었다. 하지만 나는 복귀
첫날에 진중한 남색 스웨터에 짙은 색깔 정장바지를 입기로
했다. 머리는 길러서 처음으로 법정에 어울리는 스타일로 다
듬었다. 내가 맡을 업무가 없을 걸 알고 있었지만 일부러 일
찍 갔다. 바쁜 시간에 사무실에 들어가고 싶지 않았다. 나는
법률사무소에 찾아온 코끼리만큼이나 어색해하며 9층에 있
는 주 사무실의 이중문을 밀고 들어갔다. 대릴이 접수 데스크
뒤에 앉아 있었다.

"안녕, 디."

"오! Z 맥디가 왔네! 이제 돌아온 거야?"

"돌아왔어."

"잘됐어, 잭. 좋다. 내 친구 잭이 돌아왔군."

"다시 보니까 좋네, 디. 나는 출근했다고 보고하러 가볼
게."

"그래, 잭. 가서 인사해."

출입카드로 문을 열고 사무실로 들어갔다. 그러고는 무심결에 사건 관련 서류와 소환장, 검찰 측에서 보낸 기록 들을 확인하러 우편함에 갔다. 물론 내 우편함은 텅 비어 있었지만, 다행히 내 명패는 아직 달려 있었다. 우편함 옆의 식수대는 여전히 망가진 채 포장용 테이프로 칭칭 감겨 있었다. 접수 데스크에서 들려오는 소음도 예전과 똑같았다. "제기랄, 변호사 불러오라고! 법률구조협회 도움이 필요하다고!" 악을 쓰는 사람을 대릴이 열심히 달래고 있었다. 대릴이 늘 겪는 일이다.

출입문 반대쪽의 사무실 안쪽에서는 변호사들이 자신의 의뢰인과 상대 검사에 대해 나지막이 투덜거렸고, 이따금 성깔 있는 변호사들은 전화로 의뢰인을 야단치고 있었다. "그린 씨, 고작 봉사활동 이틀이에요! 이틀! 그거 하면 기각한다잖아요! 형사 사건인 거 몰라요?" 나는 심호흡을 한 번 했다. 여기서 미적거려야 좋을 것이 없다. 상사를 만나러 갈 시간이다.

복도에서 모퉁이를 꺾으면 상사의 시야에 곧장 들어가게 될 텐데, 그 대신 나는 유턴해서 로비로 돌아가서 화장실로 향했다. 213. 천만다행으로 화장실 비밀번호는 똑같았다. 이건 실수야. 완전 실수라고. 나는 주머니에서 휴대전화를 꺼내고 B로 시작하는 이름을 넘겨서 버드를 찾았다. 캔자스에서는 아침 8시 30분이었다. 엄마 교실에 학생들이 우르르 들어오고 있을 것이다. 통화연결음이 한 번 울리자마자 엄마는 전화를 받았다. 내가 뉴욕으로 돌아오고서부터 엄마는 휴대전화를 신체 부위처럼 늘 가까이 두었다.

"고릴라, 보고할 게 있나요?"

"고릴라, 사무실에 출근했습니다."

"등교 첫날이구나? 힘드니?"

"힘들어" 나는 억누르고 있던 감정을 쏟아냈다. 흐느끼고, 숨을 헐떡이고, 다시 흐느꼈다. "여기 오는 게 아니었어. 말도 안 되는 생각이었어. 난 정말 멍청이야. 빌어먹을 멍청이라고. 사람들을 볼 준비가 아직 안 됐어."

"전사들은 계속해서 전진하지. 넌—"

"전사 아냐! 전사 아니라고. 전진 못 해."

"넌 멀리 뛰고 있어, 고릴라. 고작 석 달 전에 정신병원에 갇혀 있었는데, 지금 네가 어디 있는지 생각해봐. 사무실로 돌아왔어. 넌 아직도 변호사야. 지금 아주 힘들고 대단한 일을 하고 있어."

"집에 가고 싶어."

"가도 되잖아, 아니야?"

"굳이 따지면, 그렇지."

"네가 가고 싶으면…"

"당연히 가고 싶지. 하지만 그건 바보 같지? 이 사람들 무서워할 필요 없지?"

"누가 널 무섭게 했니? 뭐가 무서워?"

"사람들 다. 전부 다 무서워. 매 순간. 전철이랑 막힌 공간. 사무실 복도를 돌아다니는 것도 무섭고, 다들 날 힐끔거릴 거잖아. 미친놈이 돌아왔네, 이렇게 생각하면서."

"엄마 고릴라가 가서 그놈들 혼내줄까?"

버드는 기꺼이 그렇게 했을 것이다. "아냐. 웃기지 말라고 해. 다들 꺼지라고 해. 할 수 있어?"

"넓은 고릴라 가슴을 활짝 펴고, 반창고 찢듯 다 찢어버려. 필요한 거 있으면 바로 엄마한테 전화해."

나는 눈물을 닦고 화장실 개별 칸에서 나와 찬물로 세수했다. 긴장한 거 티 내지 마. 전사들은 계속해서 전진하지. 나는 거울을 들여다봤다. 괜찮아. 정상으로 보여. 넌 정상이야. 그다음에 있는 힘껏 내 뺨을 후려쳤다. 게임 시작이다.

다시 출입카드로 문을 열고 들어갔다. 2차전이 시작되었다. 법률 보조원이 모여 있는 곳을 지나치며 쉴리와 재너에게 친근하게 손을 흔들었다. 두 사람이 미소로 화답했지만 나는 멈추지 않고 계속 걸어갔다. 새삼스럽게 행동하지 않기로 했다. 상사의 사무실 몇 걸음 앞에서 내가 그를 먼저 보았다.

"배리." 나는 두 손가락 거수경례로 인사했다.

"맥더멋 씨! 아이고, 이 사람 보게. 어쩐 일이야? 완전히 돌아왔나?"

"예, 그런 거 같아요." 내가 말했다.

"아, 잘됐군, 잘됐어. 자네가 다시 와서 기쁘네."

"고마워요, 저도 팀장님 다시 보니까 너어어무 좋네요."

"하나도 안 변했군."

내가 농담으로 빈정거리자 배리도 긴장을 조금 푼 것 같았다. "그럼 내가 윗분들께 연락해서 절차가 어떻게 되는지 물어보지. 의사 소견서 가지고 왔어? 아마 그게 필요할 거야."

"제길, 소견서 받았는데." 정말이다. "깜박하고 안 가져온 거 같아요." 나는 아침에 토할 것 같은 기분으로 간신히 집에서 나오느라 소견서를 깜박했다는 사실은 생략했다.

"그래, 일단 던한테 전화해서 어떻게 해야 하는지 물어볼게. 제니가 쓰던 자리가 비어 있을 거야. 자네가 지금도 우리 팀인지는 모르겠는데, 만일 그렇다면 아마도 그 사무실을 줄 거야."

"네?"

"자네가 돌아와서 정말 기쁘네. 기다려봐. 던한테 연락해볼게."

"알겠습니다."

베리와 이야기하자 용기가 솟았다. 배리는 나를 봐서 진심으로 기쁜 듯했다. 그보다 중요한 사실은, 나를 보는 시선이 달라지지 않았다는 점이다. 나는 임시 사무실로 들어갔다. 원래 내 사무실보다 격하되었다. 전에 쓰던 사무실에서는 목을 길게 빼면 자유의 여신상을 얼핏 볼 수 있었는데, 여기서는 목을 길게 빼면 눈이 시린 형광등 조명을 받고 있는 베이지색 벽과 커다란 베이지색 캐비닛을 얼핏 볼 수 있었다. 1시간쯤 뒤에 베리가 다소 심각한 표정으로 사무실에 들어왔다. "던이랑 얘기했어. 그런데 말이지, 의사 소견서가 필요하다고 하네."

"그렇군요." 내가 말했다.

"사실 그게 없으면 사무실에 있을 수 없어. 그래서… 소견서를 가져올 때까지는 건물 밖에 나가 있어야 할 것 같네."

"팩스로 보내면 안 될까요? 지금 의사한테 전화할게요. 연락이 닿으면 곧바로 보내줄 것 같은데요."

"미안해. 하지만 그것 없이는 건물 안에 있을 수 없어."

"네, 괜찮아요."

"절차 문제라서."

"그게 방침이니까요." 나는 배리가 정한 방침이 아니라는 것을 알고 있음을 보여주려고 애썼다.

겉옷을 챙겨 입노라니 안도감과 낙담이 동시에 몰려왔다. 집에 갈 수 있어서 좋았지만, 내 의지와 무관하게 떠밀려 나가는 것이니까. 정신질환이 암이나 당뇨와 다름없는 질병일 뿐이라고 다들 입바른 소리를 한다. 하지만 이민 부서의 테리사가 항암 화학요법을 받고 복귀했을 때 의사 소견서가 없다고 사무실 밖으로 내몰리진 않았을 거라는 생각이 들었다. 아니, 의사 소견서를 요구하기나 했을까? 짧게 자란 머리, 그리고 똑바로 서 있다는 자체만으로 복귀할 준비가 되었다고 받아들이지 않았을까? 소견서를 요구하는 것이 단순히 관료적 절차라고 생각되지 않았다. 내가 제정신임을 증명하라는 말로 들렸다. 자네가 돌아와서 기쁘네. 그런데 말이야, 자네가 미치지 않았다는 보증서가 필요하네.

이쯤에는 사무실 사람 전체가 복도에서 바글거리고 있었다. 티 나게 두 번 힐끔거리는 눈길에 예의 바른 미소와 "다시 봐서 좋다."라는 인사가 뒤따랐다. 나는 전시대에 세워져서 구경당하는 기분이었다. 몇몇 사람은 내가 복귀하지 못할 거라 예상한 게 분명했다. 사무실에서 나가면서 나는 더는 사람들과 시선을 마주치지 않았다. 그냥 점심 먹으러 가는 것처럼 나가. 아무렇지 않게. 대체 내가 뭘 기대했던 거지? 카디건 말쑥하게 차려입고 짜잔, 하고 나타나면 사람들이 내가 미쳤다는 것을 잊어버리리라 기대했나? 대부분 국선변호인들은 쉽게 남을 판단하지 않지만, 그렇다고 우리가 직장에서 남들 험담도 안 하는 고결한 사람들이란 뜻은 아니다. 오늘 사람들이 무슨 얘기를 할지는 뻔했다. 맥더멋이 돌아왔다며? 법정에 서도록 허락할까? 제정신은 돌아온 거야? 집에 돌려보냈대.

사무실에 복귀한 첫 주 후반에 배리가 쓴소리를 하러 찾아왔다. 줄곧 예상하던 일이었다. 다소 무안한 표정으로 배리는 내가 '떠나 있는' 사이에 사무실에서 인사평가를 했다고 말했다. 내가 실제로 사무실을 떠나 있던 때인지 아니면 내 제정신이 떠나 있던 때인지, 아니면 그 두 가지에 다 해당하는 기간이었는지는 불명확했다. 나와 배리는 적대감이라고는 추호도 없는 눈싸움에 돌입했다. 배리는 아마 이렇게 생각하고 있었을 것이다. 아이고, 나 좀 도와주게. 내가 이걸 진짜 말로 해야 하겠나? 나는 배리 심정을 이해했다. 내가 저지른 모든 잘못을 조목조목 언급해야만 하는 배리의 중간관리 역할이 안타까웠다. 베리가 과연 어떻게 서문을 열지 짐작해보았다. 그러니까, 음, 회식에서 옷을 벗는 건 삼가게나. 우리 모두 다 봤으니까. 부탁인데 매일 두 시간씩 지각하지 말고, 꼬박꼬박 출근하게. 스물여섯 살짜리 변호인이 모히칸 스타일 머리를 하고 나타나면 일흔 살 초범자가 어떤 기분일지 고려해주게. 아, 그리고 2주나 무단결근한 다음에 나한테 양키스 경기 시즌권 빌려달라고 이메일 보내지 말고.

배리는 좀더 진지한 방법을 택했다. 꾸중에 능한 사람들이 대부분 그러하듯이 배리는 일단 칭찬으로 운을 뗐다. "자네는 훌륭한 법정 변호사가 될 자질이 충분해. 판단력이 좋고 사람들을 잘 파악하지. 거짓말을 날카롭게 식별하고, 카리스마도 있어. 하지만…" 이런 상황에서는 '하지만' 전에 나온 말들은 별로 의미가 없다. "자네는 재판 준비가 미비하고, 일을 대충대충 하고, 서류는 뒤죽박죽인 데다가, 음성 메시지함이 몇 달 동안 꽉 차 있었지. 매일같이 지각하고, 1년 동안 명령 신청서를 달랑 한 장 제출했어. 잘 썼지만, 어쨌든 한 번뿐이었어. 자네가 재판을 이긴 건 좋다, 이거야. 하지만 솔직히 말하면, 그건 쉬운 사건이었어. 자넨 사건을 제대로 조사하지도 않았는데 운 좋게 호의적인 판사를 만났고, 중요한 요점에서 상대편을 제대로 눌러버렸지. 한데 우리가 하는 일에서 한판 승부는 중요하지 않아. 우리는 잽으로 이겨야 한다고. 재판 기록을 다시 한번 읽어보게. 중요한 사건에서 결정타가 되었을 이의를 적어도 열 개는 놓쳤어."

모두 사실이었다.

그때 나는 정신착란성 범죄가 확실한 사건에 이해심이 많은 판사를 배정받았다. 나는 '내'가 저지른 잘못을 변명하지 않기로 했다. 내가 어떤 상태였는지 배리는 알고 있었으니까. 배리는 법률구조협회에 뼈를 묻은 사람이었다. 35년 넘게 배리는 가난하거나 정신질환이 없었으면 범죄를 저지르지 않았을 사람들에게 선처를 베풀어달라고 부탁하는 일을 해왔다.

어떤 삶의 여정에는 정신병원이라는 정차역이 포함되어 있다는 사실을 배리는 알았다.

나는 모든 항목에 유죄를 인정했다. 그리고 책임을 지고자 했다. 내가 모두를 실망시켰다는 것을 안다고 말했다. 몹시 창피하며, 아직 내게 일자리가 있다는 것이, 또 정신질환 진단 및 통계 편람을 이해하는 사람들과 함께 일하는 것이 얼마나 큰 행운인지 안다고도 말했다. 또한 내가 아팠다고, 많이 아팠다고 말했다. 그렇지만 이제 나아졌다고.

"들어보게." 배리가 말했다. "여기는 스캐든 압스나 그 부류의 법률 회사처럼 잘나신 분들이 유세 떠는 곳이 아니야. 여긴 법률구조협회라고. 우리 전부 살짝 맛이 갔지. 이 일을 시작하기 전에는 멀쩡했더라도 그만둘 즈음엔 그렇게 되어 있어. 이곳 사람들 대부분이 과거에 엄청난 트라우마를 겪었다고. 우리는 언더독이야. 그래서 이 일을 하는 거고."

"맞아요."

"잘 돌아왔네. 상사 놀이는 여기까지. 위에서 1년에 두세 번은 꼭 시키거든."

매일매일 출근하기가 금세 쉬워지진 않았다. 다시 내 자리를 찾으려고 나는 한때 마일스를 연기한 것처럼 이제는 다른 인물을 연기하고 있었다. 변호사 재커리 마일스 맥더멋 씨는 이런 사람이었다. "아휴, 이제 라떼 한잔해야겠는데?" "어젯밤에 〈브레이킹 배드〉 봤어?" 커피 타임을 갖자는 말에 누가 "맥주 타임이라고 해야겠지."라고 받아넘기면, 그 사람이 정말로 오후 3시에 맥주를 마시는 사람이 아니라는 걸 알면서도 웃었다. 동료들이 판검사와 늘 겪는 이야기를 되풀이할 때 귀를 기울였고, 불평등한 시스템에 대한 진부한 이야기에 끌끌 혀를 찼으며, 흔해빠진 변호사 우스갯소리에 배를 잡고 웃었다. 동료들의 부탁을 선선히 들어주었고, 누군가에게 도움을 받았을 때는 "아, 네가 날 구했어. 너밖에 없다!" 등의 말을 했다. 한번은 심지어 "이 정도 추위는 껌이지?" 이런 말도 했다.

그렇게 6개월이 흘러갔다. 담당 사건이 89건에서 0건으로 줄어들었으므로 대개 나는 법정에 불참할 사정이 생긴 동료들의 대타를 맡았다. 관련자 모두에게 골치 아픈 엉터리 시스템이다. 관례에 따라 대타 변호인들은 피고인석에 나란히 서기 전까지 의뢰인을 만나지 않는다. 60초 뒤에 나는 영문을 몰라 어리둥절한 의뢰인에게 다음 재판일이 적힌 노란 종이를 건네주고 있고, 옆에서는 법정 경찰이 아무 이유도 없이 신경질적인 큰 목소리로 "피고석에서 나오세요!"라고 소리치고 있었다. 나는 더 많은 일을 하고 싶었다. 복도로 가서 모든 의뢰인에게 수색 및 압수에 대한 수정헌법 4조가 현대사회의 강제신체수색권에 어떻게 적용되는지 낱낱이 설명해주고 싶었다. 한데, 빌어먹을, 나는 동료 80명의 서류를 검토해야 했고, 대부분 의뢰인들은 자기 사건이 그날 재판에 부쳐질지, 아니면 그냥 법정에서 죽을 각오를 해야 하는지를 알고 싶어 했다. 따라서 나는 기다려요를 뜻하는 만국 공통의 손짓으로 검지를 세우고, "변호사! 변호사! 잠시만요!"라고 외치는 사람들이 안 보이는 척하는 편이 쉬웠다.

그럴 때를 제외하면 나는 사무실에 앉아서 세상이 더 많은 인터넷을 만들기를 기다렸다. 나 자신에 대한 비웃음이 터져 나왔다. 내가 기운차게 돌아와서 곧바로 다시 중요한 일들을 해낼 거라고 믿다니, 얼마나 순진한가. 당시에 내게 불타오르는 열의는 행정처리 공무원의 혈관에 흐르는 아드레날린만큼이나 무용했다.

퇴근하고 집에 오면 문턱을 넘기가 무섭게 잠들었다. 점심시간이 지나면 곧 해가 기우는 2월이라 다행이었다. 아무리 겨울이라도 오후 5시 30분은 하루를 마감하기에 좀 이른 시간이다. 두어 시간마다 잠이 깨면 다시 눈을 꾹 감고 잠이 오길 기다렸다. 자는 동안에는 세상이 나를 건드릴 수 없으니까.

나는 라믹탈이 곧 약효를 발휘해서 세로토닌 수치를 올려줄 거라고 스스로를 위로했다. 졸로푸트가 고등학교 때 도움이 되었던 것처럼 말이다. 그래미상을 받은 크리스천 록 밴드 크리드의 음악을 차에서 들으며 엉엉 울던 잭이 꼬박꼬박 숙제하고 축구 연습 뒤에 자발적으로 달리기 연습을 하는 잭으로 바뀌었던 것처럼. 그때 그 녀석은 어디에 있을까? 그 소년은 분명 내 속 어딘가에 존재할 테지만, 아무리 머리를 쥐어짜도 성이 기억나지 않는 어린 시절 친구처럼 아득하게만 느껴졌다.

그러다 사람들이 외로울 때 흔히 하는 착각이 머릿속에 뿌리를 내렸다. 즉 여자친구가 필요하다는 생각이 들었다. 예전 독일인 룸메이트와 내가 서로 깊이 사랑했었다는 어처구니없는 상상을 하기 시작했고, 한술 더 떠 그 애를 다시 만나기만 하면 나를 사랑하게 만들 수 있다고까지 믿었다. 나는 계속해서 문자를 보냈다.

간단히 아침만 같이 먹을래? 무응답.

그냥 이야기가 하고 싶은 거야. 무응답.

절대 귀찮게 안 할게. 무응답.

독일인들은 참 냉정하구나. 무응답.

내가 조금도 안 보고 싶어? 무응답.

집에서 홀로 맥주 일곱 캔을 해치우자 아이디어가 떠올랐다.

당장 만나서 할 이야기가 있어. 긴급상황이야. 나 헤르페스 보균자래.

그제야 응답이 왔다. 너 진짜 쓰레기구나. 어쩌자고 이러는 거야?

내 의도는 꽤 명백하지 않았나. 아침만 같이 먹을래?

끝내 우리는 아침을 같이 먹지 않았다.

삶이 엿 같이 지루했다. 보비 프린스가 불어 넣어준 잠재적 에너지가 조만간 운동에너지로 전환되지 않으면 사무실에 흔한 늙은 술고래 국선변호인으로 커리어를 마감하리라는 생각이 들었다. 4시 58분에 코트를 꿰입고, 59분까지 시계를 주시하다가, 5시 땡 치는 순간 750밀리리터들이 보드카 병을 서류가방에 챙겨 사무실을 나서는, 치아가 팝콘 껍질 색으로 변할 때까지 멘솔 담배를 피워대는 국선변호인. 우리 직업은 꾀를 부리려고 작정하면 얼마든지 부릴 수 있는 데다가 열정이 없으면 교회 예배만큼이나 따분하다.

　매일같이 나는 어깨는 뭉치고 별 이유 없이 더러운 기분으로 퇴근했다. 늘 같은 상대와 똑같은 싸움을 형태만 조금씩 바꿔서 하는 기분이었다. 사방에서 일직선으로 세게 날아오는 펀치의 느낌도 비슷했다. 내 기운을 쫙 빼놓는 것이 집단 구류일까? 아니면, 경범죄를 마흔세 번 저지른 지적장애인에게 지난번 30일 수감이 효과가 없었으니 이번엔 60일을 살아보라고 한 판사인가? 아니면 재수 없는 개인 변호사들인가? 그중 한 명은 기능성 구두를 신고 겨드랑이에 땀이 밴 재킷과 뒷자락이 비어져 나온 셔츠에 칠리 국물로 얼룩진 넥타이를 매고서는, 자기 의뢰인에게 "나는 국선변호인이 아니라고요, 알아듣겠어요? 개인 변호사라고." 말하고 있었다. 이봐요, 형씨, 누가 보면 희대의 변호사 조니 L. 코크런 주니어가 부활한 줄 알겠소. 이 변호사는 잠시 후 생뚱맞게도 이렇게 소리치고 있었다. "이러니까 백인 여자들이 당신이랑 안 자는 거야, 빌어먹을 양아치 건달 같으니라고." 이 모든 비참이 다 함께 피를 흘린다. 의뢰인에게 동정심을 느끼지만, 동정은 경멸의 다른 얼굴이기도 하다. 심지어 평탄하게 일을 끝마친 날에도 머릿속 깊은 곳에서는 끝없는 대립과 고통이 들끓는다.

　하지만 때때로 우리는 기억에 오래 남고, 직업상의 의무를 넘어 더 많은 도움을 줄 수 있을 듯한 의뢰인을 만난다. 나는 사건기록 파일을 열어서(우리 사무실의 똥똥 1987년산 MS DOS에 저장되어 있다) 얼 밀러 주니어를 성명란에 입력했다. 얼의 사건이 종결되었을 거라고, 정신질환 및 장애로 분류되

212

어 종결되었을 거라고 예상했다. 물론 내가 얼을 마지막으로 본 4개월 전 그날 이후로 몇 가지 사건에 더 휘말렸을 가능성은 다분했다. 그날 얼은 법정 경찰에게 발목을 붙들린 채 끌려갔다. 나갈 거라고, 빌어먹을! 그런데 의외로 얼의 사건은 여전히 진행 중이었다. 나를 대신한 변호인은 알리나리 K. 대체 왜 아직도 안 끝났지? 정신장애 판결을 받기가 원체 어렵긴 하지만, 얼은 방화 협박을 단순히 집주인-임차인 문제라고 생각한 사람이다.

나는 알리나리의 사무실 문을 두드렸다. "내 사건 맡았어?"

"매디, 네 사건 스무 개는 맡았어."

"미친 사람 맡았어? 그—"

"그중 열아홉 명이 미친 사람이었어. 말해봐."

"얼." 내가 말했다.

"밀러 주니어?" 알리나리가 말했다.

"그래, 그거 어떻게 된 거야? 내가 정신장애로 처리한 줄 알았는데."

"맞아."

"그 사람이 정신장애가 아니라고? 진짜?"

"아니라고 판결이 났어. 누가 봐도 정신장애가 맞지만." 알리나리가 말했고, 나는 무슨 뜻인지 제꺽 알아들었다.

"그럼 아직도 라이커스에 갇혀 있어?"

"응."

"맙소사, 진짜?"

"맙소사, 진짜." 알리나리가 말했다. "정신장애가 아니라고 판결이 나버렸어. 몇 달이나 형량 협상을 받으려고 애썼는데, 마지막 재판에서 아리아가 판사가 얼을 법정에 들여보내주지도 않았어. 형량 협상으로 끝나게 다 준비해놓았었어. 어차피 형기는 기다리면서 다 채웠으니까 유죄 인정만 하면 바로 나갈 수 있었지. 진술하려고 네 번이나 시도했는데, 얼은 구치소에 있을 때는 다 알아들은 것 같다가 다음 순간에는 나한테 멍청한 개년이라고 외치면서 재판정을 싹 다 불태워버리겠다고 소리소리 지르잖아."

"어떻게 방법이 없을까? 730을 다시 받을 수는 없어? 재판을 앞당기거나?" 내 입에서 법률 용어가 흘러나오는 기분이 좋았다. 다시 진짜 변호사가 된 기분이었다.

"730을 재신청할 수 있는지는 모르겠어. 해본 적이 없거든. 위층에 한번 가봐. 특별소송위원회에 물어봐야 해." 알리나리가 말했다. "어쨌든 얼은 3일 뒤에 재판이 또 있어. 그러니까 어떻게 해서든지 5분만 진정시켜서 유죄 인정하는 편이 빠를 거야."

나는 법정에 동행해도 되냐고 알리나리에게 물어봤다. 물론 얼이 '익숙한 얼굴'을 보고 문제를 일으키지는 않을지 불안하긴 했다. 십중팔구 나를 알아보지도 못하겠지만, 만에 하나 알아보면 나쁜 기억이 다시 떠오를지도 모른다.

"드링크워터를 데려가기로 했어. 형량 협상의 일인자거든." 알리나리가 말했다. "그래도 안 되면 특별소송위원회가 어떻게 도와줄 수 있는지 알아보자. 너무 걱정하지 마. 별일 아니야. 이번 주에 점심이나 같이 먹자. 나 10분 뒤에 라이커스에 전화해서 스물일곱 살짜리 상습범이랑 통화해야 해. 두 명을 쐈는데 증인이 있고 자백도 했어. 20년에서 무기징역이야."

"잘해봐."

20년에서 무기징역. 국선변호인이라는 직업에서 최고로 살 떨리는 순간이다. 한 세기의 4분의 1이 걸려 있다. 이런 골을 지키는 골키퍼가 되고 싶지는 않다. 법정에서 한 청년에게 수갑 채우는 광경을 처음 봤을 때 나는 토할 뻔했다. 그 청년은 비자발적 영장 출두로 잡혀 왔다. 즉 그가 재판 당일 법정에 출두하지 않아서 경찰이 체포영장을 받아 판사 앞에 끌고 왔다는 뜻이다. 애초에 죄목은 전철 부정승차였다. 이런 식으로 재판에 나오지 않으면 대개 판사가 새로 재판 날짜를 잡거나 봉사활동을 시킨다. 그런데 이날 윌슨 판사는 이 젊은이에게 형기를 선고했다. 어쩌면 신입 변호사들이 법정 맨 앞자리에서 참관하고 있어서였는지도 모른다. 하여간에 그 청년은 아무리 노력해도 깨끗해질 가능성이 수십 년 전에 사라진 뉴욕시 전철의 청소 사회봉사를 땡땡이쳤다는 이유로 15일간 수감되었다. 법정 경찰들이 청년에게 수갑을 채우고 유치장으로 끌고 갔다. 그 자리에는 청년의 가족도, 친구도 없었다. 검사는 청년을 부정승차 상습범이라고 부르며, 과거에 그런 범죄를 무려 세 번이나 저질렀다고 씩씩댔다. 한 번 할 때마다 2달러×4번 부정승차=8달러. 즉 뉴욕시는 8달러를 손해봤다. 그리하여 흰 수염을 늘어뜨린 늙은 백인 판사가 흑인 청년에게 쇠고랑을 채워서 끌고 가라고 명령했고, 한 번만 봐 달라고 울부짖는 청년을 덩치 큰 경찰 두 명이 히죽거리면서 끌고 갔다. 그 청년이 브루클린 구치소를 또다시 방문하게 되리라는 것은 기정사실이다. 그가 고등학교를 과연 졸업할 수 있을지, 유기농 닭가슴살에 구운 병아리콩과 케일을 곁들여 먹게 되는 날이 과연 올지, 나는 자신할 수 없다. 도시에 8달러나 손해를 끼쳤다니, 냉큼 우리로 들어가라.

벌써 넉 달째 교도소에 있는 얼은 그때껏 내가 변호한 의뢰인 중 가장 긴 형기를 살고 있었다. 기소인부절차에서 나 말고 다른 변호사를 배정받았다면 얼의 운명이 달라졌을지 궁금했다. 어쩌면 다른 신입 변호사가 설득력 있는 명령 신청서를 써서 얼을 빼내주었을지도 모른다. 그런데 나라는 변호사는 얼이 가야 하는 병원에 대신 가서 쉬고 있었다. 그래서 이제 얼은 뉴욕시 최대 규모의 정신병원에 갇혀 있었다. 라이커스 아일랜드 교도소. 우리가 처음 만났을 때 얼은 자신이 곧 집에 갈 수 있다고 굳게 믿었다. 나갈 거라고, 빌어먹을. 얼은 믿어 의심치 않았다. 그러나 이제는 폭동진압용 장비를 장착한 남자들이 소형 소화기와 페퍼 스프레이를 허리춤에 차고 주변을 순찰한다. 잠을 자려고 하면 쥐들이 몸에 기어오를 것이다. 모르긴 몰라도 다른 수감자들이 얼을 이용했을 것이나. 얼은 미치기만 한 게 아니라 지적장애도 있는 것 같았으니까. 얼이 소동을 일으키면 교도관들이 카메라가 없는 곳으로 데려가서 구타했을까? 수많은 의뢰인이 말했다. 라이커스 아일랜드 교도소에서 가장 공포스러운 존재는 교도관들이고, 정신질환이 있는 수감자들이 자주 표적이 된다고.

나는 얼의 사건에서 내가 변호사로서 의무를 다했고, 얼이 지난 넉 달 동안 라이커스에 갇혀 있던 게 내 탓이 아니란 사실을 알기는 했다. 유능한 알리나리도 여태껏 얼을 빼내지 못하고 있었다. 그렇지만 내가 언젠가 더 큰 책임을 지는 자리로 올라가서 중범죄를 저지른 사람들을 변호하고, 며칠이 아니라 몇 년이 걸리는 사건을 맡으려면, 나는 무능력을 고백하고 원하지 않지만 물어야 하는 질문을 던져야 할 것이다. 그게 싫으면 평생 경범죄만 다루면서 얕은 물에서 노닥거리거나. 배짱이 필요하지 않을 테니까.

슬프고 지루한 직업과 더 슬프고 지루한 삶과 5시 30분 취침시각에 끝내 진저리가 났다. 예전의 내 모습이 그리웠다. 마일스가 나타나기 전 내 삶이 그리웠다. 심지어 또라이 마일스도 그리웠다. 벨뷰 정신병동에 갇히기 전에 내가 마우이섬에서 거대한 파도를 타고 있었다면, 이제 나는 인공 소독한 호숫물에서 개헤엄을 치는 신세였다. 내 상황을 되짚어보았다. 그리고 밤마다 버드랑 통화하는 것보다 좀더 풍부한 인간관계가 필요하다고 결론을 내렸다.

정신병동에 수용되기 전의 내 삶에서 남은 것이 있다면, 그건 바로 조너스 제이콥슨이다. 나는 버지니아 주립대학교 로스쿨에서 조너스를 만났다. 선배 졸업생인 그는 당시 국선변호인이라는 직업에 대해 강의를 하러 왔었다. 강의를 시작하기 전에 조너스는 칠판에 14만 5,000달러라는 금액을 적었다. 무슨 뜻인지 모두 알았다. 사기업에서 신입 변호사에게 주는 평균 연봉이다. 그다음에 조너스는 맨 앞의 숫자 1을 지웠다. 칠판에는 4만 5,000달러가 남았다. "저게 국선변호인입니다." 조너스가 말했다. "이 커리어를 시작하기 전에 자기 자신에게 물어보세요. 본인이 소비를 얼마나 좋아하는지. 얼마나 많은 것을 필요로 하는지. 14만 5,000달러는 엄청난 돈입니다. 그걸 포기하기 전에 잘 생각해보세요." 조너스는 얼마 안 되는 자신의 경력에서 세 번 경험한 무죄 판결에 대해 10분가량 이야기했다. "세 번 이겼습니다. 누군가에게 자유라는 선물을 건네준 거예요! '자, 끝났어요.'라고 말하면 그들은 가족에게 돌아갈 수 있어요." 당연히 조너스는 장발이었고, 손목에는 페루산 구슬 팔찌를 차고 있었다. 조너스는 끊임없이 머리를 귀 뒤로 넘겼고, '열성적인 변호'라는 표현을 네 번이나 썼다. 조너스가 굉장히 멋진 사람인지 아니면 엄청난 허세남인지 헷갈렸지만, 그때 나는 국선변호인이 되겠다고 마음먹었다. 연봉 5만 달러로 뉴욕에 살 수 있냐고 물어보자 조너스는 "나는 살아 있네."라고 답했다. 내가 법률구조협회에 지원하는 절차를 밟는 동안 우리는 꾸준히 연락했고, 조너스가 나를 브루클린 사무실로 이끌었다. 나는 조너스 덕분에 브루클린 국선변호인이 되었다.

내가 법률구조협회에 입사했을 당시에 서른한 살이었던 조너스는 형제 두 명과 닥터 알이라는 룸메이트와 이스트빌리지 아파트에 살면서 부엌에 1인용 매트리스를 깔고 잤다. 조너스가 이제는 파혼한 여자와 잠깐 동거하는 사이에 동생이 그의 방을 차지했기 때문이다. 조너스의 동생은 대마초를 거래했다. 형은 하버드 로스쿨을 졸업한 백수였다. 형의 대학 시절 룸메이트인 닥터 알은 서른여섯 살이었는데, 진짜 의사였고 열여섯 살짜리 딸이 있었다. 닥터 알은 딸이 자고 갈 때를 대비해 방에 이층침대를 두었다. 그야말로 터무니없는 상황이었지만 내 마음에 쏙 들었다. 조너스는 부엌에 '부엌방'이라는 이름을 붙이고, 부엌에서 살면 좋은 점을 자주 설파했다. "월세를 안 내도 되고, 한밤중에 오줌이 마려우면 그냥 일어나서 싱크대에 누면 돼. 전용 독서등이 있고, 일요일 아침엔 누워서 『뉴욕타임스』를 읽을 수 있어. 난 아무것도 소유하지 않아. 정말 아무것도. 더구나 부엌방에서도 섹스할 수 있어. 난 늘 하는걸." 조너스가 워낙 진지하고 열성적으로 말해서 이따금 나는 나만의 부엌방이 없는 것이 아쉬웠다. 그러다가 부엌방이라는 것이 결국 1평도 안 되는 지저분한 부엌 바닥이라는 사실을 깨달았다. 공짜 월세는 시장가격보다 조금 센 듯했다.

한번 만나자는 조너스의 제안을 계속 거절하면서도 나는 그가 그리웠다. 조너스는 내가 힘든 시기를 겪고 있다는 것을 이해했으므로 자기 초대를 거절한다고 기분 나쁘게 생각하지 않았다. 그렇지만 한번은 만나야 할 것 같았다. 그래서 초봄 어느 날 조너스가 하우스 파티를 연다길래 나는 마음을 다잡고 집을 나섰다.

파티에 도착하자마자 도로 집에 가서 침대 안으로 기어들고 싶었다. 너무 시끄러웠고, 너무 복작거렸고, 다들 너무 즐겁게 놀고 있었다. 검은색 가죽을 뒤집어쓰고 소파와 합체할 수는 없을까 고민했다. 그때까지는 대마초를 참는 게 딱히 어렵지 않았지만, 이제 방 안에 자욱한 대마초 냄새를 맡으니 냄새만으로도 기분이 붕 뜨는 것 같았다. 한 시간 정도 파티에 있다보니 이런 생각이 들기 시작했다. 딱 한 번 피운다고 내가 갑자기 하늘로 치솟겠어? 어차피 땅에 붙어 있어서 좋을 게 뭐야? 닥터 싱도 대마초가 정신증을 유발했다고 단정할 수는 없댔어. 물론 끊는 게 좋다고는 했지. 한데 그런 식으로 치면 음식도 적당히, 채소만 먹어야 하잖아. 나는 45분 동안 맥주 한 캔만 홀짝거리다가, 다섯 번째로 대마초가 내 앞에 왔을 때 말했다. "제길, 모르겠다. 줘봐요."

그리고! 아무 일도 일어나지 않았다. 나는 대마초에 취했다. 술에도 취했다. 나는 사람들에게 랜디 백부와 주방세제로 샤워를 하고 변기 옆에 늘 1갤런들이 생수통을 보관하는 그의 버릇에 대해 농담했다. 왜 그랬는지는 모르겠다. 어쨌든 나는 5분간 좌중을 장악했다. 분위기 메이커가 되는 것이 얼마나 즐거웠는지 문득 기억났다. 다음 순간 무슨 말을 해야 할지 모르지만 전혀 두렵지 않은 기분. 애인이 없는 듯한 여자 모두와 시시덕거렸고, 비록 그날 밤에 여자와 집에 가진 못했지만 언젠가는 다시 섹스할 수 있을 거라는 자신감을 느꼈다. 남자들이 친구로 삼고 싶어 하는 사람이 된 기분이었다.

벨뷰에서 퇴원한 이래 처음으로 기분이 좋았다. 내 상태를 고려하면 좀 위험하긴 하지만, 나이에 걸맞은 객기를 부렸다. 그래서 나는 비슷한 시도를 계속했다. 나쁜 일이 일어나지 않았다. 나는 조너스와 일주일에 세 번 만나서 바에 가고 여자들과 놀았다. 이따금 섹스하는 것이 정신건강에 어떤 치유력을 발휘하는지 그때 확실히 배웠다. 우울증을 단숨에 녹여버리는 해동 버튼은 찾지 못했지만, 나는 계속 살아갔다. 꽁꽁 얼어붙은 칠면조를 싱크대에 올려놓으면 언젠가는 알아서 녹기 마련이니까. 나는 차차 괜찮아졌는데, 힘든 상황은 대개 그렇게 나아지기 때문이다.

그럭저럭 정상에 가깝게 생활하는 것이 한동안은 더할 나위 없이 만족스러웠다. 그러나 내가 옷장에 처박아놓은 마일스는 아직 죽지 않았다. 한때 나라는 사람 자체를 정의했던 성격을 아예 꺼버리는 건 어렵다. 무대와 창작에 대한 열망은 여전히 가슴에 남아 있었지만, 그것이 두려웠다. 마이크나 펜을 손에 쥐는 것이 대마초를 처음으로 다시 피우는 것보다 훨씬 위험하게 느껴졌다.

그러나 나는 시도해야만 했다. 규칙을 세우고 그것에 따라 시도하기로 했다. 밤을 새워가며 코미디 각본이나 글을 쓰지 않기. 이 항목은 무언가 떠오르면 새벽 3시에도 곧바로 일어나서 적으라는 코미디언의 규칙에는 어긋나지만 말이다. 새벽 3시에 무언가를 반드시 써야 한다면, 구구절절 문장으로 쓰는 대신 간단히 요약하기. 정말 좋은 아이디어였다면 이튿날 아침에 봐도 말이 될 것이다. 대마초는 일주일에 일곱 번만 피우기. 아니, 두 번만. 어쨌든 당장은. 그리고 자정이 지난 뒤에는 피우지 않기. 느낌이 오기 시작하면 그때 바로 멈추기. 과대망상이나 상상으로 노력을 대체하지 않기. 남모르게 노력하는 건 부끄러운 일이 아니다.

물론 나는 또다시 광기의 구덩이에 빠질까봐 몹시 두려웠다. 내가 앓은 정신증에 코미디가 어느 정도 책임이 있는지 확신할 수 없었다. 창의력을 85퍼센트까지만 끌어올려도 성공할 수 있을까? 성공하려면 110퍼센트로 노력해야 하지 않나? 잠재력을 발휘하기 위해 살짝 미쳐야 한다면 어떡하지? 정신적으로 안정된 삶을 살려고 그저 그런 수준에 머무르는 것에 내가 만족할 수 있을까? 아니면 기회가 오자마자 나도 모르게 막무가내로 달려들까? 알 수 없었다. 하지만 이런 고민들을 언젠가 하게 되어도 썩 나쁘지 않을 듯했다.

나는 스미스 스트리트의 단골집에서 초밥을 먹으며 조너스에게 계획을 털어놓았다. 조너스는 부드럽게 고개를 가로저었다. "네가 그것 때문에 망가지지 않았어?"

"어쩌면. 나도 모르겠어. 하지만 뭔가 하긴 해야 해. 코미디 공연을 할 수 있을지는 모르겠지만 글을 쓰거나 촬영을 하고 싶어. 다큐멘터리를 만들거나, 심지어 연기를 하거나. 잘 모르겠어."

"그럼 또 날뛰겠다는 거야? 마일스로 둔갑해서 모히칸 머리를 하고 다니고 그런 것들?"

"아니, 하지만 잭한테 어떤 가능성이 있나 보고 싶어."

자신이 아는 것에 관해 쓰라고 흔히들 말한다. 내가 뉴욕의 로어이스트라는 세계와 위치토의 이동식 주택 단지라는 세계 두 가지에 익숙하다는 사실을 프로듀서는 큰 강점으로 여겼었다. 크리스마스가 코앞으로 다가왔고, 나는 이번엔 내 의지로 위치토를 방문하기로 하고 떠날 날을 고대했다. 위치토에는 별별 소재가 차고 넘친다. 나는 조너스에게 같이 가자고 꼬드겼다. 조너스는 맥더멋 집안에서 일어나는 온갖 힐빌리 일화에 대해 들은 적이 있기 때문에 선뜻 승낙했다. 소박한 위치토 시민들이 나의 바람둥이 유대인 친구를 어떻게 볼지 궁금했다. 어쩌면 조너스의 콧수염을 보고 우리를 연인 관계라고 상상할 수도 있다. 조너스가 그들을 어떻게 볼지는 더욱 궁금했다.

그날 오후에 우리는 존 F. 케네디 국제공항에서 위치토 드와이트 D. 아이젠하워 공항으로 가는 항공권을 예약했다.

13

캔자스에서 바람이 세게 부는 날에는 친할아버지 집의 긴 원형 진입로에 들어서자마자 차고 냄새를 맡을 수 있다. 정원 비료, 영양토, 그리고 휘발유 냄새가 뒤섞여 있다. 차고에는 늘 신형 캐딜락이 주차되어 있고(할아버지는 교회에 갈 때나 월세 수금을 돌 때 캐딜락을 타고 간다), 3/4톤 급 쉐보레 트럭 꽁무니에는 7만 5,000달러짜리 낚시 보트가 연결되어 있다. 그리고 GMC 봉고차가 있는데, 그 안에는 대형공구점에서 파는 모든 전동 공구가 들어 있는 듯하다. 내 아빠의 아버지는 부동산으로 한 재산 모았다. 자수성가 부자인 친할아버지는 가난한 촌뜨기로 시작해서 자기 수준의 재산을 모으지 못한 사람을 모두 게으름뱅이라며 경멸했다. 할아버지는 여든 살이 되고부터 기력이 조금 약해지긴 했지만, 여전히 일주일에 여섯 번 자신의 왕국에 시찰을 나간다. 그 왕국이라 하면, 위치토 외곽의 플레인뷰라는 동네에 드넓게 펼쳐져 있는 마약 소굴이다. "지붕 땜질하고, 히터 바꿔주고, 창문 고쳐주는 거다." 할아버지는 매달 1일에 캐딜락을 끌고 나가 월세를 걷어온다. "하루라도 늦게 가면 그새 돈을 써버리니까." 주님이 정한 안식일인 일요일에는 집에 있으면서 날이 캄캄해질 때까지 정원을 가꾼다. 할아버지가 맨손으로 직접 지은 그 집에, 나와 조너스가 바야흐로 들어가려는 것이다.

친가에서 보내는 크리스마스이브는 이렇게 흘러간다. 일단 우리는 사슴 고기로 만든 칠리를 배 터지게 먹는다. 칠리는 맛이 없다. 기름이 둥둥 뜬 채로 부글부글 끓고 있는 완성된 모양새가 가난한 동네의 공립학교 급식을 방불케 한다. 아빠의 의붓형인 프랭크가 칠리를 나눠준다. 모두가 자기 몫을 가져가면 프랭크 백부가 냄비를 겨드랑이에 끼고 돌아다니며 구내식당 요리사처럼 외친다. "더 먹을 사람?" 식탁에 앉은 사람 대부분이 그 칠리를 정말로 더 먹고 싶어 한다. 내 친척들은 마치 교도소에서 막 출소한 것처럼 먹어댄다.

칠리를 배급하기 전에 프랭크 백부는 LSD에 취한 것처럼 냄비를 뚫어지게 들여다본다. 프랭크는 세월에 구애받지 않는 종류의 추함으로 굳어버렸다. 만날 때마다 좀체 나이를 먹지 않는 듯 똑같아 보이지만, 나이를 곱게 먹고 있어서가 아니다. 그의 수염은 눈 바로 밑에서 시작되어 젖꼭지에 닿을락 말락 한다. 남북전쟁이 끝날 무렵에 남부연합 병사가 아마 저런 모습이었을 테지. 언제나처럼 야구모자를 눌러 쓰고 티셔츠를 입었는데, 휘발유와 식용유에 찌든 모자와 티셔츠 모두에서 대머리독수리가 성조기를 찢으며 날아오르고 있었다. 나는 프랭크 백부가 모자를 쓰지 않은 모습을 본 적이 거의 없으므로, 모자 밑에 머리털 한 올 없는 정수리가 숨겨져 있다는 사실을 늘 잊어버린다. 옆통수와 뒤통수에는 더러운 머리를 길게 늘어뜨렸다. 프랭크 백부는 충치가 너무 많아서 마흔다섯 살에 결국 이를 모조리 뽑았다. 이 시술은 할아버지의 생일 선물이었다. 백부는 십몇 미터 떨어진 곳에서 봐도 체취가 고약할 것 같다.

나는 프랭크에게 다가가며 조너스에게 따라오라고 손짓했다. 프랭크 백부는 칠리를 나눠주기 전에 마지막으로 몇 번 더 저으며 멍하니 내려다보고 있었다.

"안녕하세요, 큰아버지. 어떻게 지내요?"

"똑같지 뭐."

"요즘은 무슨 일 하세요?"

"암것도 안 해." 그는 칠리에서 한 번도 눈을 떼지 않았다.

대체로 프랭크 백부는 음식을 준비하기 전에 손을 씻지 않는다. 그의 손톱 밑에 비치는 기름때와 휘발유, 그리고 꺼칠한 손의 주름에 덕지덕지 끼어 있는 때가 어제 것일 수도 있고, 지난주 것일 수도 있다.

친가의 크리스마스 파티에 참석한 친척들 가운데 최소한 다섯 중 하나는 필로폰을 한 적이 있는데, 프랭크 백부는 확실하다.

제러미는(할아버지는 절미리고 부른다) 프랭크 백부의 아들이자 필로폰 복용단의 일원이다. 제러미는 로데오에서 쇼하는 광대처럼 눈 아픈 빨간색 카우보이 셔츠를 페인트 얼룩이 흩뿌려진 청바지에 구겨 넣었고, 바짓부리는 빨간색 부츠에 구겨 넣었다. 그러고서 오른쪽 골반에 콜트 45구경을 장착했

226

고, 벨트 왼쪽에 달린 칼 지갑에는 칼을 두 개 찼다. 내가 인사하자 제러미는 질문으로 대꾸했다. "내가 오늘 맥주 몇 캔 마셨는지 아냐?"

"음, 열두 캔?"

"열여섯. 그리고 위스키 반 컵." 제러미는 자부심으로 얼굴을 빛내며 자랑했다. 그러고는 혀가 전혀 꼬이지 않은 발음으로 멀쩡하게 말했다.

"씹는 타바코 있어?" 나는 있을 것을 알고 물었다.

"당근. 코프 있어. 블랙으로. 줄까?" 제러미가 예의 바르게 권했다.

"고마워. 근데 그건 못 피우겠더라. 감당이 안 되던데"

"그래라. 나만 좋지"

절미는 위스키를 한입 마시는 걸로 크랙 코카인에 취해 있다는 사실을 숨기려 했지만, 청바지 뒷주머니에 영구적으로 남은 흐릿한 동그라미 얼룩만 보아도 그가 상습 복용자임을 알 수 있었다.

사촌 테이터도 이날 왔는데, 여동생이 동양인과 결혼했다는 이유 하나로 지난 5년간 가족 모임에 얼굴을 비치지 않다가 처음 온 것이었다. 이렇게 마음을 열기까지의 과정을 축하해주었다. 테이터는 심지어 어깨의 남부연합기 문신을 지우고 싶다는 소망도 밝혔는데, 하느님이 문신을 지우라고 자신에게 말했단다.

랜디 백부는 나를 보자마자 입에 한 주먹씩 넣고 있던 월마트표 새우칵테일을 내려놓고 달려 나오다시피 했다. 랜디 백부는 보통 사람처럼 평범하게 인사하는 대신 손으로 오케이 사인을 만들고 벨트에 가져다 댔다. "야, 이게 뭔 줄 아냐?" 내가 대답하기 전에 그가 설명했다. "우리 고등학교 때 하던 게임이다. 친구가 지나가면서 이렇게 하면, 니 손가락을 그 구멍에 넣어야 해. 안 그럼 니가 호모란 뜻이야."

"말 되네요." 내가 말했다. "친구가 손가락으로 만든 보지에 자기 손가락을 삽입하지 않으면 아마도 게이겠죠."

"네가 뭘 안다고 그러냐, 임마. 내가 소싯적엔 말이다, 변기보다 엉덩이를 더 많이 만져봤다. 그건 그렇고 네 여자친구는 어딨냐? 금발 말이야?"

고등학교 시절 여자친구인지 로스쿨 시절 여자친구인지 알 수 없었다. 두 사람 모두 그에게서 원치 않은 포옹을 여러 번 받았다.

"잘 모르겠어요. 지금은 여자친구 없어요."

"그 애는 참 예뻤지. 나한테 반한 것 같았어."

"아마 그랬겠죠. 변기보다 엉덩이를 많이 만져보셨는데, 어련하시겠어요."

"이따 나올래? 차에 대마초가 좀 있는데?"

"한번 생각해보고 어쩌면요." 고향에 돌아오면 나는 금세 위치토 식으로 말한다. 일종의 취미 활동이나. 우리 집안의 명절 전통이 이어진다면 몇 시간 후에 랜디 백부는 내게 주먹 쥐고 팔굽혀펴기 시합을 제안할 것이고, '배 펀치' 시합이 뒤따른다. 랜디 백부는 팔굽혀펴기를 고작 서너 개밖에 못 하지만(백부는 뱃살이 꽤 두둑한 편이다) 12월의 추위에 얼어붙은 콘크리트 바닥을 주먹으로 짚기가 어려워서는 아니다. 배 펀치 시합이 시작되면 그 주먹의 위력을 실감한다. 랜디 백부의 주먹은 얼어붙은 콘크리트만큼 단단하고 날카롭다. 나는 백부의 무쇠 주먹을 늘 잊고 있다가 그가 내 명치를 한 번 치고, 같은 자리를 또 칠 때 고꾸라지면서 기억한다. "봤냐, 네 할아버지가 가르쳐준 펀치다. 아주 오래전에, 너 같은 애송이가 태어나기도 전이야." 랜디 백부는 숨이 넘어갈 정도로 웃으면서 계속 시범을 보인다. 그리고 엉덩이를 까서 내밀며 "양키놈들한테 이 반란군 엉덩이에 입이나 맞추라고 해라!"라고 외치고 자지러지게 웃다가 다시 쿨럭거린다.

"오케이!" 할아버지가 외쳤다. "들어와라! 기도하고 밥 먹자!"

할아버지는 매년 똑같은 기도를 올린다. 아칸소주 소작인처럼 쩌렁쩌렁한 평소 목소리가 복음주의 기독교 채널 목사의 나직한 설교조로 바뀐다.

"하느님, 우리에게 내려주신 축복을 감사합니다. 이 선물에 감사하며, 주께서 축복하신 이 음식으로 우리의 몸을 건강하게 하고 주님의 영광을 기리게 하소서. 우리를 사랑하셔서 독자를 천국에서 보내셨고, 예수님은 우리를 사랑하셔 우리의 죄를 사하고자 십자가에서 돌아가셨으니, 당신의 아들 이름으로 기도드립니다, 아멘. 먹자!"

"와, 칠리 좀 얼른 먹어보자. 누가 국자 가지고 있니?" 칠리를 먹을 생각에 신이 난 랜디 백부는 의자에서 솟아오르듯이 일어나 자세를 취했다. 상반신은 날개를 퍼덕이는 닭과 흡사하고, 하반신은 똥을 누는 인간과 흡사했다. "앗싸." 랜디 백부가 말했다. "이 순간을 몇 주나 기다렸지. 오늘 일부러 아무것도 안 먹었어."

　냄비로 돌진하는 랜디 백부를 누가 보았다면 블랙프라이데이에 월마트에서 선착순 판매를 한다고 생각할 법했다. 앞으로 며칠이나 먹을 수 있을 만큼 칠리가 많으며, 자신이 최소 두세 접시를 먹을 것을 알면서도 랜디 백부는 빨간색 플라스틱 그릇에서 칠리가 넘쳐 흘러 손가락에 묻을 정도로 많이 펐다. 그러고서 손가락의 칠리를 먼저 핥아 먹은 다음에, 채 썬 치즈와 눅눅한 오이스터 크래커를 두 주먹씩 칠리에 얹었다. 그릇에서 칠리가 줄줄 흘렀다.

　저녁 식사가 끝나면 우리는 지하실로 내려가서 선물을 받는다. 할아버지의 지하실에는 박제된 동물 대가리가 웬만한 사냥꾼의 오두막보다 많고, 박제된 물고기가 웬만한 개천보다 많다. 10첨 가지뿔 수사슴, 엘크, 메기, 줄무늬농어 등등. 바닷물고기는 없다. 박제된 동물들의 가짜 대리석 눈동자가 서글프게 우리를 내려다본다. 대체 왜 그랬어요?

　엘크 대가리로 장식된 벽의 반대편에는 소형 무기고만큼 알찬 총기 수납장이 있다. 나는 여덟 살 때 이 지하실에서 난생처음으로 총이 발사되는 것을 보았다. 당시 예순다섯 살이었던 할아버지가 거의 65미터는 떨어진 연못 근처를 기어가는 뱀을 발견했다. "엎드려!" 할아버지가 총기 수납장으로 달려가며 외쳤다. 할아버지는 눈 깜짝할 새 총을 장전했고, 나는

G. I. 조처럼 소파 뒤에 납작 엎드렸다. 탕! "잡았다!" 할아버지는 밖으로 나가지도 않고 열려 있던 지하실 문틈으로 총을 쐈다. 뱀을 죽이고서 할아버지는 안락의자에 한 발을 올리고 총에서 실탄을 뺐다.

크리스마스이브에 열리는 선물교환 의식은 부의 재분배에 가깝다. 사실 할아버지는 공공부조 수급자들을 심히 경멸한다. "봐라, 처음엔 흑인 한 명이 있다. 열여섯 살에 애를 밴다. 그럼 흑인 두 명이다. 그다음에 또 애를 배지. 이제 세 명이야. 그리고 세 명 다 공공부조를 받고 있어. 그 돈을 누가 내냐고? 너랑 나다. 너랑 나." 이런 식이다. 그러면서도 할아버지는 이 선물교환 의식을 즐긴다. 가족들에게 현금을 나누어주기 전에 할아버지는 늘 농담으로 의식을 개시하는데, 나이가 들수록 농담이 점점 두서없고 길어지고 있다. 농담의 웃음 포인트를 예로 들자면, "그 노인네는 지갑을 도둑맞고도 신고하지 않았는데, 도둑놈이 마누라보다 돈을 덜 썼기 때문이지."

랜디 백부도 지지 않고 농담으로 받아친다. "오바마가 왜 연설을 그만두었는지 알아?"

오, 세상에. 나는 숨을 참고 귀를 기울인다.

"오바마가 단상에 올라갈 때마다 사람들이 남부로 팔아버렸기 때문이다." 랜디 백부는 싱글벙글하고 있었다.

파티에 온 사람들이 목을 빼고 기다리던 차례가 마침내 돌아왔다. 현금 받는 시간. 할아버지는 지하실 한가운데에 서있고, 할아버지 주변으로는 점점 불어나는 손주들이 과도한 당 섭취로 흥분하여 깍깍거리며 백인쓰레기 꼬마 군단처럼 카펫 위를 빙빙 돌았다. 매년 애들이 불어나서, 나는 오래전에 조카들의 이름 외우기를 포기했다.

"절미!"

제러미가 화들짝 놀라며 정신을 차리고 방 한가운데로 걸어가 우리가 지난 25년간 할아버지에게서 받은 봉투를 받는다. 뱅크오브아메리카가 보내는 크리스마스 인사. 봉투에 화환과 리본이 그려져 있고, 봉투 날개 아래에서 벤저민 프랭클린이 빼꼼 내다본다. "사랑을 담아, 할아버지와 할머니가." 크리스마스 분위기가 풍기는 봉투는 방 한복판의 쓰레기 더미에 버려지고, 절미는 마약상보다 민첩하게 100달러짜리 지폐를 지갑에 넣는다.

내 사촌 스테이시는 저녁 내내 조너스를 힐끔거렸다. 조너스는 잘생겼다. 파란 눈, 풍성하고 구불구불한 진갈색 머리, 뚜렷한 턱선, 키는 작은 편이지만 대단히 몸이 좋다. 스테이시는 자신의 다른 형제들과 마찬가지로 미주리주에 있는(내 친척들은 미저라라고 발음한다) 기독교 대학교에 다녔다. 스테이시가 한 번이라도 맥주를 마셔봤거나, 남자와 키스 다음 단계를 가보았다고 상상하기 힘들다. 그러나 결혼이라는 울타리 밖에서 경험하는 성적 욕망을 금기시하는 복음주의의 가르침에도 불구하고, 스테이시는 침을 흘리다시피 조너스를 탐하고 있었다. 그래서 스테이시는 예수의 영광을 이룩하는 기독교 공동체의 사명을 화제 삼아 조너스에게 꼬리를 쳤다. "이런 걸 물어봐도 실례가 아닌지 모르겠는데요." 스테이시가 말했다. "왜 가족들이랑 크리스마스를 보내지 않아요?"

"아, 전 유대인입니다."

"몰랐어요. 그런데 당신은 유대인처럼 보이지 않네요."

"고마워요. 다행이네요. 유대인들은 존나 못생겼으니까요. 귀도 크고 코도 크고."

"맞아요." 스테이시가 덤덤하게 말했다. 조너스가 빈정거렸을 수도 있다는 생각은 뇌리에 스치지도 않았을 것이다.

100달러짜리 지폐의 분배가 끝나자 랜디 백부가 모두에게 집중해달라고 말했다. "자, 여러분, 들어봐요! 내가 선물을 가져왔어요. 아버지를 위한 선물인데, 다들 봤으면 좋겠어." 그리고 랜디 백부는 포장도 하지 않은 녹슨 칼날을 뒷주머니에서 꺼냈다. 칼의 손잡이가 사슴 발이었다. 발굽과 털 따위가 전부 고스란히 달려 있었다. 랜디 백부가 한쪽 무릎을 꿇고, 엑스칼리버를 바치듯 할아버지에게 칼을 내밀었다. 순간 정적이 깔렸다. 그리고… 감탄과 부러움의 탄성이 터져 나왔다. "멋진 칼이다, 랜디!" "어디서 난 거야? "끝내주는데!" "이야, 대단하다!"

사실 나도 감탄을 안 했다고는 할 수 없는데, 할아버지는 몹시도 못마땅한 낌새였다. 빌어먹을, 랜디 이놈아. 저 칼로 뭘 벨 수 있겠냐. 할아버지가 표정으로 말했다. 얼간이를 키웠어. 자식 세 명 다 얼간이야. 나의 아버지 맥, 랜디, 그리고 그들의 누이 루루. (루루 고모는 학교 버스운전사인데, 할아버지의 세 자식 중 가장 성공한 축이다. 루루 고모의 남편인 도널드는 고모의 의붓형제다. 루루 고모의 남편이자 의붓형제인 도널드는 그날 밤에 딱 한마디 했다. 피칸 파이를 보고, "저거 한 조각만 줘.")

할아버지가 너무 뚱한 표정이라 나는 조금 놀랐다. 랜디 백부에게서 이보다 적절한 선물을 기대할 수는 없었기 때문이다. 할아버지는 칼을 좋아한다. 사슴을 죽이는 것도 좋아한다. 사슴을 죽인 다음에 박제하는 것도 좋아한다. 그러니까 이 선물을 좋아하지 않을 이유가 무엇이란 말인가?

할아버지에게 랜디 백부의 안부를 물으면 이런 대답을 들을 것이다. "재산을 물려받고 싶어서 내가 죽을 날만 기다리고 있지. 자식들 전부 그러고 있어." 아주 틀린 말은 아니다. 할아버지는 빈민촌에서 부동산을 굴려서 최소 50만 달러는 벌었는데, 위치토에서 그 정도면 재벌급이다. 신형 캐딜락뿐 아니라 봉고차, 낚시용 트럭을 2년에 한 번씩 살 수 있다. "까짓것 그냥 사지, 난 이렇게 생각한다. 난 돈이 있으니까. 내가 죽으면 재산 가지고 자식놈들이 피 터지게 싸우겠지. 그 녀석들 다 이 집을 물려받고 싶어서 안달하지만, 집을 물려받은 다음에 상속세를 낼 돈도 없다. 랜디는 비렁뱅이야. 난 왕국을 건설했는데, 물려줄 후계자가 없구나."

"그래, 선물이 하나 더 있다." 가난한 가족들에게 재산을 나눠주며 들뜬 할아버지가 외쳤다. "너희도 알다시피 매년 내가 깜짝 선물이라는 걸 준비하잖냐. 남자들한테는 공구를 줄 거다. 자동차 수리할 때 머리에 쓰는 조명이야. 여자들 것은 향기 나는 양초다. 남자 선물, 여자 선물이 저기 있으니까 하나씩 집어라."

랜디 백부는 칼로 플라스틱 상자를 찢고 곧바로 조명을 머리에 찬 다음에 내 눈에 정면으로 불빛을 쏘았다. 그는 어설프게 미국 원주민 느낌이 나는 더러운 홀치기 염색 티셔츠에 가죽 오토바이 조끼를 입고 있었다. 또한 원통형 가죽 모자를 썼는데, 모자챙의 중앙에 해골과 십자 뼈다귀 모양 금속 장식이 달려 있었다. 할리 데이비드슨 폭주족보다는 마술사에 가까웠다. "이 챙에는 진짜 뱀 가죽을 달았지." 내가 모자를 칭찬하자 랜디 백부가 자랑했다. "이 지역에서는 구하지도 못해. 저 아래 남부에서나 보는 물건이다. 남부 지방 이야기를 하다 생각났는데(우리는 남부 지방 이야기를 하고 있지 않았다) 내가 제임스 브라운이랑 연주한 적 있다고 너한테 말했냐?"

"백부가 제임스 브라운이랑 연주했다고요?"

"물론."

"소울 음악의 대부 제임스 브라운요?" 조너스기 물었다. "연예계에서 제일 부지런한 사람으로 알려진 그 제임스 브라운 말이에요?"

"너희는 모르는 공연 후 만남이 있다. 정말 좋은 음악은 공연이 끝나고서 들을 수 있어. 음악 하는 사람들이 자기들끼리 합을 맞출 때."

"제임스 브라운이랑 그 정도로 친했다고요?"

"난 여러 사람이랑 연주해봤어. 제임스 브라운, 머디 워터스, B. B. 킹. 킹은 자주 놀러 왔었지. 레이 찰스랑도 한 번 했고, 레너드 스키너드도 있고." 스키너드랑 연주했다는 말이 그나마 제일 믿음직스러웠다. 어쨌든 백부는 스키너드의 공연 투어에 따라다닐 법한 사람들과 닮았다.

"곧 새 앨범을 낼 거야." 내가 앨범이라는 말을 알아듣는 나이가 된 이래로 랜디 백부는 늘 '새로 발매할' 앨범에 대해 이야기했다. "사실 그것 때문에 너랑 이야기 좀 해야 해. 네가 사는 곳의 인맥이 필요할지도 몰라."

"뉴욕이요?"

"그래. 내가 뉴욕에 지인들이 좀 있지. 한번은 뉴욕에 갔다가 밤에 브롱크스를 지나쳤어. 두 번 다시 하고 싶지 않은 일이야."

"네, 그런 것 같네요. 뉴욕에서 공연한 적이 있으세요?"

"뉴욕을 지나갔어. 투어 중이었거든."

분명히 100퍼센트 뻥이었지만, 랜디 백부는 자기가 거짓 말하고 있다는 사실을 인지하지 못하는 듯했다.

"네, 어쨌든 뉴욕에 오시면 알려주세요." 내가 말했다.

"그럴 거다. 돈을 모으고 있어. 이번 앨범이 날 스타로 만들 거야."

"좋네요."

"투어에서는 별별 일이 다 생긴다." 백부가 말을 이었다. "취해서 곯아떨어진 친구를 우리가 어떻게 골탕 먹였는지 말해준 적 있니?"

"아뇨. 뭘 하셨는데요?"

"그 녀석 똥구멍에 기름을 바른 다음에 오리털을 집어넣었어. 다음 날 아침에 일어나서 아무것도 몰랐지."

"그랬겠네요."

"내가 말했듯이, 투어에선 별별 일이 다 생겨."

랜디 백부의 치아를 바라보다가 문득 그의 치아가 나머지

신체 부위보다 훨씬 깨끗해서 놀랐다. 그러다 기억이 났다. 프랭크 백부가 이를 모조리 뽑을 때 할아버지가 랜디 백부에게도 같은 선물을 해줘야 공정하다고 생각했던 일을. 그래서 두 사람은 쉰 살 생일을 맞기 수년 전에 이를 모조리 뽑고 의치를 끼기 시작했다. 내가 보기에 두 사람 모두 그것을 전혀 부끄러워하지 않는다. 랜디 백부는 내가 부탁하면 기꺼이 의치를 빼고 맨 잇몸을 보여주었을 것이다.

사슴 고기 칠리, 선물, 그리고 대화. 나는 모든 것을 녹화했다. 조너스는 우리 집안의 백인쓰레기 요소가 자신의 상상을 능가한다며 감탄했다.

랜디 백부가 집에 가겠다고 말했다. 랜디 백부는 떠나기 전에 할아버지를 과장되게 껴안고 "사랑해요, 아빠."라고 말했다. 할아버지는 감동하기는커녕 짜증이 난 듯했다. "그래." 할아버지가 말했다. 할아버지의 표정은 이렇게 말했다. 넌 내 돈을 사랑하지, 게으른 자식아, 오늘 준 돈이 이번 해 마지막인 줄 알아라.

절미가 조너스와 나에게 총기 컬렉션을 보여주겠다고 했다. 지하실의 수납장에 가득한 총들을 제외하고도 후면 다용도실에 총이 더 있었는데, 거기엔 할아버지의 귀한 모형 기차들도 함께 있었다.

"넌 총 몇 개나 있어?" 내가 제러미에게 물었다.

"합법으로 산 거, 아님 다 합쳐서?" 제러미가 뿌듯해하며 답했다.

"다 합쳐서."

"음, 산탄총 여섯 개, 단총신 산탄총 세 개. 글록 자동권총 두 개, 권총 두 개, 45구경 하나. 반자동도 하나 살 거야. 난 단총신 산탄총이랑 글록을 침대 옆에 두고 자."

"장전하고?"

"니미럴, 당연하지! 장전 안 된 총은 쓸모없는 총이야. 검둥이가 네 집에 들어와서 강도질하면 어떡할 거냐? 총 장전할 때까지 기다려달라고 해? 그렇게 되진 않을걸."

"그렇겠구나." 나는 말했다. 척 봐도 절미는 누군가 자기 집에 침입하기만을 간절히 기다리고 있었다. 절미가 친구나 가족을 실수로 쐈다는 말을 언젠가 듣게 될 것 같았다.

"이거 끝나고 나랑 스포트라이팅 갈래?" 절미가 물었다. 나는 절미랑 어울린 적이 한 번도 없지만 구미가 당겼다.

"스포트라이팅이 뭔지 짐작도 안 가는데." 내가 말했다.

"차 타고 돌아다니다가 전조등 불빛에 사슴이 보이면 차에서 내려서 쏘는 거야. 쉬워."

"음… 그거 불법이야?"

"당연히 불법이지. 그래도 걸려봤자 총기 면허 뺏기고, 벌금으로 1,000달러 내는 게 다야."

"나쁘지 않네."

"사슴이 안 보이면 그냥 소를 쏘고."

"그건 더 불법일 거 같은데."

"그래. 운 나쁘면 농부가 나와서 우리한테 총을 갈길 거야."

진심으로 나는 절미와 불법 사냥을 가고 싶었다. 살면서 뭘 쏘아본 적이 없고 쏘고 싶다는 욕망을 느낀 적도 없지만, 총

쏘는 것을 구경하고 싶었다.

"녹화해도 돼?"

"그럼, 녹화해라. 트럭에 잭 대니얼도 한 병 있어."

"좋아."

나는 할아버지와 포옹하고, 친가에서 탈출하는 고된 절차를 밟기 시작했다. 할아버지는 나를 가장 귀여워했는데, 단지 내가 뉴욕에서 변호사로 일하고, 따라서 돈을 '억수로' 벌기 때문이다. 어쨌든 할아버지는 그렇게 생각했다. 할아버지는 나를 볼 때마다 "연봉이 이제 억대로 넘어갔니?"라고 물었다.

"그 정도는 아니에요." 나는 이렇게 말하면서 사실은 그 정도 벌지만 뽐내기 싫다고 암시하는 양 눈을 찡긋한다.

"그래, 나도 그만큼 못 번다." 할아버지는 우리만의 작은 비밀을 즐기면서 대답한다. 다른 가족들은 이해하지 못하는 암호로 대화하는 두 명의 자수성가 남자들. "언제 뉴욕으로 돌아가니?"

"금세 가요. 2~3일 안에요."

"가기 전에 한 번 더 들릴 거니?"

"노력할게요."

"와라. 와서 볼로냐햄 샌드위치 먹고 가라, 알겠니?"

볼로냐햄 샌드위치는 할아버지가 가장 즐기는 점심 메뉴다. 식빵에 미라클휩 마요네즈를 뿌리고 볼로냐햄 두 장과 치즈 한 장을 끼운 것이다. 그리고 엄청난 양의 커피와 콜라로 샌드위치의 기름기를 씻어낸다.

물론 나는 재미를 위해 무분별하게 사슴을 죽였다는 기억을 양심에 품은 채 살고 싶지는 않았지만, 제러미가 아마 살면서 사슴 수백 마리를 이미 죽였을 거고 앞으로도 그럴 거라며 스스로를 합리화했다. 누군가 이 모험을 녹화해야 했는데, 조너스도 가고 싶어 하는 눈치였다. 확실한 것 하나는, 우리 집안사람들은 카메라 앞에서 수줍어하지 않는다. 리얼리티쇼 천지인 요즘 세상에 어쩌면 당연한 일인지도 모르지만, 우리 가족 대부분은 사람들의 관심을 받고 싶어서 안달한다. 나는 아이폰 카메라로 제러미를 찍으며 우리가 무엇을 사냥할 건지 물었다.

"사슴, 소, 검둥이, 노랑이, 중남미 놈들. 움직이는 거면 무엇이든."

"그래, 좋아." 나는 제러미를 인터뷰할 생각에 들떴다. "뭐 하나 물어볼게, 제러미."

"물어봐."

"마약 센 거 한 적 있어?" 나는 필로핀에 대해 듣고 싶었다.

"아니, 완전 센 건 안 해. 코카인이랑 대마초. 여행 중에 코카인이 떨어지면 이따금 필로폰을 좀 하지."

"그렇구나. 완전 센 건 안 하는구나."

"아빠는 트럭운전사로 일하던 시절에 필로폰을 했어. 이제는 트럭 운전을 안 하지만. 어쨌든 그래서 이가 다 나간 거야."

"그건 진짜 놀랍다. 큰아버지가 필로폰 하는 건 상상이 안 돼.”

“뭐, 예전에는 했어. 그래서 이빨이 없다니까.”

“너도 이 빠질까봐 무섭지 않아?”

“아니, 아무래도 상관없어.”

“그렇구나.”

차를 타고 몇 시간 돌아다니면서 나는 제러미에게 그의 성관계, 마약, 술, 로데오, 흑인, 총, 이메일에 대해 이런저런 질문을 퍼부었다. 내가 배운 것은 이러하다. “후디니는 네가 여자랑 후배위를 하면서 타바코 침을 여자 엉덩이에 뱉고 항문에 넣는 거야. 근데 해보니까 여자가 별로 안 좋아하더라고.” “난 코카인이랑 필로폰도 좋아하지만 잭 대니얼이 최고지.” “로데오를 하면 여자랑 많이 잘 수 있어.” “검둥이는 전부 도둑이야.” “총 쏘는 건 존나 재밌지.” “난 인터넷이나 이메일 같은 것 안 해.”

“진짜? 유튜브도 안 봐?”

“본 적은 있어. 하지만 그런 거에 관심 없어.”

제러미의 이야기를 온종일 들어도 질리지 않을 것 같았다. 제러미에게 놀랐다가, 또 가끔은 제러미의 말에 딱히 놀라지 않는 나 자신의 반응에 놀랐다. 너무 낯설면서도 매우 익숙했다. 하지만 중독적인 싸구려 텔레비전 프로그램을 몰아볼 때처럼, 언젠가는 멈춰야 한다. 나는 잭 대니얼을 과음하진 않았지만 먼 길을 운전해야 했고, 알딸딸하게 취해 있었다. 인제 그만 집에 가보겠다고 제러미에게 말했다. “돌아가기 전에 소 한 마리 안 쏘고 싶어?”

"난 안 쏴도 괜찮아." 조너스가 말했다.

"난 뭐라도 쏴야겠어. 저기 세워봐. 이 잭 대니얼 병이나 쏘게."

"그래."

절미는 차에서 내려서 남아 있는 술을 벌컥벌컥 들이켜고 27미터쯤 걸어갔다. 남은 술을 한 모금에 해치우고, 술병을 땅에 내려놓았다. 그러고서 차로 돌아와 보조석 문 옆에 서서 병을 겨냥하고 쏘았다. 달칵. 총알이 발사되지 않았다. 달칵.

"씨발, 이게 막혔잖아!"

"음, 그럼 가자."

"아냐, 그럴 순 없지. 꼭 쏠 거야." 절미가 산탄총을 다시 들고 쏘았지만, 여전히 불발이었다.

"할 수 없지 뭐. 가자."

"좃까." 절미는 잭 대니얼 병으로 달려가더니 장전된 산탄총을 양손으로 잡고 나무를 찍는 벌목꾼처럼 머리 위로 번쩍 들어올렸다. "이 자식을 깨부술 거다!"

"절미, 그거 장전―" 꽝. 병은 깨지지 않았다.

나는 눈을 가늘게 뜨고 총신을 내려다보고 있는 제러미의 머리가 다음 순간 만화처럼 뻥, 터지며 날아가는 것을 상상했다. "절미! 그거 장전되어 있잖아!" 꽝! 하늘에 감사하게도 산탄총이 발사되지 않고 잭 대니얼 병을 깨부쉈다.

"엿 같은 것." 절미가 차로 돌아오며 말했다. "사슴이 나왔으면 더 열 받을 뻔했네."

우리는 제러미를 할아버지네 집 앞에 세워져 있는 트럭에 데려다주고 작별 인사로 악수했다. "네가 휴대전화가 없는데, 연락하고 싶으면 어떻게 하지?" 나는 정말로 다시 연락할 생각을 반쯤 하면서 물었다.

"할아버지한테 전화해. 할아버지는 나한테 연락하는 법을 알아."

제러미는 코펜하겐 타바코가 뭉쳐 있는 침을 뱉고 트럭에 시동을 걸었다. 그 시동 소리가 내가 그날 밤에 들은 소리 중 가장 폭발적이었다.

14

위치토에서는 고등학교 때부터 크리스마스에 떡이 되도록 퍼마시는 전통을 배운다. 술집으로 출발하기에 앞서 나와 조너스는 고등학교 시절 친구에게서 산 대마초를 피우고 영화관에서 『더 브레이브』를 보았다.

조너스는 몰랐지만 사실 나는 이틀 밤을 거의 꼬박 새운 상태였다. 크리스마스이브에 칠리를 먹고 절미와 스포트라이팅을 간 경험에 잔뜩 흥분했던 나는 조너스가 자러 간 다음에 몇 시간 동안 글을 썼다. 그날 친가에서 들은 인종주의적 욕설 한 마디, 랜디 백부가 친구의 엉덩이에 꽂았다는 거위 털한 올도 놓치기 싫었다. 나는 우리가 나눈 대화를 기록하고 메모하고 장면들을 묘사하며 페이지를 계속해서 넘겼다. 기분이 날아갈 것 같았다. 내가 태양에 지나치게 가까이 날고 있다는 사실우 자각했지만, 기분이 좋을 때는 그 기분을 이어가고 싶은 법이다. 기분이 좋을 때 이렇게 말하는 사람은 없잖은가. "기분이 너무 좋아. 정말, 정말, 미치게 좋다. 그래서 더는 기분이 좋으면 안 될 것 같아. 그만 좋아야겠어."

환희가 폭풍처럼 격렬하게 치솟았고 조증이 판단력을 흐

244

렸다. '내 힘으로 통제할 수 있어.' 나는 이렇게 생각했다. 유혹에 넘어가는 중독자와 마찬가지다. 딱 한 번만 더 피워서 크게 나쁠 건 없겠지. 피로와 몽롱과 환희에 젖은 내 머릿속에서 위험한 생각들이 우연한 각성의 가면을 쓰고 무모한 행동으로 발현되었다. 이 파도를 타. 이건 조증이 아냐. 지금 내 상태를 자각하고 있잖아. 파도를 타고 나가. 어차피 이 질병을 안고 살아야 한다면 이것이 주는 혜택이라도 누려.

　　나는 예전 스탠드업 코미디 공책을 다시 들척이기 시작했다.

　마이클 스트라이프가 꽤 자주 일부러 울 것 같아.
　왜 사람들은 등털을 질색하지? 가슴딜이랑 수염은 섹시하다고 하면서 등털을 보면 우엑, 저리 치워. 털 많은 사람이 등에도 털이 나는 건 당연한 거 아닌가?
　라이트 형제가 『탑건』의 매브릭을 만났다면 뭐라고 했을까?

　　나는 라이트 형제에 대한 농담을 특히 좋아하지만 무대에서 제대로 살린 적은 없다. 그만하고 자야겠다고 생각하면서도, 머릿속에서는 작은 목소리가 날 유혹했다. 하고 싶은 건 뭐든지 해도 돼. 그 누구에게도 너 자신을 변명할 필요 없어. 이 만트라를 중얼거리며 해탈에 가까운 환희를 느꼈다.

　　조너스와 나는 『더 브레이브』를 보고 버거킹 드라이브스루로 갔다. 조증에 근접한 나는 햄버거를 주문하면서도 방금 본 명작에서 헤어나질 못하고 있었다. 세상에서 가장 위대한 영화라고, 적어도 코엔 형제의 영화 중에서 최고라고 나는 거듭 말했다.

"괜찮았어. 굉장하진 않았지만." 조너스는 무심히 대꾸했다.

"그래, 『노인을 위한 나라는 없다』 수준은 아니었지. 그래도 정말 짱이었어." 조너스는 대답하지 않았다. 자의식이 강하게 몰려오기 시작했다. 내가 지금 헛소리를 하고 있나? 아니면 내 친구가 싸가지가 없는 건가? 조너스는 코엔 형제 영화를 아마 다섯 편도 안 봤을 거야. 나는 이렇게 결론지었다.

"오늘 여자 좀 만나려나?"

"물론. 오늘 위치토에서는 다들 코가 비뚤어지게 마셔."

우리는 래리 버드에 갔다. 래리 버드는 위치토에 있는 거의 모든 바처럼, 스포츠바다. 주차장에서 조너스는 대마초를 꽉꽉 말았다. 그것을 피우자마자 느낌이 격렬하게 왔다. "와, 존나 세다, 맞지?"

조너스는 이번에도 심드렁했다. "이게 뉴욕에서 피운 퍼플 헤이즈만큼 강한 거 같아? 정신이 나갔어? 이건 그냥 위치토 수준인데."

"그래, 무슨 말인지 알아. 근데 난 지금 완전히 맛 갔어. 넌 아니야?"

"그 정도는 아니야. 살짝 느끼는 정도."

"난 완전 맛 갔어. 들어가자. 그거 다 피우지 말고 남겨놔."

우리가 브이넥 스웨터에 스키니진 차림으로 들어가자마자 바에 있던 사람들 절반의 시선이 날아와 꽂혔다. 해석하면, 여자들 표정은 살다보니 별걸 다 보네, 남자들 표정은 저기 호모 자식들 보게였다. 나는 조너스에게 조심하라고 경고했다. 뉴욕에서는 남자친구가 있는 걸 모르고 여자에게 작업을 걸었다가 그 남자친구와 친해지는 경우가 꽤 흔하다. 어이, 방금 네 여자친구한테 작업 걸던 참이야. 미안하다. 이름이 뭐냐? 아무도 기분 나빠하지 않는다. 하지만 위치토에서는 접근하기 전에 여자가 싱글인지 반드시 확인해야 하며, 잘못 짚었다가 싸우게 될 마음의 준비를 하고 있어야 한다. 가끔은 여자와 같이 온 남자가 애인이 아닌데도 싸움이 난다. '내 여동생', '내 친구 여동생' 또는 '내 친구 고등학교 때 여자친구'에게 작업을 걸었다는 이유로 위협당한 적이 수두룩하다. 더구나 위치토에서는 사람들이 총을 지니고 다닌다는 사실을 잊지 말기를. '총기 반입 금지'라는 딱지가 창문에 붙어 있는 바가 많은데, 그걸 볼 때마다 나는 새삼 놀란다. 세상에, 여기선 총을 가지고 다녀도 돼. 금지하는 곳만 아니면 아무 데나!

맥주 피처, 버드 라이트 캔, 거대한 나초 접시가 거의 모든 테이블에 수북이 쌓여 있었다. 남자들은 캔자스주와 캔자스 주립대학교의 미식축구, 야구, 농구팀에 대해 소리 높여 언쟁하며 상대 팀 팬을 조롱하고 있었다. 나는 위치토에서 18년을 살았고 이곳을 떠난 뒤에도 1년에 한 번씩은 돌아왔는데, 이곳을 떠난 기간이 길어질수록 돌아올 때마다 인류학자 같은 기분이 든다.

사소한 것들이 날 경악하게 한다. 모자챙에 낚싯바늘을 꽂고 다닌다든지, 한겨울에 캔자스 주립대학교 미식축구팀 민소매 티셔츠를 입고 다닌다든지, 벨트에 칼을 차고 다닌다든지, 모자부터 양말까지 온갖 부위에 군복 무늬가 그려져 있다든지, 씹는 타바코를 맥주병에 뱉어낸다든지 등등. 우리가 들어간 바에는 흑인이 딱 두 명 있었는데, 한 사람은 스피커 속의 가수고, 다른 한 사람은 부잣집 도련님처럼 차려입은 흑인으로, 고등학교 때부터 이런 말을 수없이 들었을 것이 분명했다. "넌 그 사람들이랑 달라, 애런. 넌 백인이나 다름없어."

바에 사람이 잔뜩 몰려 있었다. 누군가의 말마따나 "팔꿈치로 밀어내야 할 개자식들."이 득시글거렸다. 다들 자리를 잡으려고 어깨로 비집고 들어왔다. 나는 공간을 적게 차지하려고 바와 직각으로 몸을 틀고 서서 어깨 힘으로 버텼다. 최대한 눈에 띄지 않으려던 나의 시도는 정반대 결과를 불러일으켰다.

"어이, 턱수염 멋지네." 내 옆의 카우보이가 말했다.

"고마워." 달리 무슨 말을 하겠는가? 지금 내 수염 놀렸냐? 한판 뜰래?

"뭐 하나 물어보자." 그 말을 듣자 근육에 새겨진 기억들이 꿈틀거렸고, 나는 내 속의 까불이를 애써 달랬다. 위치토 성격은 꾹꾹 억눌러. 싸우지 마.

"지금 내 다리 만졌냐?"

"글쎄, 내 손은 주머니에 있는데 자리가 워낙에 좁아서 말야. 혹시 내 손의 일부가 주머니를 통해 그쪽 몸에 닿았다면 미안하게 됐어. 의도한 바가 아니란 걸 알아줘. 내가 이쪽으로 조금 가면 어떨까? 그럼 몸이 안 닿겠지. 그럼 괜찮겠어?”

"그래, 좋아. 다만 난 호모가 아니거든.”

"물론 아니겠지. 나도 아니야.”

"그런데 넌 지금 가슴털을 드러내고 있잖아. 수염도 그렇고.”

"요즘 동성애자들이 수염을 좋아하나?”

"너 상당히 게이 같아.”

"그렇군. 알려줘서 고마워. 만나서 반가웠어, 형씨.” 예의를 차려도 소용없다는 것을 배우는 데만 25년이 걸렸다. 상대가 승전장군처럼 의기양양한 기분으로 떠나게 해서 나쁠 건 없다. 크라운 로열 위스키병이 내 머리를 치면서 박살 나고, 세 종류의 장화가 내 입으로 날아오는 것을 피할 수 있다면 뭔들 어떤가. 장화보다는 차라리 위스키병이 견딜만 한데, 최악은 단연 너클더스터다. 나는 싸움에서 이긴 적이 단 한 번도 없다.

조너스는 친구들끼리 온 여자들과 시시덕거리면서 자기가 뉴욕에서 왔다고 자꾸 들먹이고 있었다. 바로 왼쪽 테이블에서 자기를 노려보고 있는 남자들의 시선을 눈치채지 못한 모양이었다. 옆 테이블의 촌뜨기들이 여자들 일행이 아니란 사실은 상관없다. 자기 동네 여자들을 지킨답시고 싸움을 걸 가능성이 늘 존재하기 때문이다. "아가씨, 저 남자가 귀찮게 하고 있어요?” 기사도 정신으로 가득한 이 말을 위치토의 바에서 얼마나 자주 듣는지, 설명하기가 힘들 정도다.

그러고 있는데 옛 친구가 나를 발견했다.

"크랙 맥펌, 오랜만이다, 임마."

시어포스라는 친구다.

"나랑 한잔해."

우리는 대학교를 졸업한 뒤에는 그 누구도 마시면 안 되는 끔찍한 술을 목구멍에 들이부었다. 파이어볼 럼이었던 것 같다. 시어포스는 고등학교 친구인데, 우리가 졸업반이었을 때 학교 축구팀의 주장이었다.

"뉴욕은 어때?"

"좋아. 아주 멋져."

"월세는 얼마 내냐?"

"신발 상자만 한 집에 두 룸메이트랑 살면서 1,200달러 내지."

"거봐, 정말 미련한 짓이야. 난 단독주택에 살면서 500달러 낸다. 차고 두 개, 지하실, 그리고 침실이 세 개야. 마당도 있고."

"멋지다. 근데 난 위치토에 살고 싶지 않아서. 어쨌든 지금은 말야." 잘난 척하는 것처럼 들릴까봐 '지금은'을 말끝에 추가했다.

"스키니진 입은 걸 보니까 뉴욕 사람 다 됐구나. 그 속에서 불알이 숨은 쉴 수 있냐?"

나는 내 불알들이 무사하다고 말해줬다.

"근데, 좀 구린 것 같아."

나는 입을 다물고 시어포스의 헐렁하고 질질 끌리는 애버크롬비 청바지, 긴소매 티셔츠 위에 겹쳐 입은 반팔 티셔츠, 거꾸로 쓴 캔자스 주립대학교 야구모자를 훑어보았다. 고등학교 때 우리 두 사람은 매우 닮았었다. 우리는 같은 우등생 반 수업을 듣고 비슷한 점수를 받았다. 같은 학교에 다니고, 같은 SNL 코미디 프로그램의 농담을 주고받았으며, 같은 여자애들을 사귀었다. 그런데 시어포스는 대학에 진학하고서도 술을 계속 과음하더니, 점점 별 볼 일 없는 사람으로 전락했다. 끝내 시어포스는 학점이 모자라서 졸업하지 못했고, 부모님에게는 졸업했다고 거짓말했다. 심지어 졸업식에도 참석했다.

"어쨌든 다시 봐서 반갑다, 크릭 맥펌." 시어포스가 말했다. "네가 뉴욕에서 스탠드업 코미디 공연한다는 말 들었어. 존나 멋지다, 야. 내가 꿈꾸는 삶이야."

"응, 아주 좋아." 나는 거짓말했다. 코미디언이 되려던 내 시도가 왜, 그리고 어떻게 갑자기 끝났는지 말하고 싶지 않았다. 시어포스의 눈이 벌써 빨갛게 충혈되고 촉촉했기 때문에 더더욱 그런 이야기를 하고 싶지 않았다. 고등학교 때 파티에서는 시어포스가 손으로 입을 틀어막고 토하는 시간에 시계를 맞출 수 있을 정도였다. 시어포스는 토사물을 손에서 털어내고, 계속해서 토했다. 지금도 그러기 일보 직전처럼 보였다.

"이따 우리 집에 같이 가자. 노스웨스트 축구 하이라이트 모음이나 보자고. 난 며칠 전에 봤는데, 우리가 그때 세인트 토마스를 이겼어야 했어. 그러면 주에서 우승했을 거야."

"그래, 생각해볼게."

나는 조너스와 함께 몰래 바에서 빠져나갔다. 시어포스는 혼자 토하거나, 2001년 세인트 토마스 아퀴나스 경기를 같이 볼 사람을 찾으라고 말이다.

우리가 한 시간 넘게 차를 타고 달렸을 즈음에야 조너스는 무언가 잘못되었다는 것을 깨달았다. 내가 술을 더 많이 마셨기 때문에 조너스가 운전대를 잡고 있었다. "우리가 가려는 술집이 이렇게 멀어?" 조너스가 물었다. "이렇게까지 오래 걸리진 않을 것 같은데."

"원래 이렇게 오래 안 걸려."

"너 길 잃은 거야? 위치토에서?"

"우리가 어디 있는지 알아. 다만 동네로 가는 길을 못 찾겠어."

"그게 길 잃었다는 말 아니야?"

"우리가 어디 있는지 안다니까. 잠깐 생각해볼게. 퀵트립 주유소에서 좌회전해."

조너스는 한숨을 내쉬고 좌회전 신호를 난폭하게 켰다. 짜증이 난 채로 내가 뭘 숨기고 있다고 의심하는 눈치였다.

"저 주유소를 최소 다섯 번은 지나친 것 같아. 너 괜찮은 거 맞아? 영화관에서도 좀 이상했어. 그냥 대마초에 많이 취해서 그런 줄 알았는데."

실제로 나는 대마초 기운을 여전히 세게 느끼고 있었다. 『더 브레이브』가 머릿속에서 쟁쟁 울렸다. 너무 우스웠고, 너무 완벽했다. 영화를 다시 보면서 모든 대사를 받아 적고 싶었다. 코엔 형제가 영화에 담은 뉘앙스를 오직 나만 발견하고 이해하는 것 같았다. 영화 속 대사를 머릿속에서 재생하는데, 내가 제일 좋아하는 밴드의 노래 중에서 제일 좋아하는 것을 굉장한 라이브로 듣는 기분이었다. 모든 관중이 즐기고 있지만, 베이스와 스네어드럼과 리프와 가사 등 그 모든 것을 나홀로 전혀 다른 경지에서 이해하는 것 같았다. 당장 영화를 보고 받아 적어야 했다. 조너스를 얼른 재우고, 노트북 컴퓨터를 꺼내야 했다. 하이퍼그라피아(hypergraphia). 주체할 수 없을 정도로 글을 쓰고 싶은 충동. 하지만 조증처럼 들떴다고 전부 조증 삽화는 아니지 않을까?

신호등 앞에 섰을 때 나는 이까 한 말을 번복하고 오른쪽으로 가라고 했다. 녹색불이 들어왔지만 조너스는 가지 않았다. "좀 전에는 좌회전하라며. 지난 사흘간 너랑 운전하고 다녔는데, 단 한 번도 넌 GPS를 쓰지 않았어. 그런데 지금은 계속 빙빙 돌고 있잖아. 괜찮아?"

"아니." 솔직한 대답이 곧바로 튀어나왔다. 그러나 솔직함은 캔자스에서 길 잃은 뉴요커에게 소용없는 미덕이었다. "우리가 어디 있는지는 알아. 근데 너한테 설명을 못 하겠어. 그냥, 내가 말하는 것과 반대로 해."

"뭐?"

"방향을 말할 때마다 자꾸 직감이 어긋나는 것 같아. 그러니까 내가 왼쪽으로 가라고 하면 넌 오른쪽으로 가. 그럼 우리는 맞는 길로 갈 거야."

"야, 우리가 지금 어디 가는지 알아?"

"아니, 몰라. 하지만 그곳으로 가는 길은 알아."

"네가 지금 완전히 헛소리하는 거는 알아?"

"헛소리처럼 들리겠지만, 내가 한 말을 생각해봐. 여태껏 내가 100퍼센트 틀린 방향을 알려줬으니까, 내가 가라는 방향의 반대로 가면 옳은 길로 갈 거야. 마이너스끼리 곱하면 플러스잖아."

나는 지금 우리가 지나치고 있는 곳을 전부 알아보았지만 교차로에 다다를 때마다 마치 방향치가 된 것처럼 헷갈렸다. 머릿속에서 생각들이 너무 빨리 휘돌아서 한 가지 생각을 몇 초 이상 붙들고 있을 수 없었다. 더블 마이너스 계획은 처음엔 매우 적절한 듯했지만, 다시 생각해보니 내가 헷갈리면 맞는 방향과 틀린 방향이 뒤섞일 것이다. 젠장, 마이너스 곱하기 플러스는 마이너스다. 따라서 이 계획이 성공하려면 머릿속에 틀린 답이 떠오르자마자 바꾸지 말고 조너스에게 말해서 그가 반대로 행동할 수 있게 해야 한다. 나는 아무렇지 않은 척하기로 했다. 생각하지 마. 그냥 본능적으로 말해. 넌 여기 토박이잖아.

세 번 방향을 꺾자 우리는 위치토시를 벗어나 외진 시골길 한복판에 도착했다. 우리가 달리고 있는 먼지투성이 도로 양옆으로 황량한 옥수수밭이 드넓게 펼쳐져 있었다. 조너스가 브레이크를 세게 밟고 차를 세웠다. "너 괜찮냐?"

"아니."

"지금 장난치는 거야?"

"아니."

"병원에 가야 해?"

"응."

"경찰 부를까?"

"응."

조너스가 나를 빤히 바라봤다. "정말로 짭새 불러?" 어쨌든 우리는 국선변호인였던지라 경찰의 도움은 최대한 피하고 싶었다.

"아니…" 목소리가 떨리기 시작했고, 나는 이성을 잃었다. "하지만 넌 내가 말하는 것과 반대로 행동해야 해, 그러니까 경찰 불러!" 나는 차에서 뛰쳐나가 먼지투성이 도로를 달리기 시작했다. 어떻게 해서든지 조너스를 이해시키고 싶었는데, 달리다가 기막힌 아이디어가 떠올랐다. 내 첫 번째 삽화에 대해 조너스가 무슨 얘기를 들었지? 내가 전철역에서 거의 알몸으로 발견되었다는 것. 그러니까 그걸 최대한 똑같이 재현해야 해! 나는 뛰면서 옷을 벗기 시작했다. 부츠의 신발 끈을 풀고 발을 휘둘러 멀리 날려버렸다. 그다음엔 셔츠를 벗고, 바지를 벗었다. 나는 날고 있었다. 밖은 영하 8도였고 옥수수밭에는 서리가 깔려 있었다. 내가 병원에 가야 하는 상태라고 확실히 알릴 수 있는 최선의 방책이었다. 동시에 나는 집에 가는 길을 찾아주려고 노력하고 있었다. 조너스는 내 지시대로 운전하려 하지 않았지만, 내가 고속도로까지 달리면 따라올지도 모른다. 내가 얼어 죽는 꼴을 보고 싶지 않으면 따라오겠지.

조너스는 차를 몰아 순식간에 나를 지나치고, 몇 미터 앞에서 브레이크를 밟았다. 나는 차창을 두드리며 문을 열어달라고 소리쳤다. 조너스는 문을 열지 않았다. 겁에 질렸나. 아니면 시간을 끌면서 이 상황을 어떻게 대처할지 방책을 궁리하고 있는 걸까.

마침내 조너스는 잠금장치를 풀었다. 그러나 내가 차에 타자마자 자기는 밖으로 나갔다. 내 옷을 주우러 가는 시늉을 하고 있었지만, 사실은 나와 한 공간에 있고 싶지 않아서였을 것이다. 조너스는 내 부츠와 셔츠와 바지를 주워 돌아왔고, 우리는 다시 고속도로로 접어들었다. 곧바로 911에 전화할 수도 있었겠지만, 전화해서 뭐라고 말하나? "옥수수밭이랑 옥수수밭 사이에 있어요?"

우리가 도움을 받을 수 있는 공공기관을 찾아 헤매는 동안 분위기가 험악해졌다. 나는 내 항문에 손가락을 넣어보겠다고 제안했다. 조너스는 거절했다. "빌어먹을 옷은 입어도 돼." 옷을 입는 대신 나는 우리 할머니의 1988년식 코롤라 스테이션 왜건의 조수석을 뒤로 젖히고 몸을 뒤집은 다음에 항문에 손가락을 넣기 시작했다.

"내일 생각하면 진짜 웃기겠지, 아니야?" 내가 물었다.

"아니." 조너스의 대답은 차가웠고, 거의 무례하기까지 했디. "하여간에 옷 좀 입어."

나는 조수석 차창에 머리를 들이박으면서 말했나. "그냥 날 차에서 쫓아내!"

"절대 안 그럴 거야."

"그럼 내가 뛰어내릴 거야!"

"야." 조너스가 말했다. "차에서 뛰어내리지 마. 차에서 뛰어내리지 말라고."

"그냥 날 쫓아내!"

"그런 짓은 안 해."

나는 내가 과연 차에서 쫓겨날지, 그러지 않을지 불안했다. 둘 중 어느 게 나을지 15초마다 생각이 바뀌었다. 다시 심호흡하면서, 내일이면 전부 웃긴 농담거리가 될 거라고 조너스를 설득했다.

"아니." 조너스는 이 말만 반복했다.

재미없는 자식.

조너스가 끝내 소방서를 찾았다. 조너스는 차를 세우고 안으로 뛰어들어갔다. 뇌가 타오르는 것 같았지만 그래도 아직 현실 감각을 완전히 상실하진 않았기에 소방서에 도착해서 마음이 놓였다. 내가 도움이 필요하다는 것은 알았다. 조증 삽화와 공황 발작을 일으키며 맛이 가긴 했지만, 아슬아슬하게 제정신을 붙들고 있었다. 조너스가 차로 돌아와서 말했다. "대마초에 대해서는 입도 벙긋하지 마."

"절대 안 해. 알아."

나는 도착한 응급요원에게 내 증상을 설명했다. 양극성장애가 있으며, 그로 인해 입원했었고, 현재 조증을 앓고 있다고 말했다. 응급요원은 구급차에 타겠냐고 물었다. 나는 그러겠다고 했다. 그리고 들것에 묶였다.

15

대기실에는 의료장비가 없었고 달랑 의자 두 개와 텔레비전 하나뿐이었다. 직원은 내게 앉으라고 말하고 텔레비전을 켠 다음에 아무 설명 없이 나갔다.

검은 머리와 수염이 덥수룩한 의사가 텔레비전 화면에 나왔다. 내가 20년 뒤에 저런 모습일 것 같았다. "안녕하세요, 재커리." 화면에서 의사가 말하자 나는 깜짝 놀랐다.

"지금 나한테 말 걸었어요?"

"그래요. 당신이 재커리 맞습니까?"

"네."

"뉴욕에 살고요?"

"네."

"몇 살입니까?"

"스물일곱 살요."

"여긴 왜 왔습니까?"

"나는 양극성장애가 있고 지금 조증이 왔어요. 하지만 정신증은 아니에요. 나 자신과 다른 사람들에게 위해를 가하지 않아요." 이 마법의 말을 꼭 기록으로 남겨야 할 것 같았다.

"전에 입원한 적 있습니까?"

"네. 이봐요, 벌써 다 알잖아요. 지금 당신이 뭐 하는지 알아. 그리고 마음에 안 들어."

텔레비전 화면에서 의사 얼굴과 내 얼굴이 번갈아 나타났다. 의사, 나, 의사, 나. 그러다 두 얼굴이 하나로 융합하는 것 같았다. 내 눈, 내 윗입술, 의사 머리, 의사 볼, 내 입. 그러다 뒤바뀌었다. 왜 이런 짓을 하는 거지? 이미지를 조작하고 있다는 것을 내가 알아차리는지 시험하나? 정신증을 앓고 있을지도 모르는 사람의 현실 지각력을 시험하기에는 다소 잔인한 방법이었다. "텔레비전이 왜 이래요?"

"텔레비전에 문제가 있습니까, 재커리?"

"화면이 바뀌고 있잖아. 당신이 나왔다가 내가 나왔다가. 바뀌는 게 보여. 우리 두 사람 얼굴이 다 있어. 내 얼굴. 당신 얼굴. 그리고 그 둘이 합쳐졌어."

"당신이 무슨 말을 하는지 잘 모르겠습니다."

"알잖아. 당신들이 무슨 수작을 부리고 있는지 정확히 알잖아!"

"우리가 뭘 하고 있습니까?"

"그만둬! 당신이 텔레비전 조작하고 있는 거 다 알아. 그만하라고. 열 받으려고 하니까."

"뭘 그만두라는 겁니까?"

텔레비전에서 의사가 말하는 도중에 나는 벌떡 일어나서 대기실에서 나갔다. 그들의 시험에 내가 합격한 건지, 아니면 완전히 망쳤는지 알 수 없었다. 내가 정말로 시험을 보긴 한 건지도 불확실했다. 설마 또 정신증을 일으키고 있는 건가? 내가 있는 곳이 일반 대기실이 아니라는 것쯤은 알았다. 여기서 이러고 있으면 그들이 또 나를 가둘 것이다. 지금 정신을 다잡고 똑바로 행동하면 여기서 탈출할 수 있을지도 모른다.

접수원은 카운터 뒤에서 〈US 위클리〉를 읽고 있었고, 웬 약쟁이가 담배가 당장 필요하다며 욕을 씨불이고 있었다.

"방금 그거 뭡니까?" 나는 접수원에게 따졌다.

"네?"

"그 비디오 말이에요. 뭐냐고요?"

"무슨 말을 하는 거예요?"

"왜 의사들이 텔레비전을 가지고 장난하죠?"

"텔레비전을 가지고 장난한다고요?"

"이거 다 속임수죠. 맞죠? 당신들이 지금 뭘 하고 있는지 알아요. 난 자야 해요."

"당신을 입원시킬 수 있게 빈 침대를 찾고 있는 거 같아요."

"내가 지금 이 종이에다 난 변호사고, 나 자신과 다른 사람에게 위해를 가하지 않으며, 입원하는 것을 수락하지 않는다고 쓰면 어떻게 돼요?"

"정말 그렇게 하고 싶어요?"

자신이 없었다. 그러나 이곳에서 벗어나야겠다는 생각이 본능적으로 들었다. 도망쳐. 늦기 전에. "입원하고 싶지 않아요. 외래 환자로 진료받을래요. 할머니한테 연락할래요. 할머니한테 전화해줘요. 할머니네 집에 갈 거예요. 할머니가 날 데리러 올 거라고요." 엄마가 알렉사 누나를 만나러 시카고에 갔다는 것을 기억할 정도의 현실 감각은 남아 있었다.

"할머님한테 전화해줄게요. 하지만 정말 나가고 싶어요?"

"모르겠어요. 내가 어떻게 해야 할 것 같아요?"

"그건 당신한테 달렸어요. 어떻게 해야 할 것 같은데요?"

나한테 수수께끼를 낸 것 같았다. 제정신인 사람이 봤을 때 내가 입원해야 하는데, 나가고 싶은 충동이 든다는 것 자체가 나가면 안 된다는 뜻인가?

"나갈래요."

그로부터 20분이 채 안 되어서 할머니가 정신과 응급실로 왔다. 할머니에게서 내 유년시절 냄새가 났는데, 할머니 얼굴은 장례식에서 볼 법한 표정으로 굳어 있었다. 에디 삼촌이 죽은 다음에 한 번도 본 적 없는 표정이었다. 간호사가 준 리스페달을 먹고 병원에서 나왔다. 땅이 꽁꽁 얼었을 뿐만 아니라 내가 하도 지쳐 있어서 여든 살인 할머니가 날 부축해야 했다. 건장한 시골 여자인 우리 할머니는 어찌어찌 날 부축해서 차에 태웠다. 몹시 허기가 졌다. 새벽 4시였는데, 할머니가 차려줄 베이컨과 달걀 생각이 간절했다. 할머니가 나를 위해 즐겁게 차려줄 거라고 생각했다.

"엄마한테 전화할 거예요." 나는 집에 도착해서 식탁 앞에 앉으며 말했다.

"지금 시간이 너무 이르다. 얘야."

"엄마랑 통화해야 해요."

나는 정신병동에 감금당할 뻔했다가 탈출했다는 기쁨과 조증에 들떠 엄마에게 전화했다.

"안녕, 아들." 엄마가 잠긴 목소리로 말했다.

"버드! 내가 다 알아냈어! 내가 뭘 할지 알아냈어!"

"뭘 할 건데?"

"에디 삼촌이 예전에 쓰던 체인 달린 지갑을 찾을 거야. 뉴욕에 그 지갑을 가져가서 바지에 차고 다닐 거야. 하지만 그전에 할머니한테 돈을 받아서 지갑을 채워야 해. 돈으로 꽉 채운 지갑을 가지고 위치토를 떠날 거야. 할머니가 나한테 몇천 달러 줄 거야. 그럼, 물론이지."

"고릴라, 너 아픈 것 같아."

"엄마! 내 얘기 안 들었어? 계획을 세웠어. 에디 삼촌 지갑을 찾아야 해. 돈으로 채우고 싶어!"

"너 지금 어디니?"

"할머니네 집이야. 할머니가 나 주려고 베이컨이랑 달걀 튀기고 있어."

"새벽 4시에 거기서 뭐하니?"

"방금 말했잖아."

할아버지가 일어나서 자동으로 자기 베이컨과 달걀을 주문했다. 할머니는 우리 두 사람 아침을 차려주고 식탁 끝의 스툴에 앉아 나를 지켜봤다. 할머니가 울기 시작했다. 몹시 격렬하게.

"할머니, 왜 울어?" 내가 수화기를 손으로 가리며 물었다.

"애, 너 지금 대체 무슨 소리를 하는 거니?" 할머니가 물었다.

"나 그 지갑 갖고 싶어, 할머니. 현금이 필요해. 할머니, 나 봐요. 내가 1만 달러를 얼마나 빨리 열 배로 키울 수 있는지 알아? 6개월 만에 가능해."

"네 엄마랑 통화 좀 하자." 나는 할머니에게 수화기를 건네주었다.

"씬씬, 잭 상태가 안 좋다." 할머니가 흐느꼈다. "방금 병원에서 데리고 왔어. 들판에서 뛰고 있었대. 아주 안 좋아, 씬씬. 난 감당을 못하겠다. 난리도 아냐. 에디처럼 몸은 근육질인데 애가 힘이 너무 없어서 내가 거의 업다시피 차로 데려갔어."

할머니는 전화를 끊고, 엄마가 닥터 싱에게 전화하기로 했다고 말했다.

"좋은 생각이야, 할머니. 닥터 싱이랑 통화하면 기분이 나아질 거야. 내가 괜찮다고 닥터 싱이 말해줄 거야."

나는 아침을 다 먹고 소파에 드러누워서 텔레비전을 봤다. 본능적으로 32번으로 채널을 돌렸다. ESPN에서 〈스포츠센터〉가 방영하고 있었는데 갑자기 또 흥분해서 가만히 앉아 있을 수가 없었다. 어렸을 때 아파서 학교에 가지 못하는 날이면 할머니가 담요를 바닥에 두껍게 깔아주었는데, 그게 필요하다는 생각이 들었다. "할머니, 나 담요 깔아줘." 할머니가 담요를 깔아주었다. "할머니, 나 등 문질러줘." 할머니가 끙끙

거리며 바닥으로 내려와서 등을 문질러줬다. 내 이상한 요구에 대해서는 한마디도 하지 않았다.

조증이 끓어오르고 있었지만 제정신을 완전히 잃어버리진 않았기에 내가 자야 한다는 사실을 알았다. 등 마사지를 받으면 잠이 올 거라 생각했는데, 할머니는 좀처럼 강도를 제대로 맞추지 못했다. 처음엔 너무 셌고, 그다음엔 너무 약했다. 체온이 끊임없이 오르내리는 것 같았다. 한순간은 몸에 오한이 나도록 춥다가, 다음 순간에는 숨 막히게 더웠다. "그만!" 몇 분 후에 내가 버럭 화를 냈다. "이렇게 하는 거 아냐?" 할아버지는 거실 문가에서 숨을 크게 몰아쉬고 있었다.

한 시간이 지나서야 닥터 싱과 연락이 닿은 엄마가 할머니에게 다시 전화했다. 전화벨이 울렸을 때 나는 할아버지의 침실 벽장 속에서 포복으로 기고 있었다. 너무 초조해서 움직이지 않고는 못 배겼지만 몸을 일으킬 기력은 없었기 때문이다. 벽장 속의 카펫 냄새, 할아버지가 옛날에 한국에서 산 당구대, 할아버지가 내게 주려고 모은 기념주화로 채운 커피캔 등 모든 것이 옳고, 있어야 할 자리에 있었다. 나는 경이로움에 휩싸였다. 나는 꼬마였던 시절로 돌아가는 동시에 미래로, 저 기념주화들이 인트러스트 은행의 동전 계수기에 쏟아 부어지고, 커피캔은 재활용 쓰레기통에 버려지며, 할아버지의 넥타이와 셔츠는 상자에 담겨 구세주 기부함으로 보내실 미래로 흘러가고 있었다. 나의 어린 시절 생일파티와 할아버지가 건네준 동전 묶음의 무게와, 할아버지가 파란색 디키즈 작업복으로 갈아입기 전에 반팔 와이셔츠와 해진 갈색 넥타이를 매고 있던 일요일 저녁을 온몸으로 감각했다. 심지어 할아버지가 어떤 한국 도시의 미군 부대에서 당구를 치는 것도 느꼈다. 할아버지의 일생이 내 앞에 펼쳐져 있었으며, 나는 마치 총에 맞은 것처럼 할아버지의 죽음을 생생하게 느꼈다. 나는 울기 시작했다.

"잭, 제발 일어나라. 널 병원에 다시 데려가야겠다."

16

버드의 일기 (2010년 12월 27일)

Z가 정신병동에 다시 입원했다. 알몸으로 옥수수밭을 달렸다고 한다. 엄마가 정신병동 응급실에서 데리고 왔다. Z가 전화로 이상한 말들을 했다. 시카고에서 급히 비행기를 타고 돌아왔다.

할머니와 할아버지가 간신히 나를 스테이션 왜건에 태웠을 때 나는 늘 입는 파란색 디키즈 작업복 차림인 할아버지를 보고 조너스라고 생각했다. 조너스가 노인 가면을 쓰고 색색 거리고 있었다. 노인을 과장되게 연기하는 것이 눈에 뻔히 보였다. 나는 차에 타자마자 창문을 전부 내려서 얼음장처럼 찬 공기를 쐬다가, 몇 분 후에 창문을 올리고 히터를 최대로 뜨겁게 틀었다. 병원에 가는 길 내내 이것을 되풀이했다. 할아버지로 변장한 조너스가 꽁꽁 얼어붙은 위치토에서 길을 척척 알아서 찾아가는 것이 신기했다. 이어폰을 끼고 누군가의 지시를 듣고 있나?

정신병동 응급실 (2010년 12월 27일)

Z가 응급실에서 굿 셰퍼드 정신병동으로 이송되는 도중에 밴의 가림막을 발로 찼다. 그래서 굿 셰퍼드 쪽에서 Z를 병원 응급실로 돌려보냈다. 굿 셰퍼드 병동은 Z를 주립병원으로 보내기로 했다. 난폭한 환자는 받지 않기 때문이란다. 내일 아침 9시에 오사와토미 주립병원에서 밴을 보내 Z를 데려가기로 예정되었다고 했다. 닥터 싱에게 전화했다. 닥터 싱이 Z가 난폭한 성향을 보인 적이 없다고 설득해서 굿 셰퍼드에서 다시 받아줬다.

다음 날 아침에 일어났을 때 나는 왜 내가 낯선 사람들이 바글거리는 병원 구내식당에서 밥을 먹고 있는지 궁금해할 인지력도 없었다. 나는 롤빵을 다른 환자의 머리에 던졌다. 다행히 빗나갔다. 아무런 악의가 없었다. 그냥 웃길 것 같았다. 중학교에서 아이들이 음식을 던지고 노는 것처럼.

두 번째 정신증이 점화되어 하얗게 타올랐다. 산불처럼 급속도로 번지며 내 뇌를 속속들이 태우고 있었다.

아침 식사 뒤에 우리 환자들은 초등학생처럼 줄을 서서 복도로 안내를 받았다. 복도 왼쪽의 곁방에는 텔레비전과 등받이가 뒤로 젖혀지는 안락의자가 있었다. 나는 사람들과 주변 환경을 기웃거리며 복도 끝으로 걸어갔다. 복도 끝에서 홱 뒤돌아서, 복도를 어슬렁거리는 좀비들을 이리저리 비껴가며 반대쪽 끝까지 달렸다. 나는 올림픽 선수처럼 빨랐다. 어쩌면 내 속에 늘 내재해 있던 능력을 이제야 끌어낸 것인지도 모른다. 병동 보조원들이 뛰지 말라고 명령했지만 멈출 수 없었다. 복도를 두세 바퀴 돌고서는 그만 뛰겠다는 시능을 했지만, 단지 그들이 날 잡으러 오는 것을 막기 위해서였다. 그토록 빨리 될 수 있다는 게 너무 짜릿했다. 나는 날고 있었으니까. 병원 직원들은 일단 나를 내버려두었다.

몇 시간 뒤에 나는 진료실로 불려갔다. 그곳에는 의사 대여섯 명과 간호사가 회의 테이블에 반원으로 둘러앉아 있었다. 나는 알몸으로 화이트보드에 그림을 그려주겠다고 제안했다. 그러고는 그레고리오성가를 어설프게 흉내 내어 노래하기 시작했는데, 폐에서 공기를 최대한 세게 뽑아내며 악을 썼기 때문에 결과적으로 발정 난 코끼리물범 같은 소리가 났다. "입 냄새가 났다면 미안합니다." 내가 말했다. "열여덟 시간이나 이를 못 닦았거든요." 의사 한 명이 킥킥거렸다. 나머지는 빤히 응시하고 있었다. 지금 내가 대체 뭘 보고 있는 거지? 이런 표정으로. 내가 저들을 경이감에 빠뜨렸군. 나는 그렇게 생각했다.

그리고 나는 그들의 이해를 돕기 위해 자세히 설명했다.

"내 정신을 설명하자면 이렇습니다. 당신이 로봇이라고 상상해봐요. 당신 신체의 모든 기능이 동시에 완벽하게 작동하는 거예요. 우리가 일정한 속도로 직립보행하면서 눈으로 보고 받아들이는 수천 가지 자극을 웅덩이, 틈새, 개, 여자, 대머리 남자, 차, 똥차, 양복 입은 얼간이, 어머니, 아버지, 의사 등으로 뇌에서 분류하고 인식한다는 게 얼마나 굉장한지 생각해봐요. 당신이 벽을 따라 걸으면서, 벽돌 서른 개가 열여덟 줄 있으니까, 열 개 오차를 참작하고 대략 540개 벽돌이 벽에 있다고 추정할 수 있다는 게 얼마나 굉장한지도요. 그렇게 추정하고 나서 실제로 세니까 여덟 개 정도 차이가 났다고 칩시다. 얼추 비슷하게 맞추었죠. 이를 통해, 어쩌면 당신이 초인일 수도 있다고 결론 내리지 않을까요? 누가 또 그걸 할 수 있겠어요? 다른 사람보다 당신이 우주와 좀더 긴밀히 연결되었을 수도 있지 않을까요? 길에서 마주친 예쁜 갈색 머리 아가씨를 에워싸고 있는 에너지장과 아원자입자를 거의 볼 수 있다면요? 나를 보라고 당신의 정신이 명령하면, 아가씨가 과연 돌아봅니다. 그게 초능력이 아니면⋯."

"자, 생각해봐요. 대부분 사람은 이 능력을 어느 정도까지 끌어낼 수 있어요. 예를 들면, 당신은 홈리스보다 조금 더 우주와 깊이 접촉하고 있어요. 똑같은 원리예요. 당신이 홈리스보다 조금 더 정신적으로 깨어 있듯이, 내가 당신들보다 한결 높은 정신적 차원에 있지 않으리라는 법 있나요? 당신이 두 수 앞을 내다볼 때 난 여섯 수를 미리 보는 거예요."

"하지만 내가 이제 뜻밖의 사실을 알려줄게요. 벤치에 앉아서 혼잣말하는 홈리스를 생각해봐요. 머리는 드레드록으로 땋았고, 더러운 하수구에서 질질 끌고 다닌 다음에 똥을 바른 듯한 펑퍼짐한 군복 점퍼를 입고 있는 홈리스 말이에요. 실제로는 그 홈리스가 당신보다 우주에 더 긴밀히 연결되어 있답니다. 바로 그래서 홈리스가 된 거예요. 자신의 능력에 잠식당한 거죠. 나는 이런 사람들이랑 실제로 대화를 하기 때문에 잘 알아요. 이 사람들은 나와 같은 정신적 차원에 있는데, 당신 같은 사람들은 이들을 무시하죠. 인터넷이 발명되기 전에 누군가 서로 소통하는 컴퓨터의 통신망에 대해서 미친 소리를 주절거렸을 거예요. 그걸 외계인에게 설명해봐요. 당신은 못해요. 말이 안 되니까요. 하지만 세포라는 개념도 한때는 미친 소리 취급받았어요. 그런데 이제 우리는 그것을 눈으로 볼 수 있죠. 같은 원리로 우리가 언젠가는 분자를 볼 수 있을 거라고 생각하지 않아요? 이제 가봐도 될까요? 오늘은 여기까지예요."

남자 의사 한 명이 내게 단체실로 돌아가라고 말했다. 나는 이해했다. 나의 이론에 감명받고 이제 자기들끼리 의논해야 하는 것이다.

굿 셰퍼드 정신병동에 수용된 지 이틀째 되던 날 오후에 나는 내가 바로 굿 셰퍼드, 즉 선한 목자이며, 따라서 병자를 치유하는 힘이 있다고 믿기 시작했다. 병원에서는 꽤나 유용한 능력이다. 나는 예수가 말한 내적 평화와 두려움 없는 상태를 느꼈다. 두려워하지 마라. 늘 내가 앞서갈 터이니. 평생 이 구절을 귀에 못이 박이도록 들었는데, 이제야 온몸으로 통감했다. 나는 휠체어에 앉아 있는 환자가 다시 걸을 수 있도록 발에 입김을 불었다. 그는 눈물까지 흘리면서 자지러지게 웃었다. 믿음이 부족한 인간들이여. 그가 곧 기적을 느끼리라고 믿었다. 예수는 이런저런 기적을 베풀고 다니면서 얼마나 우쭐했을까.

내가 병원에서 처음 달리기를 했을 때는 직원들이 눈살을 찌푸리고 야단쳤다. 두 번째엔 나를 독방에 가두었다. 2평이 채 안 되는 방인데, 사면에 매트를 붙박아놓았고, 손바닥만한 정사각형 창이 문에 나 있었다. 그 방에 갇히자마자 공황이 몰려왔다. 나는 미친 듯이 소리치기 시작했다. 문을 두드리며 잘못했다고 빌었다. "내보내줘요! 잘못했어요! 다신 안 그럴게요!" 문 건너편에 있는 병동 보조원은 들리지 않는 척했다. "숨을 못 쉬겠어요!" 나조차 이해하지 못하는 나의 문제를 그들은 잔인하게 해결하고 있었다.

나는 헉헉거리며 매트가 깔려 있는 바닥에 누웠다. 쉽지는 않았지만, 얌전히 있어야만 나갈 수 있다는 것을 점차 깨달았다. 1~2분 정도 바닥에 가만히 누워 있다가 다시 시도했다. 동정심을 유발할 생각으로 눈물을 줄줄 흘리며 병동 보조원을 지그시 응시했다. 그는 철저히 무관심했다. "이거 봐요, 이제 진정했어요. 날 보라고요! 여기에 얼마나 가둬놓으려는 거야! 날 보라고!" 나는 고함을 질렀다.

그는 내게 눈길 한 번 주지 않았다.

나는 매트에 다시 앉아서 명상을 하기로 했다. 숨을 깊이 들이쉬고, 깊이 내쉬었다. 이렇게 스무 번 하는 거야. 심호흡을 스무 번 하는 거야. 나는 이슬람교도의 기도 자세를 취했다. 무릎을 꿇고 앉은 다음에 벽을 향해 상체를 기울였다. 그리고 내가 믿지 않는 온갖 신에게 도움을 청했다. 무릎이 아팠다. 축구팀에서 뛰던 시절에 생긴 관절염 때문이다. 그래서 드러누워 사바사나라고 하는 요가의 휴식 자세를 취했다. 숨을 쉬자. 발가락을 벽에 대고 밀었다. 벽이 밀렸다. 벽이 밀렸어! 예수가 겨자씨만 한 믿음으로 산을 움직였다면 왜 나라고 벽을 몇 센티미터 못 움직이겠는가? 순간 평온한 감정이 밀려왔고, 나는 이제 병동 보조원의 정신을 조정할 준비가 되었다고 느꼈다. 자비로운 표정으로 바라볼 거야. 그럼 나의 자비를 느끼고, 똑같이 내게 자비를 베풀겠지. 문에 난 조그만 창문에 얼굴을 대고 눈을 마주치려 했지만, 그는 멍하니 딴 곳을 보고 있었다. 소리를 내어 주의를 끄는 대신, 헤아릴 수 없을 정도로 강력한 내 정신력을 이용하기로 했다.

마침내 그가 나를 돌아보았지만 그의 정신을 조정하지는 못했다. 병동 보조원은 '형씨, 당신은 여기 종일 있을 거야.' 이런 표정으로 고개만 끄덕거릴 뿐이었다. 공황이 몰려와 순식간에 평온한 기분을 밀어냈고, 나는 벽에 다시 머리를 찧기 시작했다. 그에게 겁을 주고 싶었다. 겁이 나서 의사를 부르게 만들고 싶었다. 그러나 그는 무덤덤했다. 아마도 이런 이유로 벽에 온통 매트를 붙박아놓은 모양이었다. 나는 다시 바닥에 드러누워 울기 시작했고, 머리가 미칠 듯이 아프다가 기절했다.

다음 날 아침에 깨어보니 내 병실이었다. 내 옆에 마법같이 엄마가 있었다. "버드! 언제 왔어?"

"자정 좀 지나서. 할머니가 너를 병원에 데려갔다고 해서 시카고에서 곧장 돌아왔어."

엄마에게 할 말이 너무 많았다. "펜이랑 종이 좀 줘. 딩장. 적어놓아야 하는 것들이 있어."

엄마가 늘 소지하고 다니는 종이와 펜을 주었다.

"목록을 작성해야 해."

"해보렴."

나는 맹렬하게 쓰기 시작해서 다음과 같은 목록을 작성했다.

반드시 일어나야만 하는 일들

1. 프로듀서는 자위해야 한다.
2. 나는 엄청난 부자가 된다.
3. 아무도 고의로 범죄를 저지르지 않는다.
4. 나는 변호사이자 코미디언이다.
5. 어떻게든 보상을 한다. 성차별에 관해 무언가를 해야 한다.
6. 나는 절대 성병에 걸리지 않는다.
7. 이 목록을 내일 다시 작성한다.
8. 이 세상 사람 모두의 사회적, 경제적 지위를 향상한다.

나는 목록을 건네주고 엄마가 다 읽을 때까지 참을성 있게 기다렸다. 이 목록이 나를 자유롭게 해주리라고 생각했고, 엄마도 동의할 거라고 믿어 의심치 않았다.

"이게 전부 말이 되는지 모르겠다, 잭."

"엄마가 이해하지 못한다고 말이 안 되는 건 아냐. 잠깐, 하나 더 추가해야 해. '무슨 일이 있어도 내 등털은 밀지 않는다.' 그걸 9번에 적어줘."

엄마는 슈퍼에서 달걀 사는 걸 기억하려는 것처럼 내 말을 받아 적었다.

"엄마, 나는⋯ 아, 그걸 뭐라고 하지? 예수 손이랑 발에 있는 상처? 아니면 누가 도넛에서 성모마리아 형상을 보는 것?"

"성흔."

"맞아, 성흔. 내 등털에 성흔이 있어. 내 등털에 성모마리아가 깃들어 있어. 거기에서 내 힘이 샘솟는 거야."

"아들, 네 등털에 성모마리아가 있지는 않은 것 같아." 엄마는 나와 논쟁하는 대신 내 광기의 언저리를 더듬으며 조금씩 나를 현실 세계로 이끌려고 했다.

"있어. 엄마 눈에 안 보이는 것뿐이야. 엄마는 예수에 대해 언제 처음으로 배웠어?"

"오늘은 영적인 기분이 충만한가보구나. 엄마가 부탁할 게 있어. 들어줘야 해, 알았지?"

"최선을 다할게." 어머니의 말씀을 경외하는 효자의 말투.

"복도에서 달리면 안 돼. 널 독방에 넣을 수밖에 없었다고 직원이 말했어. 엄마는 네가 독방에 갇히는 게 싫어."

"흠, 내가 너무 빨라서 통제 불능으로 보이는 거야. 나처럼 빠른 인간을 본 적이 없으니까 놀랐겠지. 난 미식축구 코너백만큼 빨라."

"부탁이야. 제발 달리지 마. 할머니를 생각하렴. 할머니가 들었으면 뭐라고 하시겠니?"

"재커라이아, 이놈! 그리고 어쩌면 꼬집었겠지."

"맞아. 그러니까 할머니를 생각해서 달리기는 하지 마."

"최선을 다해볼게. 사실, 난 죽고 싶지 않아. 상자 속에 들어가고 싶지 않아. 하지만 내가 여기서 죽을 거란 사실을 받아들이기로 했어. 사람들이 날 상자에 넣어서 여기서 데리고 나갈 거야." 내가 예수는 아니었지만, 등털에 성모마리아를 품고 있으며 초능력까지 있다는 사실을 고려하면, 적어도 예언자 수준은 되었으므로 순교할 가능성이 높다고 판단했다.

"아들, 넌 여기서 죽지 않을 거야. 회복할 거야."

굿 셰퍼드 병동 4일째 (2010년 12월 30일)

Z가 오랫동안 울었다. 이슬람교의 신과 기독교의 신 모두에게 기도했다. 바닥에 휴지가 널려 있었고, 쓰레기통에는 수건이 가득했다. 벨뷰에서보다 상태가 안 좋다. 병원에서 '낙상 위험'이라고 적힌 노란색 밴드를 Z의 팔에 감아놓았다. Z는 자신이 신성모독적인 말을 할 때마다 히터가 소리를 낸다고 믿는다. 간호사가 말했다. "어머님 아들은 두 발로 서서 잠을 자요."

굿 셰퍼드 병동 6일째 (2011년 1월 1일)

Z가 물을 주전자째로 끊임없이 들이마신다고 병원에서 음료를 제한하고 있다. 간호사가 말하길 몸에서 약을 배출하려는 것 같단다. 샤워를 계속 하는데, 종종 옷을 입은 채로 한다. 이유는, "나쁜 짓을 많이 했는데, 샤워는 단순히 몸의 때를 씻는 것이 아니라 영혼을 정화한다고."

굿 셰퍼드 병동 7일째 (2011년 1월 2일)

Z가 지속 감시를 받고 있다. 군인 인상의 병동 보조원이 Z의 병실 밖

에 접이식 의자를 놓고 앉아서 지키고 있다. 어제는 그 사람이 Z를 "뉴욕에서 온 개자식"이라고 부르는 걸 들었다. 내 아들에 대해서 말하고 다니지 말라고 주의를 주었다. "아주머니 아들이 누군데요." "뉴욕에서 온 개자식요."

굿 셰퍼드 병동 9일째 (2011년 1월 4일)

병원에서 Z 병실의 물을 끊었다. 화장실에 물이 넘치도록 틀어놓았기 때문이다. 왜 아직까지 제정신이 돌아오지 않는지 이해할 수 없다고 간호사가 말했다. 새로 온 간병인의 이름은 개리다. 인내심이 많고 잭과 잘 어울린다. 개리의 이름이 G로 시작하기 때문에 Z는 개리가 신(god)이라고 생각한다.

굿 셰퍼드 병동 10일째 (2011년 1월 5일)

뜬금없는 말들.

1. 포레스트 검프처럼 달리고 싶어.

2. 츄바카 소리 내줄게(그리고 실제로 소리를 낸다).

오늘은 내가 안 나가려고 하자 병원 직원들이 날 건물 밖까지 연행했다. "어머님이 계시면 상태가 많이 나아져요."라고 말한 다음에 쫓아내는 건 또 뭐지. 두렵다. 잭이 이곳에서 나오지 못할까봐. 주립병원으로 보내질까봐. 다신 변호사로 일하지 못할까봐.

　　나는 나의 무한한 정신력을 증명하려고 공동 병실에서 물구나무서기를 하기 시작했다. 봐라, 이게 바로 엄청난 집중력과 명상의 힘이라는 거다. "넌 이거 못하지?" 물구나무서기에서 내려오기 전에 내가 제일 싫어하는 간호사에게 이죽거렸다.

"못해. 하지만 난 정신병자도 아니지." 간호사가 되받아쳤다.

"난 널 초월할 수 있어. 너희는 내 정신을 지배하지 못해. 난 이걸 오직 명상의 힘으로 하는 거야. 요가도 안 하거든." 체조 묘기를 부리다가 또다시 독방으로 끌려갔다. 사면이 매트인 그 방은 내 별장이나 다름없었다.

내가 떠올린 새로운 파티 방법은 병원 사람들에게 더 큰 골칫거리를 안겨주었다. 나는 발가벗고 복도를 돌아다니기 시작했다. 엄마 앞에서도 실오라기 한 올 걸치지 않고 병실 안을 걸어 다녔다.

"잭! 옷 입어. 그러다 주립병원으로 보내질지도 몰라!"

이쯤엔 나도 떠날 때가 되었다고 생각했다. 굿 셰퍼드 병동은 벨뷰 병원보다 탈출하기 쉬워 보였다. 일단 1층에 있다. 병동의 복도 끝에는 바닥에 미끈거리는 타일이 깔린 간호사실이 있다. 전속력으로 달려서 그곳을 지나치면 평소에 잠가놓지 않는 문이 6미터 앞에 있고, 그 문을 지나면 주차장이다. 간호사실은 쉽게 지나칠 수 있겠지만, 병원 출구에는 경비가 항시 서 있었다. 그 경비는 투견처럼 근육질이고, 머리는 군인처럼 네모나게 바짝 깎았는데, 정수리 머리가 옆머리의 두 배 정도 길다. 누군가를 때려눕힐 기회를 두 팔 벌려 환영할 듯했다. 하지만 다시 생각해보면, 평소에 아무도 드나들지 않는 출입구를 열심히 지켜봤자 얼마나 열심히 지키겠어.

매우 열심히 지키고 있는 것으로 판명났다. 나는 접근금지 노란 선에 최대한 바짝 다가섰다. 아마 이것부터 실수였던 것 같다. 환자들은 간식이나 금연 껌 또는 깜박한 약 등 필요한 게 있을 때만 간호사실에 갔기 때문이다. 당번 간호사가 물었다. "필요한 거 있어요?"

"아뇨, 그냥 보는 거예요."

"단체실로 가서 앉아 있지그래요?"

"네, 그럴 거예요." 제길. 들켰나? 하지만 다시 생각해보면, 내가 이렇게 티를 낼 대로 내고서 탈출을 시도하리라곤 꿈에도 생각 못 하겠지. 주유소 편의점에서 보란 듯이 맥주를 훔친 다음에 여유롭게 천천히 걸어 나가는 것과 똑같은 심리 게임이다. 계산원은 도저히 믿기지 않아서 잠시 넋을 놓고 있을 테고, 그때 문을 열어젖히고 주차장으로 있는 힘껏 뛰는 거다.

나는 노란 선에서 반걸음 물러난 다음에, 간호사의 시선을 돌릴 속셈으로 출구 반대쪽을 빤히 쳐다봤다. 자, 겁쟁이. 더는 망설이지 마. 하나, 둘, 셋! 나는 펄쩍 뛰었고, 최고 속도에 이르렀을 때 허리를 구부리고 경비의 팔 아래로 지나가려고 했다. 나의 기발한 시도가 경비를 혼란에 빠뜨릴 것으로 예상했다. 그러나 그리 되지 않았다. 경비는 즉각 길을 가로막은 다음에 무릎을 구부리고 나를 들이받았는데, 다음 순간 나를 하도 세게 나자빠뜨려서 전기충격기로 맞은 줄만 알았다. "안 돼! 안 돼! 안 돼!" 경비가 외쳤다. 경비의 자세는 완벽했다. 그는 상하게, 차근차근, 일을 마무리 지었다. 경비는 나를 둘러메고 노란 선으로 돌아갔다. "놔! 놓으란 말야! 개새끼야, 놓으라고! 빌어먹을 파시스트야!"

"우리가 지금 어디로 가는지 잘 알 텐데요!"

"사람 가두니까 좋냐, 가짜 짭새야!"

나는 경비의 손을 뿌리치고, 다시 짓누를 핑계를 주지 않기 위해 내 발로 걸어갔다. 특별한 사유를 댈 필요도 없었을 것이다. 제압할 수밖에 없는 상황이었습니다. 나로 말하자면, 내가 어디로 가야 하는지 정확히 알았다. 독방으로 직진.

굿 셰퍼드 병동 12일째 (2011년 1월 7일)

수요일 오후 5시. 잭이 독방에 갇혀 있다. 오후 8시. 억제대에 묶여 있다.

굿 셰퍼드 병동 13일째 (2011년 1월 8일)

잭은 이 병원 환자 중 한 명이 사샤 배런 코엔이라고 믿는다.

굿 셰퍼드 병동 15일째 (2011년 1월 10일)

잭이 운동실에서 경비랑 공 던지기를 하다가 소프트볼로 경비 얼굴을 맞추었다고 한다. Z는 실수였다고 말했다.

소프트볼 사건 이후에 병원에서는 내가 오사와토미 주립 병원에 가야 한다고 더욱 적극적으로 주장하기 시작했다. "여기는 단기 치료 기관이에요." 그들은 우겼다. "상태가 전혀 나아지고 있지 않잖아요. 약이 안 들어요. 정신증이 2주 넘게 가고 있어요." 그들은 '이제 좀더 강력한 조치'를 취해야 한다고 엄마에게 말했다.

"무슨 일이 있어도 난 잭을 주립병원에 보내고 싶지 않아요." 엄마의 오빠는 인생의 마지막 15년을 주립 정신병원에서 보냈다. 따라서 엄마는 그런 시설들이 어떤지 잘 알았다. 낙후되고, 자금과 인력 모두 터무니없이 부족한 곳. 구속복을 입고 있는 오빠의 모습. "잭을 거기로 보낼 수는 없어요."

병원에서는 최후의 방책을 권했다. 전기치료 요법으로, 나의 뇌에 전류를 흘려 넣어서 의도적으로 짧은 발작을 일으키는 것이다. 이따금 전기치료 요법은 몇몇 정신질환의 증상을 빠른 시간 내에 완화한다. 병원에서는 내가 이 치료를 받고 정신증에서 번쩍 깨어나길 바랐다. 그들은 엄마에게 80년대에 제작된 관련 비디오를 보여주었다.

"내 아들한테 저런 짓을 하라고 허락하진 않을 거예요."

병원에서 나를 오사와토미로 보내자고 다시 설득하기 시작하자 엄마는 벨뷰 병원에서 그랬듯이 내 사진을 가지고 왔다. "당신들이 보고 있는 사람은 내 아들이 아니에요. 내 아들은 상냥하고 공감력이 뛰어나요. 페미니스트예요. 여자들에게 무례하지 않아요. 내 아들은 원래 저러지 않아요." 엄마가 사진을 보여주며 말했다. 그러나 병원 사람들은 내게 질릴 대로 질려 있었다. 엄마는 그들의 적대감을 눈치챘다. 간호사들은 자신에게 매일같이 모욕적인 말을 퍼붓는 미친놈이 사진 속의 남자와 달라 보인다고 인정하긴 했지만, 직업상의 의무로 돌보고 있는 남자에게 사진 속 남자를 대입하긴 어려웠다. 그들이 보기에 사진 속의 착한 남자는 이제 사라졌다. 그 남자를 대체한 미친놈을 다른 병원으로 떠넘기고 싶을 따름이었다.

굿 세퍼드 병동 17일째 (2011년 1월 12일)

Z를 오사와토미 주립병원으로 이송하라는 판결이 나왔다. 오전 11시 30분에 굿 세퍼드 병동을 떠났다. 난데없이 Z가 아버지에게 연락해서 관계를 만회하고 싶다고 말했다. 아무짝에도 쓸모없는 정자 기증자 같으니! 자기 아들이 정신병원에 있는 것도 모르지. 예수님, 도와주소서.

17

당시에 나는 몰랐지만, 우리 남매가 여름방학에 아빠를 만나러 캘리포니아로 갔던 건 엄마가 보내고 싶어서가 아니라 법원에서 명령했기 때문이었다. 양육권과 방문권을 결정하는 법정 심리가 열린 날, 맥은 네 가지 색조의 초록색을 몸에 두르고 시지윅 카운티 재판정에 나타났다. 에메랄드색 재킷, 재킷과 전혀 어울리지 않는 진녹색 바지, 라임빛 녹색 셔츠, 청록색 넥타이. 머리는 올백으로 빗어 넘겼다. 맥은 재판에 자기 어머니를 데려왔다. 버드는 맥이 아이들을 만날 자격이 없다고 딱 잘라서 말했다. 판사는 동의했다. "네, 그런 것 같습니다. 하지만 자녀들에게는 아버지를 만날 권리가 있죠." 이렇게 판결이 나온 까닭에 우리는 캘리포니아에서 여름을 보냈다.

아버지는 자격이 없지만, 자녀들은 권리가 있죠. 그 시절에 나는 단순히 아빠를 만나고 싶은 것이 아니라 아빠 같은 사람이 되고 싶었다. 입에서 크라운 로열 위스키 냄새가 나든 안 나든, 나를 재워주던 아빠의 손길이 그리웠다. "아빠, 턱수염 때문에 간지러워요." 매끈해 보이는 얼굴이 막상 닿으면 어떻게 그토록 까칠한 걸까? 더구나 아빠는 드럼을 쳤다. 악기 중에서 드럼만큼 폼 나는 것이 있으면 나와보라고 해라.

아빠랑 같이 있으면 남자가 된 기분이었다. 아빠가 우리와 같이 살던 시절, 나랑 아빠는 로라 스트리트에 있던 우리 집 측면의 콘크리트 계단을 슬레지해머 망치로 같이 때려 부수었다. 그것이 그때 내 인생에서 가장 자랑스러운 순간이었다. 그 망치는 내 몸무게 절반은 될 정도로 무거워서, 처음에는 망치를 들고 어깨 뒤로 넘기려다가 자빠졌다. 그렇다고 망치의 머리 바로 아래를 잡기는 싫었다. 나도 망치 자루를 손에 쥐고 뒤로 훌쩍 넘겼다가 내리찍고 싶었다. 나무꾼 폴 버니언이 장작을 패듯이. 그리고 아빠가 하는 것처럼.

날씨가 더웠고, 우리는 여느 노동자처럼 웃통을 벗었다. 엄마가 핫도그와 보라색 쿨에이드를 가져다주었다. 집 밖에서 간식을 먹고 음료수를 마셨다. 그것 또한 남자답게 느껴졌다. 여자들이 새참을 날라주는 것 말이다. 진짜 공사현장 인부들처럼 딱딱한 안전모자까지 썼으면 더할 나위 없었을 것이다. 그날 아빠는 일하는 내내 대마초를 피우고 크라운 로열에 콜라를 섞어 마셨다. 당시에는 아빠가 무엇을 피우는지 몰랐지만, 대마초를 피우는 친구가 생길 나이가 되자 나는 익숙한 냄새를 곧바로 알아봤다. 유년시절의 냄새였다. 아빠 친구 빌리 아저씨의 벨루어 소파에서 나던 냄새. 아빠가 기분이 좋을 때 나던 냄새. 우리가 계단을 때려 부순 날의 냄새.

그해 여름, 아빠를 만나러 처음 캘리포니아에 가기 전까지 그곳은 내게 하나의 관념으로밖에 존재하지 않았다. 정글이나 남극과 마찬가지였다. 그곳이 세상에 있다는 건 알았지만, 텔레비전이나 잡지 표지에서 본 전형적인 이미지들의 모음이었다. 당시 내게 로스앤젤레스는 서핑하는 사람들, 디즈니랜드, 할리우드 명예의 거리, 금발, 레이커스 농구팀을 뜻했다. 아, 그리고 해변. 내가 아는 사람들 가운데 태평양을 제 눈으로 본 사람은 한국 전쟁에 참전했던 할아버지뿐이었다. 여름방학 동안에 멋져질 가능성이 무궁무진하게 떠올랐다. 내가 서핑을 배울 수 있을까? 켈로그 초등학교의 구내식당에서 나는 "이번 여름에 아빠 만나러 로스앤젤레스에 간다."라는 말을 대화 틈틈이 집어넣었다.

그때는 1990년이고 내가 고작 일곱 살이었으므로, 엄마와 할머니가 공항 게이트까지 우리를 배웅할 수 있었다. 이륙하는 비행기들을 구경하면서 할머니는 내가 성당에서 까불 때처럼 손을 꽉 쥐었다. 축구장보다 길고 우리 집보다 높은, 날개가 달린 거대한 상어 같았다. 비행기가 전투기가 아니라는 것쯤은 알았지만 그래도 어딘가에 총이 있을 거라고 상상했다. (아마도 터빈 엔진에서 두두두 나오지 않을까.) 터미널에서 어슬렁대는 조종사들은 전부 영화 『탑건』의 구스 중위 같았는데, 안타깝게도 매브릭을 닮은 사람은 없었다. 하지만 한 시간에 483킬로미터라니! 시속 483킬로미터로 하늘을 날아가다니! 나는 비행기가 우주선이 발사하듯 출발할 거라고 예상했다. 아빠랑 얼른 다시 『탑건』을 보고 싶었다. 우리와 함께 살 때 아빠는 그 영화를 거의 매일같이 보았다. 나는 소파의 아빠 옆자리에 눕고 싶어서 잠이 안 오는 척을 하곤 했었다.

씩씩한 척하던 엄마는 성인과 동행하지 않는 미성년자 차례라는 안내방송이 나오자 울음을 터뜨리고 말았다. 알렉사누나도 울었고, 그래서 나도 덩달아 울음보가 터졌다. 애덤은이별의 슬픔에 동참하기에는 너무 어렸기 때문에 리틀풋 인형을 꼭 끌어안기만 했다. 당시 애덤은 〈공룡시대〉를 비디오테이프가 늘어날 정도로 많이 봤다. 알렉사 누나는 우리를 기다리고 있는 여름방학을 정확히 예측했기에 울었다. 나는 단지 엄마랑 할머니를 오랫동안 못 본다는 생각에 울었다. 그때껏 나는 엄마와 24시간 이상 떨어진 적이 없었는데, 여름내보지 못하게 되었다. 여름이 지나고 다시 만났을 때 우리는키가 자랐을 것이다. "동생들 잘 보살펴야 해." 엄마가 알렉사누나를 끌어안으며 당부했다.

맥은 난폭하게 운전했다. 왼쪽 차선, 오른쪽 차선, 왼쪽차선, 다시 오른쪽 차선. 그러는 내내 "머리를 똥구멍에서 빼란 말이다, 새꺄!"나 그와 비슷한 말을 고래고래 외쳤다. 나는 그게 무섭지 않고 너무너무 웃겼다. "머리를 똥구멍에서빼란 말이다!" 이 얼마나 재밌는 표현인가. 405번 고속도로를 달리는 모든 운전자가 '저런 머저리'였다. 맥이 머저리들 사이를 요리조리 달리는 동안 알렉사는 대시보드를 꽉 잡고 소리 내어 한숨을 쉬었다. "뭐 좀 먹으러 가면 안 돼요, 아빠?"

"그래, 알았다. 하지만 그 전에, 할리우드에 온 것을 환영한다!" 맥은 할리우드가 자기 집이라도 되듯이 말했다.

맥은 우리를 레드로빈 패밀리 레스토랑에 데려갔다. 내가 가본 식당 중에 최고였다. 실례합니다. 제가 메뉴를 제대로 읽은 게 맞나요? 무제한 감자튀김 리필이라고요? 계속 가져다주세요.

"내가 홈리스였으면 매일 아침에 여기 와서 온종일 감자튀김만 먹을 거예요."

"밥이나 먹어라."

엄마는 나의 교활한 계획에 감탄했을 것이다.

레드로빈에서 밥을 먹은 뒤에 맥은 할리우드 사인을 보여주려고 길을 우회했다. "옛날에는 할리우드랜드라고 쓰여 있었다!" 할리우드랜드라니, 그런 멍청한 이름이 다 있나. '할리우드'가 훨씬 머리에 쏙 박힌다. 아마 그래서 바꾸었겠지. 맥이 수고스럽게도 무제한 감자튀김을 주는 식당에서 외식을 시켜주고, 유명한 할리우드 사인을 보여준 이유가 어쩌면 우리가 여름방학을 보낼 곳이 할리우드는커녕 로스앤젤레스도 아니라, 로스앤젤레스 카운티의 교외에 있는 세리토스이기 때문이었는지도 모른다. 세리토스에는 타겟 대형마트, 주류 판매점, 중국 마사지숍, 그 옆의 보험 사무소가 들어찬 쇼핑센터밖에 없었다. 바다는 어딨지? 서핑하는 사람들은? 톰 크루즈는 어딨다는 거야?

캘리포니아는 우리 주머니 사정에 벅찬 미지근한 모험의 연속이라는 게 곧 판명났다. 열 살이었던 알렉사 누나가 제일 먼저 이것을 콕 집어서 언급했다. 우리는 거의 매일 밤 외식했다. 시즐러, 수플랜테이션, 아니면 레드로빈. (이따금 크래커 배럴에도 갔는데, 길 건너편에 있는 중세시대 테마 식당인 미디벌 타임스에는 간다는 약속만 받고 끝내 못 갔다.) 저녁 식사 비용은 평균 50달러가 나왔고, 거의 항상 소니 회사에서 일하는 맥의 새 여자친구 매기가 계산했다. 우리가 처음으로 방문한 그 여름에 맥은 지역 신문사에서 아주 가끔 편집 일을 받았는데, 일이 없을 때가 있을 때보다 훨씬 많았다. 맥이 빈털터리라는 사실을 알렉사 누나가 눈치챘기 때문에 나 역시 알게 되었다. 알렉사 누나는 아빠에게 부탁하곤 했다. "오늘 저녁엔 그냥 빵에 피넛버터랑 잼 발라서 먹으면 어떨까요? 내가 만들게요."

"난 빵 쪼가리로 저녁을 때우지 않는다." 맥이 말했다.

식당에 가면 창피해서 쥐구멍에 숨고 싶었다. 맥은 매번, 심지어 훗날에 그의 두 번째 아내가 된 매기가 보는 앞에시도 일하는 여자들에게 지분거렸다. 우리가 가는 식당에서는 직원들이 보통 명찰을 달고 일했기 때문에 웨이트리스의 가슴께를 보면 이름을 알 수 있었다. 맥은 식사하는 내내 웨이트리스가 대학 친구라도 되는 양 친근하게 이름을 부르고 '허니'라는 말을 적어도 한 번은 끼워 넣었다.

맥이 직원들에게 집적거리는 것보다 심지어 더 창피한 것이 있었다. 가난한 데다가 식탐도 엄청난 맥은 식당에 갈 때마다 어김없이 웨이트리스에게 부탁했다. "여기 빵 좀 더 줄래요? 상자에 포장해줄 수 있나요?" 그러고서 마치 빵 전문가라도 되는 것처럼 말했다. "아주 잘 구운 빵이에요. 집에 몇 개 가져가면 좋을 것 같군요. 이 정도로 잘 구운 빵은 좀처럼 찾기 힘들죠." 우리가 사실은 돈이 없어서 빵을 가져간다는 것을(맥은 빵 쪼가리로 점심을 때우는 것보다 잘난 사람이 아니었다) 내가 알아서인지는 몰라도, 태연한 척하는 맥의 말투에서 창피함이 진하게 묻어나는 것 같았다. 맥은 웨이트리스가 떠난 다음에도 연기를 이어갔다. "빵이 정말 맛있다. 그렇지? 맛있지 않니?" 네, 빵은 맛있죠. 버터 바른 빵은 원래 다 맛있어요.

우리는 식당 말고 다른 곳에서도 돈을 낭비했다. 영화관에서 상영하는 영화를 거의 다 보았고, 신작들을 섭렵한 뒤에는 달러 영화관에 가서 옛날 영화를 봤다. 적어도 달러 영화관에서는 마음이 편했다. 거기서는 알렉사 누나도 이렇게 말할 필요가 없었다. "어린이 셋에 15달러, 어른 둘에 16달러에요. 그럼 31달러죠. 그리고 아빠는 팝콘이랑 콜라를 꼭 라지 사이즈로 두 개 시키니까, 그럼 17달러를 더해서 총 48달러예요."

"영화관에서 어떻게 팝콘을 안 먹니" 맥은 구시렁댔다. 맥은 팝콘도 그냥 먹지 않고 꼭 특정한 방식으로 준비해달라며 유난을 떨었다. 영화관 매점 직원이 "버터 뿌려드려요?"라고 물으면 맥은 늘 이렇게 답했다. "켜켜이 뿌려줘요." 그게 무슨 뜻인지 매번 설명해야 했는데도, 맥은 자신의 요구가 특이하다는 것을 절대 인정하지 않았다. 실은 자기가 설명할 수 있게 직원이 물어봐주기를 은근히 기대하는 듯했다. "통에 팝콘을 조금 담고 버터를 뿌리고, 그 위에 팝콘을 나시 힌 무더기 얹고, 버터를 뿌리고, 자, 이제 알겠죠? 꽉 찰 때까지 되풀이하는 거예요." 맥은 그게 웃긴다고 생각했다. 그런 요구가 무례하다는 것은 초등학교 2학년도 알았다. 그러고는 맥은 우리를 돌아보고 고개를 절레절레 저으며 눈알을 굴렸다. 이런 멍청이들 봤나, 버터를 켜켜이 뿌린다는 말이 무슨 뜻인지도 모르네. 알렉사 누나와 나는 어깨를 으쓱하거나 입을 꾹 다문 채로 미소를 짓거나 또는 눈살을 찌푸림으로써 서비스업종 직원들에게 말없이 사과하는 법을 익혔다. 그쪽이 잘못한 거 아니에요. 이 사람이 이상한 거예요. 인공적으로 버터 맛을 입힌 캐놀라유 범벅의 팝콘을 먹으면 어김없이 배탈이 났다. 그래도 나는 도저히 멈추지 못하고 우걱우걱 계속해서 먹었다.

맥은 영화가 끝나고 엔딩크레딧이 다 올라갈 때까지 앉아 있었다. "흠, 그레그 캘빈이 참여했네." 맥은 혼잣말을 가장하여 우리 모두에게 말했다. "아, 앤 슈나이더도 있군." 맥이 그 사람들과 실제로 아는 사이라고 매기는 믿는 척했다.

누군가 무슨 일을 하냐고 물으면 맥은 이렇게 대답했다. "제작자이자 감독이자 편집자죠." 어떨 때는 아주 담담하게, "텔레비전 업계에 있습니다." 또는 "연예계에 몸담고 있죠." 라고 말했다. 사실, 머리를 똥구멍에서 빼고 현실을 직시해야 하는 사람은 맥 본인이었다. 맥도 간혹 정신 차리고는 자기 입으로 그렇게 인정하고 계획을 세우기도 했다. 나한테 전화해서 이렇게 운을 뗐다. "이제 머리를 똥구멍에서 빼려고 한다." 곧, 내일, 아니면 다음 주에. 이 남자에게는 머리를 똥구멍에서 빼는 것이 무척이나 복잡하고 까다로운 모양이다.

그의 자식들이 보기에는 자못 단순한 해결방안이 존재했다. 매년 여름 우리는 맥에게 일자리를 구하라고 부탁했다. 무슨 일이든지 간에 좀 하라고. 세리토스 몰에 있는 레드로빈에 들어가면서 알렉사 누나는 '직원 구함'이라는 사인을 은근슬쩍 소리 내어 읽었다. 그 수법이 통하지 않자 결국에는 대놓고 물었다.

"레드로빈에서 일하면 어때요?"

"난 음식 나르는 일 따위 안 한다."

"그럼 베스트바이에서 일하면 어때요?"

"거기선 봉급을 쥐꼬리만큼 준다."

"그래도 안 버는 것보단 낫죠."

"난 할리우드에서 일하고 있어."

"홈디포는 어때요?"

"최저임금 받고 일할 생각 없다. 난 할리우드 체질이야."

2007년, 로스쿨을 졸업하기 바로 전해에 나는 아빠를 만나러 캘리포니아에 갔는데, 그것이 내 마지막 방문이 되었다. 캘리포니아에는 10년 만에 가는 것이었고, 그 10년 동안 아빠를 아마 다섯 번쯤 보았다. 아무것도 변하지 않았다.

우리는 종일 차고에서 대마초를 피우며 자동차를 수리한 다음에 아파트로 갔다. 아빠네 집에 가면 해가 내일 뜨리라는 사실만큼이나 확실하게 고주망태로 취해 있을 두 번째 아내가 혀가 잔뜩 꼬인 채로 웅얼거리면서 취기를 감추려고 애썼다. 이미 12년 전 어느 여름에 나와 알렉사 누나와 애덤은 매기가 알코올중독자라는 증거를 총천연색 생방송으로 목격했다. 그때 우리는 〈모리 포비치〉라는 토크쇼를 세 시간 연속으로 보면서 맥도날드에 데리고 가주기를 기다리고 있었다. 위층에서 맥이 소리를 질렀다. "그렇게 좋으면 아예 뒤집어쓰고 다니지그러냐?" 뒤이어 의심의 여지 없이 보드카를 얼굴에 뒤집어쓴 사람이 내지른 충격의 외마디가 들렸다. 그리고 누군가가 벽에 무언가를 던졌다. 우리는 텔레비전 소리를 줄였다. 위층에서 벌어지고 있는 드라마가 훨씬 흥미로웠다. "마누라가 술이나 숨겨서 다니고 말야!" 맥이 소리쳤다.

"감히 나한테 술을 끼얹어!" 우리가 이미 눈치챈 사실을 매기가 확인시켜주었다. "씨발, 개자식!"

몇 분 후에 맥이 일요일 아침처럼 평온한 표정으로 내려와 담담하게 물었다. "영화 보러 가고 싶니?" 우리는 영화를 보러 가고 싶었다.

매기는 영화를 보러 가고 싶지 않았다.

그날 저녁에 맥은 술이나 숨겨서 다니는 마누라를 무시하고 내가 일구어나갈 법률 커리어에 대해 이런저런 질문을 던졌다.

"내 법적 대리인 해줄 거니?"

"무슨 말이에요?"

"내 법적 문제를 맡아줄 거냐고?"

'내 법적 대리인 해줄 거니?'라는 문장의 뜻은 알아들었지만 일도 안 하는 아버지가 특별히 법적 대리인이 필요할 거라는 생각은 들지 않았다. 게다가 나는 로스쿨 2년째 과정에서 형법을 전공하고 있었다. "그건 왜요?" 내가 물었다. "범죄를 저지를 계획이에요?" 주차 과태료 때문에 물어보는 것이기를 간절히 바랐다.

맥은 텔레비전을 가리켰다. 우리는 『오션스 12』를 보고 있었다. "아니, 그러니까, 내가 오션스 13을 제작하면, 법률 문제를 맡아주겠냐고."

빌어먹을. 쇄골에서 두개골로 열이 뻗쳤다. 곧바로 딱 잘라서 말하고 싶지 않았지만 그렇다고 침묵을 길게 끌어도 안 될 것 같았다. 참자, 참자, 이렇게 말하고 싶어도 참아. 그러니까, 아빠가 조지 클루니한테 전화라도 하려고요? 어이, 조지. 브래드한테 전화 한 번 때려봐. 애들 모아서 영화 한번 만들어보자고. 스티븐 소더버그는 꺼지라고 해. 우리 집 차고에서 찍지. 이 말은 가까스로 삼켰지만 그래도 한마디 안 할 수가 없었다.

"진심으로 아빠가 오션스 13을 제작할 수 있다고 생각해요?" 내가 물었다.

"왜 못해?" 침묵이 이어졌다.

왜인지 정말 몰라서 묻냐, 이 자식아. 넌 오션스11이나 12를 만들지 않았어. 네 알코올중독자 마누라는 너무 취해서 쿠스쿠스도 못 데우고 부엌에 멍하니 서 있지. 넌 싸구려 MGD 맥주를 마시고 있어. 네 유일한 컴퓨터는 허접한 16킬로그램짜리 가정용이고, 집에는 인터넷도 안 깔려 있지. 네가 최근에 맡은 '프로젝트'라는 건 고작 프린트 토너 카트리지 리필 광고였고, 네가 떠벌렸던 것처럼 미래 필수품으로 뜨지 않았어. 넌 건강보험도 없고 휴대전화도 없지. 지난 45분 동안 말보로 울트라 라이트를 일곱 개비 피웠고, 열두 살 생일 때 네가 나한테 사준 야구공 장난감은 아직도 상자에 담긴 채로 네 차고에 있어. 수리한답시고 콘크리트 블록에 올려놓은 똥차만 세 대고, 은행 계좌도 없지. 대마초마저 옆집 이웃한테 구걸해서 피우잖아. 넌 오션스13이나 14, 아니, 57도 제작하지 않을 거야.

"그러니까, 내가 머리를 똥구멍에서 빼고 오션스13을 제작하면, 법률 문제를 맡아줄 거냐, 이 말이지?" 맥은 완벽히 진지했다.

제기랄….

"네, 물론이에요. 커미션이 두둑하겠네요. 어떻게 하는지는 모르지만 알아낼 수 있겠죠."

"물론 알아낼 거다!"

무심결에 나는 맥과 대화할 때 지켜야 하는 규칙의 1항을 어겼다. 아버지한테 잘 보이려고 하지 마라.

내가 대리인이 되기로 약속하자 맥은 한 가지를 더 부탁했다. "선서한 다음에 그 사람들이 알려주는 기밀을 내게도 말해줘야 한다."

"네?"

"그 기밀 있잖니. 법정에서 선서한 다음에 변호사들한테 알려주는 기밀이 있어."

"그래요?" 비웃는 것처럼 보이지 않고 음모론을 묵살하려면 고도의 기술이 필요하다. 게다가 맥은 수많은 주제에 이상한 믿음이 있어서, 내가 만일 변호사들의 '기밀'에 반론을 제기하면 맥은 건강보험, 투표 조작, 성범죄자, 할리우드의 정치, 예수, 성경 등 끝없이 다른 주제를 걸고넘어질 것이다.

"그럼요. 꼭 알려드릴게요." 우리는 MGD 맥주캔으로 건배했다.

18

사샤 배런 코엔이 나와 함께 굿 셰퍼드 병동에서 주립병원으로 이송되었다. 우리의 목적지는 B2 병동이었다. 오사와토미 주립 정신병원에서 폭력적이거나 성적인 문제를 일으킨 환자들을 모아놓는 곳. 굿 셰퍼드 병동 사람들은 내가 두 항목에 다 해당한다고 기록했다. 소프트볼 사건 탓에 난폭하다고 판정받았으며, 옷을 벗고 돌아다닌 탓에 성범죄자로 찍혔다.

겨울의 음울한 잿빛 렌즈로 보아도 캔자스 초원을 수놓은 농장과 울타리는 목가적이고 아름다웠다. 창밖의 풍경은 고요하기 그지없었다. 내 머릿속 상황과 정반대였다. 밴에서 탈출하기만 한다면 저 초원을 죽을 때까지 달릴 수 있을 것 같았다. 잠긴 문이 존재하지 않는 저곳으로 가고 싶었다. 과연 어떤 지옥이 오사와토미에서 기다리고 있는지 어렴풋하게라도 짐작했다면 나는 젖 먹던 힘까지 끌어내서 탈출을 시도했을 것이다.

오사와토미 주립병원은 위치토에서 거리상으로는 두 시간 떨어져 있지만, 발전 정도로는 수십 년 뒤쳐져 있다. 광활한 캔자스 초원의 한복판에 자리한 이 병원은 1866년에 캔자스 정신병자 수용 시설이라는 이름으로 처음 설립되었다. 미치광이들을 가둬두는 시설에 병원이라는 이름을 붙이기 시작한 것은 근래의 일로, 옛날 사람들은 직설적인 어법을 선호했다. 유령이 들끓은 탓에 기존 건물은 오래전에 철거했는데, 고작 유령에 대한 흉문 때문에 건물을 허물어뜨렸다면, 그것을 대체한다고 70년대에 새로 지은 건물은 왜 아직까지 남아 있는지 의아스럽다. 건물에 들어서자 그 옛날의 리놀륨 바닥은 덕지덕지 때가 타고 여기저기 벗겨져 있었다. 급수대는 벽에 포장용 테이프로 붙여놓은 듯했고, 그나마 아직 작동하는 형광등에서 오싹한 불빛이 스며 나왔다.

오사와토미 주립병원으로 이송되었을 즈음에 나는 정신증 발작을 불쑥불쑥 겪고 있었지만 사이사이 제정신이 돌아오고 있었다. 그렇다고 해도 내게 일어나고 있는 일을 제대로 지각하고 있지는 않았다. 복용하고 있던 독한 약에 취해 지난 몇 주간 내가 어디에 있었는지 찬찬히 생각해볼 인지력이 없었다.

노인네 한 명이 바지를 엉덩이 한참 아래까지 내리고 단체실을 돌아다니고 있었다. 노인네가 자기 성기를 만지작거리면서 돌아다니는데 아무도 신경 쓰지 않았다. 노인네는 지난 몇 년간 정부를 상대로 음모를 꾸미며 숲속 오두막에 숨어 지낸 듯한 몰골이었다. 잔뜩 헝클어지고 뻗친 잿빛 머리, 머리와 조화로운 수염, 썩어가는 갈색과 노란색 치아. 마침내 병동 보조원이 바지를 올리라고 말했다. 노인네가 쉰 목소리로 무어라 중얼거렸는데, 말도 제대로 하지 못하는 것 같았다.

"몽크, 몽크, 몽크, 몽크! 몽크 몽크!" 2미터 키에 최소 110킬로그램은 나갈 듯한 어마어마한 근육질 거인이 복도를 배회하며 "몽크, 몽크! 몽크 몽크 만나봤어?"라고 지나가는 사람 모두에게 묻고 있었다. 아무도 그에게 꺼지라고 하지 않았는데, 그렇게 말하기엔 너무 겁에 질렸거나, 아니면 완벽히 무심해 보였다. 그 덩치의 사내가 여섯 살 꼬마의 목소리로 말하고 있어서 더욱 무시무시했다. 실버백 고릴라에 버금가는 덩치와 힘을 지닌 여섯 살 아이를 상상해보라.

거인은 나를 발견하자마자 달려와서 몽크 몽크를 만나보았냐고 물었다. "몽크 몽크. 얘는 몽크 몽크야. 내 이름은 그레고리고, 얘는 몽크 몽크야. 몽크 몽크한테 인사해." 커다랗게 팽창된 눈동자가 눈구멍 속에서 데굴데굴 굴렀다. 이 남자가 존나 미쳤다는 것을 미친 사람도 알 수 있었다. 나는 몽크 몽크에게 인사하는 편이 신상에 좋겠다고 판단했다.

남자 어깨에 얹혀 있는 원숭이 인형이 내게 새된 목소리로 인사했다. "몽크 몽크한테 뽀뽀해" 그레고리가 천진하기 짝이 없는 즐거움으로 얼굴을 빛내며 명령했다.

나는 몽크 몽크에게 뽀뽀했다.

"너는 참 아름답구나. 너도 알고 있어?"

"고마워." 내가 중얼거렸다.

"너랑 신나게 놀 수 있을 거 같아"

"만일 괜찮다면 플라토닉하게 지내자"

그레고리는 한바탕 신나게 깔깔거리고는 다시 방을 돌아

다니며 몽크 몽크를 외쳤다.

그곳 화장실에 처음 갔을 때 환자들이 단체로 샤워하고 있었는데, 아무도 감독하고 있지 않았다. 더구나 이곳은 폭력적이고 성적인 문제를 일으킨 환자들 전용 병동이다. 그레고리는 전자일까, 후자일까? 그가 어느 쪽인 것이 나한테 차라리 나을까? 아니면 둘 다 해당할까? 나는 시선을 들었다가 그날 들어 두 번째로 타인이 자위하는 광경을 봤다. 이 사람은 땀을 뻘뻘 흘리며 쾌감에 조용히 신음하고 있었다.

엄마는 바로 이튿날 오사와토미로 와서 피자헛, 주류판매점과 주차장을 공유하는 모텔에 방을 빌렸다. 모텔 방은 걸을 때마다 카펫이 삑삑거리고 발바닥에 끈적하게 달라붙었다. 균형이 맞지 않아 흔들거리는 테이블에 미니 냉장고가 올려져 있었다. 엄마는 냉장고를 내리고, 노트북 컴퓨터를 올려놓았다. 화장실의 변기는 물을 내리면 시트 바로 아래까지 물이 차올랐다. '방해하지 마시오' 표시판에는 반창고가 붙어 있었다. 그래도 모텔은 병원에서 고속도로 바로 다음 출구에 있었고, 엄마에겐 그것만이 중요했다.

엄마는 모텔 주인인 중년 인도인 남성에게 병원에 입원해 있는 아들을 돌보기 위해 장기투숙을 해야 하는데, 하룻밤에 45달러를 내기는 사정이 어려우니 40달러로 깎아줄 수 없냐고 물었다. 주인은 단칼에 거절했다. "그럼 내일 퇴실해야겠네요." 엄마는 말했다. 엄마가 모텔 카운터에서 방으로 돌아오자 주인이 전화를 걸어 40달러로 깎아주겠다고 했다. 손해 보는 장사지만 사정을 봐주겠다면서. 또한 자신은 인도에서 원래 교사였는데, 아내는 여전히 인도에 '머물고 있고' 아들은 의사라고 덧붙였다. 엄마는 자기 역시 교사고 아들은 변호사라고 말했다.

엄마는 닥터 싱과 통화하며 병원에 왔다. 닥터 싱은 정신증이 무려 16일간 지속되고 있으니, 강력한 조치가 필요할 수도 있겠다고 동의했다. 엄마는 일찌감치 와서 면회 시간이 되기를 기다렸다.

캔자스 억양이 강한 흑인 병동 보조원이 나를 면회실로 데려갔다. 면회자가 있는 환자는 나뿐이었다. 병동 보조원은 나를 따라 면회실로 들어와 구석의 철제 접이식 의자에 앉았다. 면회는 늘 감독 아래 진행되었다.

나는 고개를 들 기운도 없었지만 내가 폭력적이거나 성적인 문제를 일으킨 환자들의 병동에 있다는 사실은 인지하고 있었다. 병동에서 무시무시한 비명이 끊임없이 울렸다. 비명을 지르는 이유를 알 수 없어서 더욱 무서웠다. 눈으로 확인할 수 없으므로 상상력은 아무런 제약 없이 활개를 치며 최악의 상황을 그려냈다. 그리고 마치 코요테 무리처럼, 한 명이 소리를 지르면 연쇄작용이 일어나 다른 환자들도 덩달아 흥분했다. 공포가 빌어먹을 순환고리처럼 빙빙 돌았다. 정신증을 앓는다고 해서 공포를 느끼지 못하는 건 아니다. "날 여기서 내보내줘야 해." 나는 엄마에게 거듭 말했다. "여기서 내보내줘."

면회가 끝나면 엄마는 다음 면회 시간까지 오랫동안 걷거

298

나(눈보라가 치지 않는 날엔), 모텔방에 임시로 마련해놓은 책상에서 일을 하거나, 아니면 월마트에 갔다. 벨뷰 병원과 달리 오사와토미 병원은 삶의 즐거움 몇 가지를 허락했는데, 면회자가 직접 전달하는 것은 안 되고 우편으로 보내야 했다. 그래서 엄마는 월마트에서 육포, 도리토스 칩, 스니커즈 초콜릿, 사탕, 주스 등을 사서 우편으로 보냈다. 오사와토미 병원 음식은 심지어 벨뷰 병원보다 형편없는 끔찍한 수준이었으므로 이 간식들은 내게 생명줄이었다. 이런 보급품을 받는 사람이 나뿐이었으므로 나는 캔자스주가 떠맡은 다른 환자들과 나누어 먹었다. '먼저 물어보는 순서대로' 정책이 가장 공정한 듯했다. 환자들은 가리지 않고 다 잘 먹었지만 사탕을 특히 좋아했다. 인류애는 접어두더라도 내가 베푼 친절은 결국 내게 도움이 되었다. 나는 마치 교도소의 마피아 보스 같았다. 스니커즈 초콜릿 먹고 싶어? 그럼 개기지 마. 나한테 개기면 내 스니커즈 받아먹는 다른 놈들한테 널 밟아버리라고 할 거야.

엄마는 이따금 본인을 위한 쇼핑도 했다. 달러 제너럴이라는 잡화점에서 오사와토미 주민들은 엄마가 몸에 아주 살짝 붙는 청바지를 입었다고 눈을 흘겼다. 월마트에서 구매한 청바지라는 사실은 도움이 되지 않았다. 그러고서 엄마는 모텔로 돌아가 흑인 남성 대상의 대안교육에 대한 학술지를 읽었다. 가짜 남편을 여의고 두 번째로 정신병원에 입원한 아들을 돌보느라 박사 과정 연구에 차질이 많았다. 엄마는 또다시 졸업을 1년 미루어야만 했다.

두 번째로 면회 왔을 때 엄마는 병원 사람들한테서 "이 병동 환자들 중에서 아무도 퇴원하지 못했다."라는 말을 들었다. 이번에도 면회자는 엄마뿐이었다. 그것 역시 문제였다. "면회 오는 사람이 없어요. 가끔은 몇 달씩이나 아무도 안 와요. 다들 무관심한 거예요. 여기 환자들은 그야말로 혈혈단신이에요. 어떤 환자들은 벌써 몇 년씩이나 아무도 찾아오지 않았어요."

우리 집에서는 내가 고릴라일지 몰라도 그레고리는 진정한 킹콩이었다. 어느 누가 못 박은 각목을 들고 돌아다니더라도 웃통을 벗은 그레고리가 원숭이 인형을 어깨에 얹고 다니는 것만큼 공포스럽지 않으리라. 병동에서 싸움은 걸핏하면 났지만 아무도 그레고리를 건드리지 못했다. 병원 직원들도 적당히 거리를 두었는데, 그레고리는 즐거워하며 그 이유를 설명했다.

"난 해군 출신이야. 게다가 검은띠도 있어. 여기서 아무도 나를 묶어놓지 못해. 시도하면 큰코다칠걸."

원숭이 인형을 단짝으로 삼고 아기처럼 말하는 정신질환자 거인이 해군 출신이라고 상상하기는 어렵지만, 그레고리는 내 고등학교 친구 랜스와 닮았다. 랜스는 웨스트포인트 사관학교에서 우수 성적으로 졸업하여 육군 특전사가 되었고, 아이키도와 검술에 능했다. 그레고리는 랜스보다 넝지가 너컸다. 나는 그레고리의 말을 믿기로 했다.

"나한테 기술 좀 가르쳐줄래? 아프게 하지는 말고, 호신술 같은 거?"

"물론이지." 광적이면서도 차분한 웃음소리라는 것이 세상에 존재한다면, 그레고리의 웃음소리가 바로 그랬다.

"아프게 하면 안 돼, 알았지? 살짝, 천천히."

"너 다치게 안 해. 너 예뻐."

"알았어. 내가 주먹을 휘두를게." 나는 주먹을 그레고리의 얼굴 쪽으로 천천히 틀었다. "그럼…"

"손목을 잡고." 그레고리가 내 손목을 잡았다. "시계 반대 방향으로 돌려." 그레고리가 내 주먹을 시계 반대 방향으로 돌렸다. "왼손 주먹으로 코를 박살 내!" 그레고리는 내 코를 박살 내지 않았다.

그레고리는 천천히 움직였지만, 유연한 몸짓과 힘만 보아도 이 남자가 나를 얼마나 쉽사리 박살 낼 수 있는지 느껴졌다. 손을 쓸 필요도 없을 것이다. 돌려차기로 내 목을 꺾어버릴 수 있을 테니까. 하지만 역시 랜스와 마찬가지로 그레고리는 부드러웠다. 내가 "그만."이라고 말하면 그레고리는 즉시 멈췄다. 그레고리가 세상에서 이해하는 것이 딱 하나 있다면, 그건 바로 자신의 힘이었다.

그레고리는 능력을 뽐내며 무척 즐거워했지만, 한편으로는 자신이 인간 죽이는 기계나 다름없다고 증명했다. 그래, 지금은 그레고리가 나를 좋아한다. 그런데 만약 나를 싫어하게 되면? 또는 만약 그레고리가 가까운 사람들을 공격하는 경향이 있어서 이곳으로 끌려온 것이라면? 잠들기 전에 투정하는 아기처럼 그레고리는 자신의 충동을 조절하지 못했다. 광적이면서도 차분한 그 웃음은 단 한 번도 히스테리 발작으로 이어지지 않았지만, 끓는점 직전에서 느릿느릿, 그리고 일정하게 흐르고 있었다.

오사와토미 주립병원은 정신착란을 사유로 유죄 판결을 받지 않은 피의자도 수용하고 있었다. 이 사실을 나는 어떤 중남미계 청년과 이야기하다 알게 되었다. 이곳으로 보내진 이유를 묻자 그는 이렇게 말했다.

"살인." 나는 농담이라고 암시하는 웃음이나 말을 기다렸다. "이중 살인."

"잠깐, 정말로? 와, 깜짝이야."

"끔찍한 짓이지, 뭐. 두 사람을 죽였어. 난 그때 어렸고, 마약 문제가 있었거든."

"그럼 평생 여기 있어야 해? 아니면 당신이 자기 자신과 남들에게 위해를 가하지 않는다고 판정받을 때까지?"

"후자야. 아마 몇 년 더 있어야겠지."

청년은 키가 작고 앳된 얼굴이었다. 이 남자가 두 사람은 커녕 한 사람을 죽였다고 상상하기도 힘들었다. 총으로 쐈을까? 망치로 때렸나? 칼로 찔렀나? 목을 졸랐을까? 칼로 찔렀을 것 같았다. 칼부림이 정신병동과 잘 어울린다. 총을 쏘려면 일단 어느 정도의 기술과 판단력이 필요하다. 망치를 품에 지니고 다니는 사람은 없을 테고, 두 사람을 동시에 목 조르기는 힘들 테니까. 칼로 찔렀을 거다. 칼일 수밖에 없다. 나는 재단하지 않는다고 남자에게 말했다. 살인자의 눈 밖에 나서 좋을 것이 없기도 하지만, 그 말은 진심이었다. 사람들은 우리 국선변호인들에게 유죄임을 알면서 어떻게 변호하냐고 묻는다. 여러 이유가 있지만 그중 하나를 들어보자면, 나는 누군가의 인생에 선택이라는 게 과연 얼마나 있는지 의심스럽다. 엉망으로 살고 싶어서 그렇게 된 사람은 없으니까.

병동에서 비명과 싸움 소리가 적잖게 들렸지만 대부분 환자는 식물인간에 가까웠다. 자위하던 두 남자는 제대로 할 기력도 없었다. 아니, 자기가 남들 앞에서 무엇을 하고 있는지 알지도 못하는 듯했다. 병원에서 어떤 근거로 약물량을 추정해서 주는 걸까? 환자들을 무력하게 만들고 싶은 걸까? 약을 적게 주느니 차라리 많이 주는 편을 선호하는 것은 확실했다. 책임 문제만 고려해도 그렇다. 예를 들어 환자가, 그레고리라고 치자, 폭주해서 난동을 부리면 병원은 고소를 당할지도 모른다. 반대로, 환자에게 약물을 과잉 처방해서 치르는 값은? 침으로 흥건히 젖은 옷의 빨랫값 정도?

나의 약물 과잉 복용은 좀더 지저분한 결과를 불러왔다. 데파코트를 다시 복용하기 시작하면서 나는 난생처음 지독한 변비에 시달렸다. 사흘이나 큰일을 보지 못하자 걷기도 힘들었다. 아랫배가 콘크리트로 차 있는 것처럼 딱딱했다. 환자들은 무엇이든지 간에 필요한 게 있으면 일단 간호사실에 가야 했다. 두통? 타이레놀 한 알도 허락받고 먹는다. 그래서 나는 당번 직원에게 나의 고초를 하소연했다.

"필요한 게 있어요." 내가 배를 부여잡고 말했다.

"뭐요?"

"똥을 못 누고 있어요. 며칠이나 됐어요. 움직이기도 힘들어요."

"마그네시아유 줄게요."

마그네시아유는 약장사가 팔 법한 약처럼 들렸다.

"이거 먹으면 괜찮아질까요?"

"그럴걸요. 안 되면 다시 와요."

"꼭 돼야 해요. 너무 고통스러워요. 정말이에요."

간호사는 마그네시아유를 작은 플라스틱 컵에 담아주었고, 나는 달콤하고 텁텁한 액체를 한 번에 들이켰다.

"이제 어떻게 해요?"

"20~30분 기다려요."

"정말요? 더 빨리 효과가 나는 건 없어요? 힘들단 말이에요."

"일단 이것부터 먹어봐요."

20분을 기다렸다. 아무 느낌이 나지 않았다. 딴생각하려고 무던히 노력했지만 점점 더 심하게 배가 아파왔다. 나는 다른 약을 달라고 요구했다. 간호사는 마그네시아유를 한 컵 더 주었다.

"그거 병째로 다 마시면 안 돼요?"

"힘든 거 알아요. 좀만 기다려요."

나는 10분 뒤에 돌아갔고, 이번엔 말없이 고개만 절레절레 저었다.

그러자 간호사는 다른 서랍을 열고, 글루건에 넣는 글루 스틱처럼 생긴 플라스틱 총알을 꺼냈다. "이걸 항문에 넣어요. 이건 확실히 해결해줄 거예요." 복도를 뒤뚱뒤뚱 걸어가면서 나는 '확실히 해결해주는' 수단을 왜 처음부터 말해주지 않았을까 속으로 툴툴거렸다.

화장실에서 변기에 앉아 글리세린 총알을 항문에 넣었다. 약간 아팠다. 속이 너무 불편해서 주의를 돌리고 싶었던 나는 총알이 변비를 풀어주는 동안 샤워나 해야겠다고 생각했다.

옷을 이미 다 벗은 채로 변기에서 여덟 발자국 떨어져 있으면서 바닥에 실례하는 건 말이 안 된다고 생각할지 모르지만, 당신이 틀렸다. 굳이 나 자신을 변호하자면, 나는 글리세린 총알이 얼마나 강력한지 충분한 설명을 듣지 못했다. 내 몸은 신호도 보내지 않았다. 당장 가. 지금 뭘 하고 있든 다 내려놓고 화장실이나 들판으로 달려가. 달려가서 해결해야 해. 아무런 사전 경고 없이, 그냥 쏟아져 나왔다. 소화기처럼 뿜어져 나왔다. 샤워실 바닥에 온통 쏟아졌다. 내 평생 가장 창피하면서도 가장 시원한 순간이었다. 다행히 내가 현장에서 적발되더라도 이 사람들이 나를 어떻게 생각할지 마음을 졸일 필요는 없었다. 너희가 감히 날 판단해? 너는 복도에서 딸딸이 치고 있었잖아.

그래도 나는 인간인지라, 원초적 본능이 깨어나 내게 속삭였다. 얼른 치우고 당장 이 자리를 떠나. 심지어 개도 볼일을 본 다음에 진흙을 대충 차서 덮는다. 그러나 내겐 증거를 인멸할 청소 도구가 없었기 때문에 최대한 빨리 몸을 씻고 옷을 입었다. 그러는 내내 샤워실에 아무도 들어오지 않기만을 기도했다. 기적적으로, 나는 아무도 모르게 그 자리를 떠날 수 있었다.

어쨌든 그 순간에는 그렇게 생각했다. 일단 범죄 현장에서 최대한 멀리 가는 건 당연한 순서다. 그러고서 나는 수상쩍게 가깝지는 않지만, 그 광경을 발견한 사람의 비명이 들릴 거리에서 어슬렁댔다. 잠시 후 청소부가 커다란 노란색 대걸레 탈수통을 밀며 걸어왔다. "이제 시원해요?" 복도에서 마주친 순간 그가 내게 물었다. 나는 바닥에 시선을 고정한 채로 "네."라고 대답했다. 인정하지도, 부정하지도 못하겠습니다,라는 뜻이 전달되기를 바라면서.

한 사람의 감옥이 다른 사람에게는 집일 수 있다. 어느 저녁에 그레고리가 평소처럼 "몽크 몽크!"로 인사하고 나를 자기 방으로 초대했다. "너한테 보여주고 싶은 게 있어." 그레고리는 기념품으로 가득한 신발 상자를 서랍에서 꺼냈다. "이거 봐. '랭글리'라고 적혀 있지?" 그레고리가 진짜처럼 보이는 신분증을 내밀었다. "나는 CIA(미국중앙정보국)였어." 그레고리가 말했다. "아니, 사실," 그레고리가 정정했다. "지금도 CIA야. 한번 CIA는 영원한 CIA니까. 난 맨손 격투, 스쿠버 미션, 폭탄, 비밀 작전 전문가야. 난 람보야." 그레고리가 말했다. "내 머리를 만져봐. 거기…" 그레고리가 내 손을 잡고 자기 정수리에 올려놓았다. "바로 거기. 느껴져? 두드려봐." 나는 살짝 토닥였다. "아니, 그렇게 말고 제대로 쳐봐." 내가 툭 쳤다. "두피 아래 철판이 깔려 있어." 그 말이 사실이라고 생각될 정도로 그레고리의 머리통은 단단했다. 그레고리는 몸통에 있는 칼자국을 보여주고, 자신이 죽인 사람의 숫자와 살해 방법을 알려주었다. 스나이퍼 라이플, 칼, 헬리콥터 총이었다.

"아, 그리고 난 8품 검은띠야."

그다음에 그레고리는 내 뱃살을 부여잡고 아기와 노는 것처럼 흔들더니 사자처럼 포효했다. "으아라라라라라라라! " 광기 어린 웃음소리가 다시 부글부글 솟아올랐다. 그레고리의 주전자는 늘 끓기 직전인 것 같았다. "몽크 몽크! 몽크 몽크! 몽크 몽크가 널 그리워해!"

"나 바로 여기 있어, 몽크 몽크. 진정해."

그러자 그레고리는 여러 중동 나라에서 지하디스트를 죽인 이야기로 돌아갔다. "아, 그리고 이 상자. 이걸 보여주려고 했어. 너 뉴욕 살지? 알아보겠니?"

"아니." 거대한 저택 사진이었다.

"이 집은 코네티컷주에 있어."

"그렇구나."

"이게 우리 집이야. 난 어마어마한 갑부야."

"그럼 왜 여기 살아?"

"랜덤하우스 들어봤어?"

"그래."

"우리 가족이 소유한 회사야. 우리 집은 억만장자야."

"랜덤하우스가 그렇게 돈이 많아?"

"이 집을 봐!"

"되게 좋다."

"내가 오럴섹스 값으로 너한테 얼마나 줄 수 있는지 알아?" 그레고리가 다시 미친 웃음소리를 흘리며 말했다.

"글쎄, 많이 줄 수 있겠지."

"넌 참 똑똑해."

"뭐 하나 물어볼게." 나는 얼른 화제를 전환했다. "여기 사람들이 널 억제한 적 있어? 안정제 같은 거로?"

"오오오오, 맞아!" 그레고리가 희색을 띠었다. "처음엔 경비 세 명을 보냈어. 내가 죄다 때려눕혔지. 그랬더니 경찰이 몰려와서 날 잡으려고 했어. 내가 여섯 명 전부 때려눕혔어. 그랬더니 보안관이 와서 고무 총알로 날 쐈어. 여러 발을 쏴서 간신히 날 쓰러뜨렸지. 그때 내가 급수대를 붙잡고 벽에서 뜯어냈어! 그러고서야 내 위에 올라타서 발목이랑 손목을 결박했어." 그레고리는 방 밖에 있는 급수대를 가리켰다. 급수대는 처음 봤을 때보다 더 견고해 보였는데, 물론 그때는 대체 얼마나 힘이 세면 급수대를 빌어먹을 벽에서 뜯어낼 수 있는지 생각해보지 않았다.

"말했잖아. 난 람보야."

"난 널 믿어."

대부분 식사 시간에 나는 그레고리와 함께 앉았다. 7시 30분에 나오는 아침밥은 하루 세끼 중 과연 가장 중요한 식사였는데, 시리얼을 맛없게 만들기는 불가능하기 때문이다. 저녁에 그레고리는 비싸 보이지만 이젠 낡고 해진 새발격자 무늬 재킷을 반드시 입고 식사했다. 이따금 나는 그레고리의 "몽크 몽크!"를 견디기 힘들어서 혼자 앉았다. 그러나 이곳에서는 한순간도 진정 혼자일 수 없다. 대부분 환자가 사적인 공간이라는 개념을 이해하지 못했고, 사생활이나 평화나 고요는 기대할 수 없었다. 나는 비명에 끝까지 익숙해지지 못했다. 비명 소리는 으레 뒤따라오기 마련인 반응을 어김없이 일으켰다. 인간은 생물학적으로 비명 소리를 불편해한다. 견디지 못하도록 설계되어 있다. 오직 그 덕분에 아기가 유아기를 살아남는 것이다.

병원에서 26일을 보냈을 때 마침내 제정신이 자리를 잡기 시작했다. 전등 스위치를 올린 것보다는 안개가 걷혔다는 표현이 더 적합하다. 제정신이 돌아와서 다행이었지만 한편으로는 더 괴롭기도 했다. 정신이 맑아지자 병동이 실제로 어떤 곳인지 정확히 인지했다. 아주 사소한 자극에도 흥분하는 불안정한 환자들이 우글거리는 위험한 곳. 나는 마음을 진정시키려고 방에 틀어박혀 팔굽혀펴기하며 시간을 보냈다.

B2 병동 간호사들은 내가 이곳에 있을 환자가 아니라고 엄마에게 계속 말했다. 그러나 내가 제정신을 되찾기 전에는 퇴원을 요청할 수 없었다. 버드는 내 눈을 보고 자기 아들 잭이 돌아온 걸 알아차리자마자 내가 해야 할 일을 상기시켰다. 나는 퇴원하겠다고 말하고, 나 자신과 타인에게 위해를 가하지 않는다고 다짐했다.

다음 날 나는 원장과 퇴원 면담을 했다. 제정신이 돌아왔다는 것을 최대한 빨리, 그리고 반박할 틈 없이 입증하기 위해 나는 내가 지난 26일간 정신증을 앓았다는 것을 알고 있으며 이제는 헤어나왔다고 말했다. 그러고서 질문했다. "내가 조현병 경계에 있다고 엄마가 말했는데, 그게 무슨 뜻이죠?"

"삽화를 겪을 때마다 또 다른 삽화를 겪을 가능성이 증가한다는 뜻입니다. 1형 양극성장애와 조현병의 경계는 모호해요. 이번 삽화는 저번보다 훨씬 오래갔죠. 삽화를 겪을 때마다 조현병과의 경계가 점점 흐려집니다. 대마초는—"

"대마초는 금지다. 알아요."

"절대 금지입니다. 당신은 대마초에 정상적으로 반응하지 않아요. 또 정신증을 유발할지도 몰라요."

의사는 일단 데파코트를 계속 복용하되 닥터 싱과 상담해서 라믹탈로 전환해도 된다는 진단을 받으면 그때 다시 이야기하라고 했다. "지금은 매우 위태로운 상태입니다."

"알겠습니다."

의사는 이틀 뒤에 퇴원하라고 말하며, 내가 참 좋은 어머니를 두었다고 덧붙였다.

19

버드와 나는 전속력으로 그 도시를 빠져나왔다. 사이드 미러로 멀어지는 오사와토미를 보고 있자니 이루 말할 수 없이 홀가분했다. 하지만 한편으로는 이 도로를 다시 달리게 될까봐 두려웠다. 아니면, 정말 최악으로, 그곳으로 다시 보내진 뒤에 영영 돌아오지 못할까봐 두려웠다. 정말이지, 내가 입원한 동안에 그 병원에서 단 한 사람도 퇴원하지 못했다.

"버드." 내가 엄마에게 물었다. "언젠가는 내가 에디 삼촌처럼 병원에서 살게 될까? 그렇게 내버려둘 거야?"

"아니."

"할머니랑 할아버지는 에디 삼촌이 그런 곳에 보내질 줄 알았을까?"

"아니."

"할머니 할아버지한테 선택이 있었다고 생각해?"

"아니."

"그럼 엄마가 어떻게 알아? 난 절대 에디 삼촌처럼 살게 두지 마! 알았지? 저 병원에 평생 갇혀 있게 내버려두지 마. 약속해?"

"그래."

"필요하면 벽에 쇠사슬로 묶어놔도 돼. 하지만 엄마 지하실에서 살게 해줘."

법정대리인에 대한 법률 조항을 이해한다고 해서 내가 그 대상이 되지 않으리라는 법은 없다. 완전히 침몰하기 전에 내가 몇 번이나 더 구속복에서 빠져나올 수 있을까?

우리는 오사와토미에서 고속도로를 80킬로미터쯤 달리다가 주유소에서 멈췄다. 나는 요양원의 늙은이처럼 주유소 편의점에 비틀비틀 들어갔지만, 로스터에서 돌아가고 있는 핫도그를 보고 기운을 차렸다. 통통하고 촉촉한 소시지가 최면을 걸듯이 빙글빙글 돌고 있었다. 소시지들은 아마 그 속에서 한참을 돌고 있었겠지만 내 눈에는 무척 먹음직스러웠다. 엄마가 차에 기름을 채우기도 전에 나는 두 개를 해치우고 세 번째 소시지에 달려들었다. 엄마가 계산을 하러 돌아왔을 즈음에는 내 수염과 손가락이 케첩투성이였다. "나 돈 없어." 이렇게 말하려고 했지만 입속 가득한 소시지에 목이 메었다. 그래서 핫도그 로스터를 가리키고, 손가락 세 개를 세워서 보여준 다음에 계산대를 가리켰다. "돈 없어. 계산해야 해. 세 개 먹었어."라는 뜻이다.

"네가 나를 협박해서 돈을 내게 했다고 직원이 오해한 것 같아." 엄마가 고속도로로 접어들면서 발했다.

엄마가 운전하는 차에 타자 옛날 추억이 새록새록 샘솟았다. 축구 연습에 가는 길이었나? 학교? 아니면 중학교 여자친구랑 영화관 데이트 갈 때 엄마가 데려다주었던가? 그 시절에도 나는 엄마와 단둘이 드라이브하는 것을 좋아했는데, 지금은 엄마 차가 오아시스처럼 느껴졌다. 안전하게 느껴졌다. 우리의 악몽이 끝났다.

　악몽 이야기가 나와서 말인데, 엄마와 내가 오사와토미 병원에서 돌아왔을 때 아빠가 위치토에 있었다. 캘리포니아로 이주하고서 처음 몇 년간 크리스마스에 왔을 뿐, 맥은 위치토에 좀처럼 돌아오지 않았다. 내가 6학년 때 퇴학당했다는 말을 듣고 왔었는데, 그때 나는 "이제 와서 아버지 행세를 하시겠다? 내 버르장머리를 고쳐놓으시겠다?" 종류의 되바라진 말을 했고, 맥은 내 귀싸대기를 후려쳤다. 그러자 엄마는 지하실에 가서 이야기 좀 하자며 맥의 멱살을 잡고 끌고 갔다. "당신이 무슨 권리로?" 엄마가 말했다. "당신은 여기 상황에 대해 아무것도 몰라." 맥은 이렇게 대꾸했다. "그래, 신디. 당신은 강한 여자야. 내가 떠날게. 여기서 환영 못 받는 거 알아."

　맥은 의무감에 떠밀릴 때만 얼굴을 비쳤다. 주로 한 시기의 끝을 알리며 유종의 미를 기념하는 행사들이었다. 예를 들면, 알렉사 누나의 졸업 무대 바이올린 연주, 나의 졸업 축구 경기 같은 것들이다. 이런 자리에서는 아이를 참 잘 키웠다느니, 자랑스럽겠느니 따위의 말을 으레 듣기 마련이고, 맥은 "네, 맞습니다." 또는 "우리 모두 자랑스러워하고 있어요."라고 대답하며 양육에 일조한 행세를 했다.

　나는 캔자스주 위치토시 고등학교 수준에서는 축구를 잘

하는 편이었다. 고등학교 4년 내내 학교 대표팀에서 뛰었고, 스포츠로 유명한 학교에서 1년간 대기 선수로 있었다. 다른 말로 하면, 여섯 살부터 열아홉 살까지 내 인생에서 축구가 가장 중요했다. 맥은 꼭 한번 보러 오겠다고 약속했지만, 세월은 그의 예상보다 빨리 흘러서 어느새 나는 졸업반이 되었고, 2000년 가을에 맥은 이번이 마지막 기회라는 것을 깨달았다.

맥은 위치토로 날아왔다. 그리고 오자마자 자신의 존재를 확실히 알렸다. 사실, 지나치게 알렸다. 맥은 모든 연습과 경기에 따라오고 축구팀 엄마들이 주최하는 경기 후 모임에 참석했다. 경기가 끝나면 우리에게 맥주를 사주고 머리가 핑핑 돌 때까지 함께 대마초를 피웠다. 얼마 안 가 맥은 노스웨스트 그리즐리 축구팀 모임에서 꽤 중요한 사람이 되었다. 맥은 자신이 직접 촬영하고 편집한 하이라이트 영상 비디오를 우리 팀에게 선물로 주었다. 어쨌든 맥은 할리우드의 '제작자이자 감독이자 편집자'가 아니던가.

맥은 하이라이트 영상 오프닝의 배경음악을 케니 로긴스의 〈댄저 존 Danger Zone〉으로 시작해서 스티비 레이 본이 리메이크한 〈부두 차일드 Voodoo Chile〉로 넘어갔는데, 두 번째 음악은 축구팀 선수들의 취향을 전혀 반영하지 않은 선택이었다. 당시 우리는 에미넴이나 린킨파크의 음악을 좋아했을 것이다. 그 대신 맥은 자신이 소싯적에 코카인깨나 했다는 것을 공공연히 선전했다.

맥은 선수들에게 종아리 보호대 하나 사주지 않았음에도 시즌 종료를 축하하는 파티에서 성원에 대한 감사의 말을 받앞다. 공정하게 말하자면, 맥은 최선을 다해서 하이라이트 영상을 만들었다. 위치토시 리그 결승전에서 맥은 세 팀의 주장들을 설득해서, 선수 소개 전에 장비 창고에서 뛰어나오는 모습을 연출했다. 잔디에 배를 대고 누워서 주장들의 플레이오프 축구화를 찍다가, 벌떡 일어나 카메라를 무릎 높이에 들고 경기장 중앙까지 함께 뛰었다.

하이라이트 영상은 찬사를 받았지만 맥은 부루퉁한 얼굴로 수상식을 떠났다. 알고보니, 그는 순수한 선의로 영상을 선물한 게 아니었다. 돈도 좀 벌 속셈이었던 것이다. 맥은 구내식당 출입구 옆에 영상 DVD와 함께 모금함을 놓았는데, 선수 부모들은 그걸 못 보고 DVD만 고마워하며 가져갔다. 수상식이 끝나고 뒤풀이 파티에 가면서 맥은 자기는 괜찮다고, 돈 벌려고 한 게 아니라고 계속해서 중얼거렸다. 그러면서도 입속말로 끝없이 구시렁거렸다. "빌어먹을, 그냥 가지라고 해. 사람이 애써서 만들어줬으면 뭐라고 내놓는 게 상식이지만, 제길, 그냥 가지라고 해." 20분 뒤에 맥은 시어포스 아주머니네 지하실에서 그녀의 아들이 물구나무를 선 채로 술을 마실 수 있게 다리를 잡아주었고, 그날 시어포스는 기록을 세웠다.

오사와토미 주립병원에서 나와 집에 가는 길에 나는 맥이 위치토에 와 있으리라고 상상도 못 했고, 버드도 마찬가지였다. 더 놀랍게도, 맥을 초대한 사람이 다름 아닌 나였다. 정신증의 안개가 차차 걷히던 중에 여전히 몽롱했던 나는 병원에서 맥에게 전화를 걸어서 나를 보러 오라고 했다. 엄마와 내가 집에 도착하자 애덤이 그 사실을 알려주었다. 그전에 먼저 나는 애덤과 끌어안았고, 함께 울었다.

"형, 괜찮아?"

"괜찮아, 동생. 달의 뒷면에 다녀온 거야. 하지만 전에도 가본 적 있어."

애덤은 맥이 전날 대마초에 맛이 간 상태로 찾아왔었다고 말했다. "자기한테 전화하래."

나는 맥에게 전화했다. 내가 오라고 해놓고서 모른 척할 수는 없으니까. 과연 그가 약속 장소에 나타날지 의심스러웠다.

아빠는 자기 친구 드레이크의 차를 끌고 나를 데리러 왔다. 1988년식 폰티악 그랜드 앰인데, 검붉은 페인트가 햇빛에 바랬으며 차 안에서는 재떨이 냄새가 났다. 드레이크는 말보로 담배 회사의 포인트 상품을 제법 많이 가지고 있었다. 식당으로 가면서 맥은 말보로 울트라 라이트를 연달아 뻑뻑 피워댔다. 내가 달라고 하니까 한 개비 주었는데, 그전까지 내게 한 말이라곤, "왔냐."와 "밥은 어디서 먹을래?"가 전부였다.

우리는 제이슨 델리에 갔고, 아무 말 없이 줄을 섰다. 우리 두 사람 모두 샐러드바는 곧장 지나쳤다. 나는 늘 먹던 것을 시켰다. 아보카도를 넣은 칠면조 랩과 구운 감자칩. 맥은 오픈페이스 루벤 샌드위치에 일반 감자칩과 콜라를 시켰다. 오픈페이스 루벤은 무슨, 꼴값 떠네.

자리에 앉으니 어색해서 죽을 것 같았다. 내가 고개를 드는 순간 눈을 마주치려고 내 이마를 뚫어지게 보고 있는 맥의 시선이 느껴졌다. 마침내 내가 눈을 들자 맥은 정확히 내가 예상한 표정으로 나를 보고 있었다. 비죽 내민 아랫입술. 헤벌린 퉁퉁한 입. 맥은 입술이 두꺼운 데다가 입으로 숨을 쉬고 눈 사이까지 넓어서 갓 잡은 농어를 떠올리게 한다. 치켜 뜬 눈썹이 광활한 이마를 강조했다. 볼 때마다 이마가 조금씩 넓어지고 주름도 조금씩 늘어나는 것 같았다. 나는 내 이마에 새로 생긴 주름 두 줄이 떠올랐다. 그리고 헤벌리고 있던 퉁퉁한 입술을 다물고, 앞으로는 꼭 의식적으로 코로 숨을 쉬겠다고 다짐했다. 맥은 나를 정신적으로 지지해주러 온 것인지, 아니면 야단을 치러 왔는지 본인도 도통 갈피를 못 잡고 있는 듯했다.

내가 먼저 침묵을 깨뜨리길 기대하고 있다면 맥은 조용히 오픈페이스 루벤 샌드위치나 먹는 편이 나을 것이다. 내가 일부러 차갑게 대하고 있는 건 아니었다. 그러나 지난 4년간 나는 맥을 딱 세 번 봤다. 친할머니 장례식 때, 알렉사 누나가 수의대를 졸업했을 때, 그리고 마지막이 우리가 오션스13의 '제작'을 논의한 날이었다. 그때 맥은 내가 뜨거운 물주전자를 부엌 조리대에 내려놓았다고 고래고래 소리를 질렀다. "거기에 놓지 마! 나무에 칠이 안 되어 있다고!" 지난 17년간 맥은 그 나무에 칠을 할 거라고 말해왔다. 내가 무시하고 돌아서자 맥이 쫓아왔다. 우리 둘 다 몹시 흥분했다. 끝내 나는 주먹으로 벽에 구멍을 냈다. 맥이 내 목을 움켜쥐고 얼굴에 주먹을 들이대며 위협했다. "죽여버릴까보다!" 그러고서 맥은 내가 '무파사의 자리를 호시탐탐 노리던 새끼 사자'나 다름없다고 말했다. 나는 면전에 대고 비웃으며 생각했다. 마흔일곱 살이나 먹은 남자가 『라이언킹』으로 인생을 배운다. 심지어 영화 내용도 잘못 알고 있다. 심바는 아버지의 죽음에 몹시 슬퍼했다. 무파사를 함정에 빠뜨린 것은 동생 스카였다.

나는 내가 생각해낼 수 있는 가장 잔인한 말을 내뱉었다. "그거 알아? 당신 말이 맞아. 당신 자식들 모두 당신이 얼간이라고 생각해. 사실, 그렇게 생각한 지 꽤 오래됐어." 그런 말을 한 것에 대한 후회가 예상보다 일찍 몰려왔는데, 이튿날 맥이 나를 공항에 데려다주어야 했기 때문이다. 우리는 로스앤젤레스 국제공항까지 침묵 속에서 달렸다.

따라서 우리 두 사람은 풀어야 할 문제가 있었다. 패스트푸드 식당에서 밥 한 끼 먹으며 해결할 수 있는 일이 아니었다. 나는 우리가 나의 정신건강이나 입원했던 일에 대해 이야기할 일은 평생 없으리라 생각했다. 맥한테는 절대 알리지 않을 계획이었다. 내가 제정신이었다면 맥에게 연락하는 일은 없었을 것이다.

내가 맥으로부터 몇 가지 불미스러운 특성을 물려받았다는 것은 알았지만, 내 아버지라는 사람의 문제가 정확히 무엇인지는 가늠하기 어려웠다. 피해의식? 과대망상? 한번은 맥이 자기가 국방부 비밀에 접근할 수 있는 인가권이 있다고 말했다. 만약 내가 머리에 총을 들이대고 거짓말 탐지기 검사를 시행하면 어떻게 될까? 자기가 할리우드에서 성공할 가능성이 만무하다고 인정할까? 거지 같은 아버지였다고 인정할까?

맥을 보고 하나 배운 게 있다면, 맑은 정신과 멀쩡한 정신에는 매우 중요하고 실질적인 차이가 있다는 것이다. 벨뷰 병원과 굿 셰퍼드 병동에서 내 정신은 물론 맑지도, 멀쩡하지도 않았다. 맥은 정신이 맑다고 할 수 있다. 타인이 대충 알아들을 수 있게 말하고 인과관계를 그럭저럭 이해하며, 외부 세상을 보통 사람들과 비슷하게 인지한다. 그렇지만 그가 정신이 '멀쩡하다'고 할 수 있을까?

맥이 근심스러운 아버지 표정을 애써 짓고 있었다. 그러나 나는 '자식을 염려하는 부모' 연기를 더는 참아줄 수 없었다. 빌어먹을, 이 남자는 내가 대학교 우등생 단체에 입회한 날 아침 8시까지 나랑 같이 코카인을 했었다.

내가 먼저 운을 뗐다. "어떻게 지냈어요?"

"에, 알잖냐?"

머리를 똥구멍에서 빼고 있다는 말은 제발 하지 마라.

"머리를 똥구멍에서 빼려고 노력하고 있지."

"그렇군요. 잘됐네요."

"진행하고 있는 프로젝트가 몇 개 있어."

"그래요?"

"그래. 한번 들어보고 어떤지 말해봐라. 『본 투 런 *Born to Run*』이란 앨범 알지?"

"브루스 스프링스틴 앨범요? 네."

"그 앨범을… 뮤지컬로 만드는 거다!"

빌어먹을. "정말요?"

"그래. 뮤지컬로 각색하는 거야. 어떤 거 같니?"

"흠, 네, 가능할 거 같아요. 브로드웨이 뮤지컬에서 일하는 사람을 알아요?”

“이건 소규모로 갈 거야.”

“소규모 극장 쪽에서 일하는 사람은 알아요?”

“아니, 하지만 그런 건 차차 알게 되는 법이지.”

“음, 저작권을 사기가 쉽진 않을 것 같아요.”

“그게 첫 단계야. 저작권을 누가 소유하고 있는지 알아내야지.”

“브루스 스프링스틴 아닐까요.” 내가 농담이라도 한 것처럼 맥은 하하하 웃었다. “어쨌든『본 투 런』저작권이 있으면 뮤지컬로 멋있게 만들 수 있을 것 같아요.”

“하지만 내가 알고 싶은 건 말이다.” 맥이 퍽이나 즐거워하며 말했다. “너한테 대체 무슨 일이 있었던 거야.”

나는 내가 정신병원에서 막 퇴원했으며 꽤 심각한 수준의 양극성장애가 있다고 말했다. 또한 정신증을 아주 오랫동안 심하게 앓았다고 말했다. 그것이 나한테 있었던 일이다.

“양극성장애라는 게 과연 진짜 병인지 잘 모르겠다. 그러니까, 양극성이 결국 뭐니? 사람들이 지어내서 갖다 붙인 이름 아니니.”

“그러게요.” 사람들은 축구공, 자동차, 암 등등 세상 모든 것에 이름을 지어내서 붙였으니, 틀린 말은 아니다. 그렇지만 단어에는 의미가 있고, 나는 양극성장애를 잃고 있디.

“이 양극성장애라는 것에 대해 말해봐라.” 맥이 말했다.

“맥…”

“아빠라고 불러라. 난 네 아버지다.”

"솔직히 말할게요. 싸우려는 게 아니에요. 우리는 심리상담사들이 소위 의절했다고 부르는 그런 관계잖아요. 우리가 지금 여기서 뭘 하려는지 모르겠어요."

"뭘 어쩌자는 게 아니다. 너를 이해하려는 거야. 난 이것을 이해하고 싶은 거야. 그것뿐이다." 이따금 맥은 이런 말투를 취하는데, 성경 말투를 모방한다고밖에 표현할 수 없다. "어떤 운명이 우리를 기다리고 있는지 아무도 모르잖니." 맥이 말을 이었다.

"그건 사실이에요."

"우리는 의절하지도 않았어. 지금 여기에 같이 있잖니."

"맥…"

"아빠라니까."

"알았어요." 내가 말했다. "아빠, 우리 과거를 생각해보면, 난 아빠를 만나는 게 힘들어요. 견디기 어려운 감정들을 불러일으켜요. 내 병에 대해 아빠한테 말하고 싶지 않아요. 그걸 알아줬으면 해요."

맥은 다소 상처를 받은 표정이었는데, 그럴 만했다.

"좋다. 니가 언제는 내 말을 들었니. 넌 그 누구의 말도 안 들었는데?" 내가 비딱한 10대처럼 반항하고 있다고 생각하는 모양이었다. 여하튼 나는 맥이 바라는 대로 행동해줄 수 없었다.

우리는 대화를 거기서 끝내고 침묵 속에서 밥을 먹었다. 맥이 나를 집에 데려다주었고, 그 뒤로 6년간 그를 보지 못했다. 맥이 무엇을 바라고 왔는지는 모르겠지만, 그 만남을 통해 나는 깨달음을 얻었다. 그때 나는 스물여덟 살이었다. 맥이 캘리포니아로 떠났을 때와 같은 나이다. 한평생 나는 맥과 정반대인 사람이 되려고 온힘을 다했다. 내가 캘리포니아에서 가장 먼 동부로 간 것은 우연이 아니었으며, 로스쿨에 가기로 한 결정에도 평생을 어린아이처럼 무책임하게 사는 맥에 대한 반발이 담겨 있었다. 변호사가 되면 곧바로 성숙한 어른 대접을 받을 수 있다. 로스쿨 입학시험 점수와 20만 달러 대출로 '버젓한 어른'의 지위를 산 것이다. 가족들이 어디 가서 자랑스럽게 말할 수 있는 사람. 내가 실패자가 아니라는 증명이다. 그런데 갑자기, 그 모든 노력이 물거품이 되고 내가 실패자로 전락하기 일보 직전이라는 공포감이 들었다.

버드를 교사라고 부르는 것은 오바마를 공무원이라고 부르는 것이나 매한가지다. 엄마는 어반리그 배움센터의 유일한 교사다. 학생들은 모두 고등학교 자퇴생이다. 대부분 학생은 집행유예를 받는 조건으로 배움센터에 온다. 내가 위치토에서 국선변호인으로 일했다면, 엄마와 나는 같은 사람들을 자주 만났을 것이다. 때로는 내가 그 사람들을 먼저 만났을 터이고, 때로는 엄마가 가르치던 학생이 내 의뢰인이 되었을 것이다. 엄마가 훌륭한 일을 한다는 사실은 오래전부터 알고 있었지만, 엄마가 가르치는 모습을 눈으로 직접 볼 때마나 존경심이 새롭게 솟아난다. 그리고 엄마는 내가 배움센터에 찾아오는 것을 좋아한다. 그래서 맥과 점심을 먹은 그날 오후에 나는 엄마의 일터로 찾아갔다.

교실에 들어가서 엄마 책상을 둘러보았다. 수의대 졸업식에서 졸업 모자와 가운을 입고 있는 알렉사 누나 사진, 이스트빌리지에서 찍은 내 사진, 그리고 고등학교 졸업식의 애덤 사진이 있었다. 나는 엄마에게 흑인 예수가 그려진 달력을 교실에 걸어놓는 것은 종교의 자유를 보호하는 수정헌법 1조에 어긋난다고 말해주었다.

"얘, 나는 종교나 논리에 대해 너랑 논쟁하려고 여기에 있는 게 아니야. 콜리 콜을 졸업시키려고 여기 있는 거야. 맞지, 콜리 콜? y=mx+b 공식 풀 준비됐니?"

"말만 하세요."

"나 신경 쓰지 말고 일해요." 내가 엄마에게 말했다.

나는 내콜 '콜리 콜'에 대해 안다. 콜리 콜은 스물여덟 살에 배움센터에 오기 시작했다. 엄마와 처음 공부하기 시작했을 때 콜리 콜은 고등학교 학점을 하나도 따놓지 못했다. 그로부터 8년이 흘렀고, 콜리 콜은 고등학교 졸업장을 받으려고 여전히 분투하고 있다.

콜리는 열네 살 생일에 자기 엄마한테 버림받았다. 그녀의 엄마는 생일케이크를 사 온답시고 나가서 돌아오지 않았다. 그 전에도 엄마와 오랜 시간 같이 살아보지 못했다. 여러 위탁 가정을 전전했고, 때때로 친척 집에 얹혀살았다. 그 친척 집이라는 데는 먹여 살릴 수 있는 사람 최대치에서 이미 네 명 정도 과부하된 상태였다. 내콜은 어디에서도 환영받지 못했다. 입에 풀칠만 하는 집에서 그녀는 먹여야 하는 또 하나의 입일 뿐이었다. 내콜이 아홉 살이었을 때 그의 열세 살짜리 사촌이 얼굴에 더러운 기저귀를 문질러 깨우곤 했다. 다른 사촌들과 삼촌들은 내콜을 성적으로 학대했고, 위탁 보호자들도 나을 게 없었다. 내콜의 후견권을 소유한 캔자스주 정부에서 그녀를 캔자스 서부의 위탁 보호자에게 보낼 때마다 내콜은 걸어서 캔자스 남중부에 있는 위치토로 돌아왔다. 노숙하거나 다른 친척 집을 찾아가면서, 이번에는 저번보다 나쁘지 않기만을 바랐다. 변하지 않는 건 음식 사정뿐이었다. 먹을 것은 단 한 번도 충분하지 않았고, 모두가 자기 몫을 챙기는 데 급급했다.

엄마가 콜리 콜을 가르치는 동안 (공식은 $y=mx+b$. 너도 이 공식을 알아. 내가 전에 가르쳤잖아. 저기 mx가 있지. 그럼 동생 b는 어딨지?) 각자 다른 것을 공부하고 있는 학생 세 명이 엄마 옆에 모여들었다. 모리스는 원금금리공식을 기억하려고 애쓰고 이었다. I(이자)$=p$(원금)$\times r$(금리)$/t$(기간). "PRT 기억나지? $I=pr/t$."

"R이 무엇의 약자였죠?" 모리스가 물었다.

"리치(Rich)는 아닌 것 같구나. 어쨌든 너한테는." 엄마가 말했다. "그게 금리라는 걸 기억하지 못하면 말야!"

버드는 학생 한두 명을 집중적으로 가르치는 와중에도 목을 새처럼 270도 돌려서 교실의 모든 아이들을 살필 수 있는 비상한 능력을 지녔다.

"신디 쌤, 담배 피우고 와도 돼요?"

"담배 하나 피우는 데 7분 걸리지? 난 착한 선생이니까 9분 줄게."

"쌤 완전 쿨해요."

"내가 쿨보다 쿨해. 북극곰 발톱보다 쿨하다고." 래퍼 아웃캐스트의 가사다. 엄마는 학기가 시작할 때마다 인기 많은 랩 가사를 외워두었다가 필요할 때 쓴다.

"날 위해 쿨 담배를 피우고 오렴. 아니면 블랙앤마일드나?"

학생들이 잘못을 저지르고 야단맞을 상황에서 엄마는 최고 기량을 발휘한다. 학생들은 툭하면 인터넷에서 부적절한 것을 보다가 걸린다. 엄마는 2차방정식을 읊어주고 담배 휴식을 허락하고 R이 금리를 뜻한다는 것을 외우지 못하면 부자가 될 수 없다고 타이르는 와중에도 누가 딴짓을 하나 전부 보고 있다. 위치토 공립 학군 259의 전산망은 웬만한 포르노 사이트는 다 잡아내지만 빅토리아 시크릿 속옷 브랜드의 홈페이지는 방화벽 틈새를 비집고 들어온다. 휴대전화로 자주 딴짓하는 학생 마커스에게 엄마가 다가가 옆에 앉았다. 마커스가 황급히 인터넷 창을 닫자 다시 열라고 했다.

"이건 무슨 과목이니?"

마커스는 '크리스마스'라는 단어를 검색했는데 이것이 나왔다고 우겼다.

엄마는 마커스에게 '흥겹다'와 '화환'이라는 단어의 뜻을 물어보았다. 그리고 펠리스 나비다드(Feliz Navidad)의 뜻을 아는지도 물어보았다.

마커스는 몰랐다. "죄송해요." 마커스가 말했다.

"괜찮아. 네가 이 화면의 미녀들에게 관심 없는 거 알아.

넌 휴일이랑 크리스마스에만 관심 있지."

　온종일 학생들이 불규칙하게 들락거리는데, 어떤 이들은 발목 수갑을 차고 있다. 엄마는 학생 모두에게 친근하게 인사하고 출석 시간을 기록한 다음에 컴퓨터를 켜준다. 만일 학생이 새로 산 치수 310짜리 나이키 조던을 신고 나타나면 엄마는 관심을 보여준다. 학생에게 다가가서, 본인의 230짜리 발을 옆에 대고 묻는다. "이번 주말에 신발 빌려줄 수 있니?" 어떤 학생은 이렇게 말했다. "신디 쌤, 쌤은 흑인보다 더 흑인 같아요." 그 학생 친구가 엄마 책상에 있는 테리 사진을 가리키며 말했다. "이거 봐. 신디 쌤은 흑인 주사를 맞았어."

　엄마는 자기 서랍에 세면도구를 가득 채워놓고 필요한 학생이 보이면 나눠준다. 비누나 치약, 데오드란트 따위가 필요한 학생의 친구를 따로 불러서 봉지째 준다. "콜리 콜, 내 친구가 월그린 잡화점에서 일해서 나는 이런 샘플을 맨날 공짜로 받아. 필요하면 가져가. 다른 사람들이랑 나눠 쓰고, 알았지?" 엄마는 점심시간에도 쉬지 않고 일하지만 성인 남자 세 명이 배불리 먹을 양의 도시락을 가져간 다음에 다 못 먹겠다고 불평한다. 자식들을 먹이는 데 어려움을 겪고 있는 어머니에게 음식이 전달되도록, 엄마는 남은 음식을 싸고 물어본다. "이거 네가 가져가줄 수 있니? 버리긴 아까운데, 나는 집에 가도 줄 사람이 없어." 사정이 정말 어려운 가족에게는 딜런스 슈퍼마켓 기프트카드를 편지에 싸서 준다.

　젊은 학생이 교실에서도 모자를 벗지 않으면 엄마는 말한다. "나한테 왜 그러니?"

"뭐가요?"

"네 아름다운 머리를 볼 기회를 왜 박탈하냐니까?" 아주 친한 학생이면 이런 장난도 친다. "너 머리 큰 거 우리 다 알아. 그 모자 쓴다고 가려질 것 같아?" 마찬가지로, 친한 학생이 교실 반대편에서 자기를 부르면 엄마는 이렇게 말한다. "아이고, 너 다리가 부러졌나보구나. 안타까워서 어쩌니. 내 튼튼한 두 다리로 거기까지 가볼게." 그러고는 한쪽 다리를 절뚝거리면서 쇠약한 노인 행세를 한다. "아이고, 내가 가고 있어. 기다려." 어떤 학생이 이튿날 수업을 땡땡이칠 낌새를 보이면 엄마는 이렇게 말할 것이다. "내일 아침에 큰 폭발 소리가 들리면, 여기서 내 심장이 찢어지는 소리인 줄 알렴."

엄마가 일하는 곳과 비슷한 교육을 제공하는 시설이 위치토에 두 군데 더 있다. 그곳들은 선생도, 돈도, 자원도 더 많다. 그런데도 엄마는 그 두 학교를 합친 것보다 더 많은 학점을 채운다. 엄마는 학생들 버스 요금 지원 신청서를 쓰고, 간호사, 소방수, 목사 등 다양한 직업인들을 연사로 초청한다. 그중에는 졸업을 앞둔 일흔 살 할머니 학생이 '흰 짭새'라고 별명을 붙여준 경찰도 있다. 그 경찰은 학생들 사이에서 인기가 많다. 한 지역의 치안을 책임지는 일과, 경찰과 흑인 공동체 사이의 갈등에 대해 말해주고, 학생들 질문에 솔직하게 답하기 때문이다.

항간에 도는 말에 의하면 이따금 엄마는 학생들이 마크 트웨인의 〈위인의 마지막 말〉을 분석하는 대신 교도소에 있는 가족에게 편지를 쓰게 허락했다고 한다. 심지어 "나도 마크 트웨인을 별로 안 좋아해."라고 말했다는 소문도 있다. "네가 학교에서 열심히 공부하면서 잘 지내고 있다고, 졸업할 거라고 꼭 말하렴."

수업이 끝난 뒤에 엄마는 학생들에게 말한다. "내일 다시 와. 학교는 8시에 열지만 난 7시부터 있을 거야. 새벽 5시와 밤 10시 사이에는 아무 때나 전화해도 돼. 소파에 앉아서 보호관찰관 기다리느니 나랑 노는 게 훨씬 재밌다는 것을 내가 오늘 증명했기를 바란다. 혹시 오늘 수업이 어려웠다면, 용기를 낸 너 자신을 칭찬해주렴." 그리고 엄마는 수업을 가장 어려워했던 학생을 지목해서 말한다. "디손, 조심하는 게 좋아. 나랑 놀다보면 어느새 졸업하게 될걸."

"쌤 진짜 쩔어요."

"내가 바로 갓신디야"

20

오사와토미 병원에서 퇴원하고 열흘 뒤에 뉴욕으로 돌아왔다. 위치토에 더는 머물고 싶지 않았고, 탈의하며 옥수수밭을 달리기 전의 건강한 일상으로 빨리 돌아가면 회복도 앞당길 수 있을 듯했다. 꾹 참고 일어나. 직장으로 돌아가. 닥터 싱에게 주기적으로 상담을 받아. 이것이 차고에서 빈둥거리는 것보다는 훨씬 나은 계획 같았다. 바로잡아야 할 문제들이 기다리고 있었으며 우울증이 코앞에서 얼쩡대고 있었지만, 그래도 이번에는 아파트에서 쫓겨나지 않았다. 엄마가 내 룸메이트들에게 월세를 제때 전달하고 공과금을 내주었으며, 직장에 내 병세의 진행 과정을 알린 덕분이었다.

옥수수밭을 달린 날 이후로 조너스와 한 번도 연락하지 않았다. 우리 관계가 돌이킬 수 없을 정도로 망가졌을까봐 두려웠다. 그렇지 않기를 바랐지만, 확실히 해두고 싶었다. 조너스에게 나는 언제나 괴짜 코미디언 친구였다. 내가 코미디 공연 도중에 딱 붙는 사각팬티만 빼고 싹 다 벗어버림으로써 공연을 방해하던 관객의 입을 다물게 하는 것을 보았고, 19세기 야구 선수로 분장한 채로 우리 형님 마크 트웨인에 대한 우스갯소리를 늘어놓다가 공연이 끝난 뒤에도 연기를 계속 이어나가는 것도 보았다. 조너스는 나의 또라이 기질을 익히 알고 있었으며 그런 '미친놈'과 친구하는 것을 좋아했다. 그러나 이제 조너스는 내가 문자 그대로 '미친놈'임을 알게 되었다. 대부분 사람이 기피하는 종류의 광기 말이다.

나는 뉴욕에 돌아온 둘째 날에 조너스에게 문자를 보냈다.

맥주 한잔?

밥을 먹으면 어떨까?

좋아. 한 시간 있다가 샌마자노에서 볼까?

오케이.

식당 밖에서 담배를 피우며 기다리고 있자니 저만치 골목 끝에서 언제나처럼 다리를 넓게 벌리고 느릿느릿 걸어오는 조너스가 눈에 들어왔다. 조너스는 비니를 쓰고 있었고, 밑창이 두꺼운 검은색 부츠 덕분에 키가 3센티미터가량 더 커 보였다. 우리는 포옹으로 인사했는데, 조너스는 평소보다 나를 좀더 오래 안고 있었다. "잘 지냈어, 친구? 반갑다! 좋아 보이네!"

웨이터가 음료를 주문하겠냐고 물었다. 내가 맥주를 주문하자 조너스가 눈썹을 치켜올린 것 같았다.

"음, 제길, 모르겠다. 나도 한 잔" 조너스가 맥수를 주문했다. "괜찮겠지. 너 술은 마셔도 괜찮아?"

"그래."

"얼굴 보니까 정말 좋다."

"나도."

우리의 대화는 한없이 예의 발랐지만 어색하기 그지없었다. 어떻게 운을 떼면 좋을지 막막해하고 있는데, 다행히도 조너스가 곧바로 본론으로 들어갔다. "너한테 할 말이 있어. 이 말을 꼭 해야겠으니까 넌 그냥 조용히 들어줘. 너한테 털어놔야겠어."

"알았어."

"그 일이 있고 나서 어떻게 하면 좋을지 고민했어. 나한테 세 가지 방안이 있다고 판단했지. 첫째, 너를 다시는 안 본다. 다신 같이 어울리지 않고 내 인생에서 잘라버린다. 둘째, 평소와 똑같이 지낸다. 네가 술을 퍼마시건 대마초를 피우건 상관하지 않고 같이 놀러 다니고 여자들을 쫓아다니면서 지금까지와 똑같이 지낸다. 셋째, 너와 계속 친구로 지내지만, 너와 어울릴 때 내 행동과 너를 다루는 방식을 바꾼다. 결국에 난 세 번째 방안을 택했어."

"흠, 그렇구나." 내가 말했다. 나를 다루는 방식?

"원래는 너랑 인연을 끊으려고 했어. 위치토에서 돌아오고서 형한테 너랑 이제 끝났다고 했어. 다시는 안 볼 거라고 말했지."

"그렇구나."

"내 얘기 끝까지 들어."

계속하시죠,라는 뜻으로 나는 양손을 돌렸다.

"고마워. 내가 만약 너랑 절교했더라도, 충분히 그럴 만하다고 생각해. 하지만 이제는 좀 감정이 누그러졌어. 널 잘라

내지는 않을 거야…"

콧구멍에서 크게 뿜어져 나온 숨소리를 완전히 숨길 수는 없었다. 가슴을 조금 부풀리며… 눈알을 굴리는 대신 몸으로 표현한 것이다.

"하지만 더는 방관하지 않겠어. 방관하지 않겠다고 결정했어. 다시는 너랑 대마초를 피우지 않을 거야. 늦게까지 놀지 않을 거고. 정말로, 다시는, 영영, 절대 너랑 대마초를 피우지 않을 거야."

"알았어. 문제없어. 난 대마초 끊었으니까."

"그건 모르는 일이야. 너도 몰라. 넌 너한테 무슨 문제가 있는지도 몰라. 넌 조현병일 수도 있어."

"아니야."

"네 삼촌은 조현병이었잖아?"

상처받은 마음에서 분노가 일기 시작했다. 조너스의 말이 내게는 이렇게 들렸다. 축하한다. 내가 계속 친구로 지내줄게.

"너 때문에 내가 정말 엿 같은 상황에 처했었잖아. 옥수수밭에서 길을 잃었고, 존나게 추운데 넌 발가벗고 달리고 있었고, 또…"

영하 날씨에 알몸으로 옥수수밭을 달리는 미친 친구를 쫓아가고 싶어 하는 사람은 세상에 없다는 걸 나도 이해했다. 그 상황이 무서웠으리라는 것도, 성가셨으리라는 것도 이해했다. 우정을 망가뜨릴 만큼 심각한 일이라는 것도 이해했다. 그런데도 마음이 너무 아팠다.

"아무튼 나는 그렇게 하기로 했어. 너랑 친구로 지내겠지만 같이 여행을 가진 않을 거야. 장거리 여행은 다시는 못하겠어. 이번 주말에 친구랑 아우터뱅크스에 가서 대마초를 피울 건데, 이런 일들에 다신 널 초대하지 않을 거야. 말리지 않음으로써 암묵적으로 부추기는 일은 더는 안 해…. 할 말 있으면 이제 해도 돼."

나는 조너스와 눈도 마주칠 수 없었다. "글쎄, 이 상황에서 내가 뭐라고 해야 할지…."

"왜 이래, 넌 늘 할 말이 있잖아."

자리를 박차고 나가고 싶었다. 친구로부터 우정의 약관을 듣기는 처음이었다. "일단," 내가 입을 열었다. "내 솔직한 심정을 듣고 싶다면…."

"우리가 서로한테 솔직하지 않은 적 있어?"

"맞아. 그래서, 사실을 말하자면, 넌 나한테 큰 상처를 입혔어. 정말 가슴이 아프다고. 눈물이 날 것 같은데 참고 있어. 솔직히, 넌 지금 개자식처럼 굴고 있어."

"에이, 이러지 마. 네가 나였어도 똑같이 했을 거야."

"아니, 안 그랬을 거야. 너한테는. 내가 정말 좋아하는 친구한테는 안 그랬을 거야."

"그건 모르는 일이야. 넌 내 입장이 되어보지 않았잖아."

"아니, 알아. 네가 아프다고 등 돌리진 않았을 거야. 네가 아팠으면 나는 병문안을 갔을 거라고."

"그건 모르는 일이야."

"알 수 있는 일이고, 존나 잘 알아." 안구 뒤에 눈물이 차오르고 있었다. "미안하지만 그때 사건에서 네가 큰 피해자였다고 생각하지 않아. 따져보면, 뭘 그렇게 대단한 일을 겪었다고 그래? 하룻밤을 엿 같이 보냈다고. 무서웠다고. 날 소방서로 데려가야 했다고. 나는 1월을 어떻게 보냈을 것 같아? 난 정신병동에 갇혀 있었어!"

"난 캔자스 위치토에 일주일이나 혼자 있었어. 할 게 하도 없어서 홈타운 뷔페에서 밥 먹고 YMCA만 들락거렸다고."

"지루하고 거지 같은 일주일이었을 것 같다. 미안하다, 그런 끔찍한 고생을 하게 해서." 우리는 침묵 속에서 밥을 마저 먹었다. 나는 20달러짜리 지폐를 내던지고 뛰쳐나가고 싶었다. "사무실에서 보자. 난 너 같은 친구 필요 없어." 이렇게 외치며.

하지만 나는 조너스가 필요했다. 받을 수 있는 도움은 모조리 필요했다. 지난번에 우울증에 빠져 허덕일 때 조너스의 우정은 큰 힘이 되어주었다. 그리고 나는 지금 또다시 같은 적수를 바라보며 과연 이길 수 있을지 걱정하고 있었다.

우리는 계산을 하고 식당을 나섰다. 여전히 침묵이 무겁게 깔려 있었다. "잠깐 걸을까?" 내가 물었다.

"그래, 걷자."

우리는 이스트빌리지를 향해 북쪽으로 걸었다. 그리고 습관대로 무심결에 단골집 앞에서 걸음을 멈췄다. 조너스는 맥주를 두 잔 시켰고 우리는 말 없이 맥주를 마셨다. 마침내 조너스가 입을 열었다. "야, 미안해. 너한테 상처를 줄 생각은 없었어. 너랑 싸우고 싶지 않아. 사랑한다, 친구야."

"나도 사랑해."

나는 교도소 출소자들이 사회에 다시 적응하며 겪는 어려움에 뼈저리게 공감했다. 오사와토미 병원에서의 일상이 뉴욕까지 따라왔다. 병원에서처럼 나는 일어나면 일단 두 시간가량 아파트 안을 서성였다. 언제 또 싸움이 터질지, 언제 또 누가 소리를 지르다가 독방으로 끌려갈지 귀 기울이며 늘 긴장하고 있던 버릇이다. 눈 똑바로 뜨고, 등은 벽에 붙이고, 탈출구를 잘 기억해둬. 무의식중에 집 안을 서성이다가 정상적인 삶으로 돌아가라고 스스로에게 말하며 훈련했다. 이러지 않아도 돼. 앉아도 돼. 텔레비전 보기 전에 허락받지 않아도 돼. 점심으로 먹고 싶은 것 아무거나 먹을 수 있어. 샤워해도 돼. 그러나 내 몸은 정처없이 맴도는 습관에 길들여졌고, 언제 밥을 먹고 샤워를 하고 잠을 자라고 말해주는 사람이 없어서 불안했다.

이라크에서 돌아와서 외상후스트레스 장애를 앓는 군인들의 이야기를 많이 읽었기 때문에 나 역시 비슷한 증상을 겪고 있다는 것을 알았다. 아파트에 있자면 숨이 막혔다. 용기를 끌어모아 외출하려고 했지만 바깥세상은 너무 혼란스럽고 복잡했다. 동네를 산책하거나 원하는 곳 어디든 갈 수 있다고 기뻐하면서도, 나는 마치 세 블록까지만 길이가 닿는 목줄에 매여 있어서 멀리 벗어날 수 없는 것 같았다. 그보다 더 멀리 나갈라치면 바다 저 멀리 헤엄쳐 나가는 기분이 들었다. 마음껏 뛰어! 넌 자유야! 내 본능은 외쳤지만 길을 건너기도 두려웠다. 미친 그레고리한테 두들겨 맞을지도 모른다는 불안감이 자동차에 치일지도 모른다는 불안감으로 대체되었다. 병동의 소음은 눈에 보일 듯 생생한 맨해튼의 소음으로 대체되었다.

두 번째 정신증을 앓은 뒤에 직장에 복귀하는 것은 한편으로는 처음보다 더 힘들었다. 처음에는 단순히 창피했다면, 이번에는 내가 지난 잘못을 만회할 절호의 기회를 얻은 다음에 날려버린 기분이었다. 한 번쯤은 정신병원에 입원할 수 있다. 누구에게나 있을 수 있는 일이다. 하지만 두 번? 두 번째 입원은 내가 공인된 골칫덩이라고 지울 수 없는 낙인을 찍은 것 같았다. 패턴이 성립된 것이다. 매년 가을과 겨울 사이에 맥더멋은 약간 미치니까 잠시 가둬놔야 해. 그럼 걔는 긴 휴가를 갔다가 아무 일 없었다는 듯이 나타나지. 그다음에 우리의 미친 의뢰인들을 변호하고. 게다가 또다시 정신증을 일으켜서 우리한테 뒤처리를 떠맡기겠지.

나는 첫 정신증을 앓고 돌아왔을 때와 똑같은 수법을 택했다. 정시에 출근하고, 변호사답게 차려입고, 사람들이 부탁하는 사건을 맡았다. 직장에서 수치심을 최소로 줄이고, 우울증의 늪에 빠지는 것을 피하려면 일에 집중해야 했다. 그러던 어느 날 나는 프랑스 여왕을 반대 심문하게 되었다.

상해죄로 체포된 데브라 털리는 보석금 500달러를 낼 형편이 안 되었다. 보석금을 낼 수 없을 정도로 가난한 사람들은 구치소에서 형기로 메꿔야 한다. 똑같은 범죄를 저지르고 비슷한 범죄력을 지닌 두 사람이 500달러가 있고 없고의 차이로 매우 다른 형기를 받기도 한다. 데브라가 보석금을 낼 수만 있었다면 실형을 면했을 것이다.

이런 일은 하루에도 수백 번 일어나는데, 미스 털리의 사건이 특히 기억에 남은 이유는 그의 옛날 여자친구가 제대로 미쳐 있었기 때문이다.

뉴욕주에서는 대화의 당사자 가운데 한 사람만 허가해도 대화를 녹음할 수 있다. 그러니까, 내가 의뢰인의 상대편 증인에게 전화해서 통화를 녹음하고 싶으면, 굳이 물어보지 않고도 할 수 있다는 뜻이다. 반대 심문에 필요한 증거를 확보할 때 매우 유용하다. 이러한 꿍꿍이를 품고 나는 미스 털리의 옛 여자친구에게 전화했다. 장장 45분 이어진 통화에서 그녀는 내게 환상적인 자서전을 들려주었다. 본인의 말에 따르면 그녀는 프랑스와 영국 두 나라 모두에서 유서 깊은 왕족의 혈통으로 태어났다. 프랑스 국왕이었던 할아버지를 계승해 그녀가 여왕으로 등극할 차례였다. 그래서 그녀의 가족은 재산이 수백억에 달하며, CIA가 오바마의 명령을 받고 그녀를 보호하고 있다. 당연히 그녀는 프리메이슨[10]이었는데, 나 역시 같은 단원임을 알아보았단다. "법정에서 손으로 신호를 보냈잖아요. 안경을 올리고, 눈을 비비고, 머리를 손으로 빗어 내리고, 넥타이를 만지작거리고요."

평소라면 나의 적군인 검찰 측 증인에게 경멸밖에 느끼지 못했겠지만(그들을 증인석에서 묵사발을 만들어줄 목적으로 전화할 때 필요한 마음가짐이다) 나는 데브라의 옛 여자친구에게 한없이 연민을 느꼈다. 그녀의 이야기를 듣고 있자니 벨뷰 정신병동에서 만난 길 잃은 영혼들이 떠올랐다. 누가 이 여자

---

10 세계에서 가장 오래된 단체로, 입사식과 의식을 비밀로 지키며 인도주의와 형제애를 모토로 내건다.

의 현실 감각을 바로잡아줄까? 어떻게 먹고살까? 그런데 나는 그녀에게서 몰래 빼낸 정보와 가장 큰 약점을 이용해서 망신을 줄 작정이었다. 이 여자는 내가 자신의 적이라는 것조차 이해하지 못하는데. 엄마가 없었다면 나 역시 그녀와 같은 처지가 되었을 수도 있다. 내가 위치토의 공작이라거나 유명한 코미디언이라고 주장했겠지.

하지만 내가 그녀 같은 사람들을 위해 무엇을 할 수 있을까? 내 의뢰인을 돕기도 벅찼다. 변호사로서 내 커리어는 뒤처지고 있었다. 두 번 나간 재판에서 승소하고 자신감을 느끼긴 했지만, 내가 판례법과 형사소송에 무지하다는 것을 자주 통감했다. 경범죄 사건 수습 과정의 첫날로 돌아가서 다시 시작하고 싶었다. 그럴 수만 있다면 이번에는 정신을 바짝 차리고 공부할 것이다. 전부 다 아는 것처럼 잘난 척하는 대신에 나의 무지를 인정하고 최선을 다할 것이다. 하지만 처음부터 다시 시작할 시간 따위는 없다. 뉴욕 경찰들은 무력하고 아프고 가난하며 갈 곳 없는 이들에게 계속해서 폭력을 행사하고 잡아들인다. 내 전화는 쉼 없이 날마다 울려댔다. 내가 잘 아는 분야에서는 자신 있게 밀고 나가고, 잘 모르는 분야는 부지런히 공부하는 것이 내가 할 수 있는 최선이었다. 하지만 그보다 더 많은 일을 할 수 있기를 간절히 바랐다.

21

그날 내가 출근한 이유는 단 하나, 치코 보르하 사건 때문이었다. 나는 샤퀀 바넷, 타미르 그레이, 아바요미 오수 사건의 서류를 치우고 치코의 서류를 꺼냈다. 혐의 자체는 대단치 않은 사건이었다. 남자친구와의 다툼에서 비롯된 상해죄. 치코는 정당방위를 입증할 수 있었고, 아무도 다치지 않았다. 하지만 서류 맨 위에 'ICE(미국이민세관집행국) 보류'라고 쓰여 있었다. 이건 큰 문제다.

'ICE 보류'라는 말은 판사가 치코를 석방하더라도 교정국에서 구금하고 있다가 이민국에 넘긴다는 뜻이다. 치코가 집에 가려면 반드시 오늘 내에 사건이 기각되어야 했다. 뉴욕주 교정국은 종결된 사건의 피의자는 ICE 보류가 걸려 있어도 풀어주기 때문이다.

이민국 문제가 가장 시급하긴 했지만 가장 심각한 문제는 아니었다. 나는 ICE 도장 아래 '730. 서류 참고 요망'이라고 갈겨썼다. 며칠 전에 구치소에서 만났을 때 치코는 다짜고짜 이 말부터 했다. "선생님, 절 여기서 빼내주셔야 해요. 전 양극성 장애가 있어요. 여기서 약을 못 먹고 있어요. 약이 필요해요."

오늘 집에 갈 생각은 접으라는 말을 입에 달고 살지만, 치코는 진정 공포에 질려 있었다. 치코는 혼란에 빠진 채로 몸을 사시나무처럼 떨었다. "왜, 왜 집에 못 가는 거죠?"

"이 도장 보이죠?" 내가 물었다. "판사가 뭐라고 하든 집에 갈 수 없어요. 판사의 결정권 밖이에요. 이민국이 관여되었어요. La migra."

치코는 난감한 상황이었다. 정말 난감했다. 구치소에는 스페인어 통역가가 있었지만 치코는 영어로 대화가 충분히 가능했기 때문에 나는 통역가에게 자리를 비워달라고 부탁했다. 변호사라고 의뢰인의 신뢰를 저절로 얻는 건 아니다. 게다가 쇠창살 너머에 두 사람이 있으면 두 사람어치로 신뢰를 얻어야 한다.

"여기서 내보내주지 않을 거예요. 당신이 불법 이민자라서요."

"하지만 난 약이 필요해요! 난 잘못한 거 없어요!"

"맞아요. 하지만 당신은 잘못했다는 혐의를 받고 있어요. 그래서 구속된 거예요. 죄가 있고 없고는 지금 중요하지 않아요."

"내 남자친구한테 물어봐요. 그가 먼저 공격했어요. 난 무서워서 야구방망이를 들고 있던 것뿐이에요. 남자친구는 덩치가 어마어마해요. 게다가 취했었다고요."

"얼마나 커요?"

"이만큼요." 치코가 손을 15센티미터가량 위로 들었다. "몸집도 커요. 아주 힘이 세다고요."

치코는 아마 165센티미터에 73킬로그램 정도였다. 나는 치코의 이야기를 받아 적었다. 치코가 무죄라고 주장은 하겠지만, 내가 무슨 말을 하든지 간에 이민국에서 그를 끌고 갈 거라는 걱정이 앞섰다. 그래도 내가 그의 사건에 신경 쓰고 있음을 보여주고, 신뢰를 얻어야 했다. 그만 걱정하쇼. 아무 소용 없으니까. 어차피 당신은 망했소. 이런 말은 별 도움이 안 될 테니.

"선생님, 전 약이 필요해요."

"뭘 복용하죠?"

"리스페달. 데파코트. 세로켈. 그거랑 다른 것들이요. 잘 몰라요. 도와주는 여자분이 있어요."

"약이 필요하다고 판사한테 말하면 구치소에서 약을 가져다줄 거예요."

"제발요, 난 구치소에 갈 수 없어요. 집에 가야 해요!"

치코가 울기 시작했다. 치코를 기다리는 지옥을 나는 어렴풋하게밖에 상상할 수 없었다. 1형 양극성장애를 앓는 이 남자는 벌써 며칠이나 약을 못 먹었으며, 아마도 추방될 것이고, 이 나라에서 가장 시끄럽고 무시무시한 곳으로 이송될 것이다. 이런 상황에서 제정신을 지키려면 반드시 잠을 자야 한다. 그런데 심지어 이것보다 더 심각한 문제가 있었다.

"전 보균자예요."

"HIV?"

"에이즈요."

세상에.

"먹는 약이 있어요?"

"네." 나는 치코가 말하는 갖가지 약 이름을 서류에 받아 적었다. '미등록 이민자. 온두라스 출신.'이라는 문장 아래.

"판사한테 말해볼게요. 하지만 사람들 다 듣는 데서 말하지 않으려면 판사석으로 가겠다고 요청해야 해요. 알았죠?"

"제발, 제발. 절 빼내주세요. 전 약을 먹어야 해요."

"지금 당장은 빼내줄 수 없어요."

치코는 팔에 얼굴을 묻고 다시 울기 시작했다.

"울지 마요. 여기서 울면 안 돼요. 내가 할 수 있는 건 다 할게요. 하지만 당장은 나갈 수 없어요. 기다려야 해요."

"제발요." 치코는 계속 울기만 했다.

"애원한다고 되는 일이 아니에요. 당장 해결할 방법이 있었으면 당연히 했을 거예요. 하지만 지금은 할 수 있는 일이 없어요. 그만 울어요, 알았죠?"

나는 치코가 눈물을 닦을 때까지 기다렸다가 면회실을 나갔다.

"더 울고 싶으면 눈물이 멈출 때까지 여기에 있어요. 알았죠?"

치코는 손으로 얼굴을 가린 채 고개를 끄덕였다. "난 온두라스로 돌아갈 수 없어요."

"왜요?"

"게이니까요! 살해당할 거예요!"

이것은 이민심사에서 치코에게 도움이 될지도 모른다. 정치적 망명을 요청할 수 있을 것이다.

이튿날 나는 시간이 나자마자 치코를 만나러 브루클린 구치소에 갔다. 겁에 질리고 심약한 이 남자가 베이지색 죄수복을 입고 있는 모습을 보니 가슴이 아팠다. 과거에 학대를 당했다는 말이 사실이란 걸 단번에 알 수 있었다. 치코는 남자친구를 두려워했다. 그를 해칠 의도는 전혀 없었고, 단지 자신이 맞아 죽을까봐 겁이 났던 것이다. 애인과 싸웠다는 이유로, 더구나 그가 시작한 게 아니라 오히려 피하려고 최선을 다했을 싸움을 이유로 한 남자를 추방하고 살해당할지도 모르는 나라로 돌려보내는 것이 과연 문명사회로서 우리가 할 일인가? 치코를 강제추방하고 나면 어떻게 될지 뻔했다. 나는 구글에서 게이, 인권, 폭력, 온두라스를 검색했다. 치코는 과장하지 않았다. 온두라스에서 동성애자와 성전환자를 표적으로 한 살해와 증오범죄에 대한 증거가 수두룩했다. 더구나 미국에서는 지역 의료센터에서 필요한 도움을 받을 수 있지만, 온두라스에서 그런 혜택을 받을 수 있을 리 만무했다.

그래도 치코는 전날에 비교하면 조금 진정한 것 같았다. 정신이 맑고, 공황도 가라앉은 듯했다. 약을 받았다고 했는데, 그 덕분인지 정신적으로 제법 안정되어 있었다. 나는 이 사건에 이민법 변호사를 개입시켰으며, 당신이 추방당하지 않게 우리 둘 다 최선을 다해 돕고 있다고 말했다. 그다음에 나는 치코의 사회복지사에게 연락해서 그에게 유리한 증언을 해줄 수 있는 사람들의 편지를 최대한 많이 모아달라고 부탁했다. 우리는 치코의 가족관계와 미국 내 연고도 조사했다. 미국에 오래 살았거나, 미국에서 태어난 자녀나 가족이 있으면 추방 심사에서 유리하다.

나처럼 여러 사건을 맡다보면 법정에 서기 전에는 의뢰인의 얼굴과 이름을 연결하기가 어렵다. 내 머릿속에 의뢰인들은 일련의 사건과 일람표 번호로 저장되어 있다가, 법정에서 얼굴을 다시 보고서야 기억이 난다. 치코는 그렇지 않았다. 치코의 눈에 서려 있던 어마어마한 공포감이 가시처럼 내 마음에 박혀 있었다. 정신증을 앓았을 때 나는 가까스로 구속은 피했지만, 나와 치코는 별반 다르지 않았다. 치코가 구치소로 이송되며 느낀 공포를 나도 같은 상황에서 똑같이 느꼈을 것이다. 치코는 구치소에 들락거리는 사람이 아니었다. 그는 사법제도의 부조리와 무관심을 처음으로 맛보았다. 에이즈, 양극성장애, 학대, 성적지향을 이유로 한 박해? 너는 특별하지 않아. 벽을 보고 서서 엉덩이나 벌려.

나는 치코 사건에 매달리느라 소진되고 있었다. 몇 주나 쉬지 않고 일했다. 그냥 기절해버리고 싶을 정도로 피곤하면서도 다른 한편으로는 초조함에 흥분해서 하루에 팔굽혀펴기 50개를 열 번씩 하고 싶었다. 나는 사무실의 이민법 변호사마다 붙잡고 추방 절차를 물어봤다. 치코가 빠져나갈 가능성이 없다고 해도, 과연 실제로 얼마나 암담한지 알고 싶었다. 이민법 변호사들에게 다양하고 복잡한 이야기를 들었지만 결론은 늘 같았다. 치코는 망했다.

이민법은 어떤 면에서 형사법보다 너 가혹하나. 치코의 법적 신분 문제에서 나는 할 일을 이미 '충분히' 했다. 그러니까, 변호사의 의무를 전부 성실히 수행했다는 말이다. 내게 요구되는 것 이상으로 노력해서 이민국에 보낼 서류를 준비했지만, 치코의 생명이 위험한 상황에서 과연 얼마큼 노력해야 충분하다고 할 수 있을까? 수면 부족으로 정신증을 다시 일으킬 위험을 감수할 가치가 있을까? 치코가 풀려날 가능성을 조금이라도 높일 수 있다면 감수해야 할까? 다른 의뢰인들은 또 어떡하지? 내 사무실 바닥에 널려 있는 그들의 서류는? 나이지리아 출신인 아바요미 오수는 자기 가족 중 처음으로 대학에 갈 기회를 얻었는데, 이 사건이 기각되지 않으면 정부 학자금 대출이 물 건너가므로 대학과는 안녕이다. 게다가 치코 같은 이민 관련 사건은 항복하는 편이 차라리 나을 수도 있다. 유죄를 인정하고, 맘껏 요리해서 잡수쇼,라고 이민국에 건네주는 것이다. 물론 치코는 온두라스로 돌아가기 싫겠지만, 이민 구류센터에 갇혀 있다가 결국 온두라스로 쫓겨나는 것보다는 곧장 돌아가는 편이 나을지도 모른다. 뻔한 결말을 우리가 단지 미루고 있는 게 아닐까 걱정되기 시작했다.

하여간에 치코는 금세 풀려나지 못할 텐데, 내가 입원해 버리면 치코에게 아무것도 해줄 수 없다. 밤에 공황이 몰려오는 것도 힘들었지만, 그때는 오전 10시 20분이었고, 치코에게 마지막 면회를 다녀왔을 즈음엔 나는 이미 이틀이나 밤을 새운 상태였다. 불안 증세가 나를 좀먹기 시작했다. 다음 열두 시간을 버틸 수 없을 것이다. 지금은 치코가 아니라 나 자신을 걱정해야 한다. 멈춰. 모두를 위해 잠깐 멈춰. 나는 생각했다. 이제 멈춰야 해. 머릿속에서 다시금 웅성거리는 항의의 목소리를 애써 잠재웠다. 치코의 목숨이 걸려 있어. 그런데 지금 집에 가겠다고? 싸울 것이냐, 도망칠 것이냐, 나는 계속해서 갈등했다. 그날 저녁에 사무실을 나서면서 나는 일단 도망치기로 했다. 내 정신을 다스릴 때까지만 잠시 떨어져 있겠다고 속으로 치코에게 약속했다. 집에 가서 리스페달을 복용하고 밤 8시에 잠자리에 드는 것을 목표로 삼았다.

그때 휴대전화가 울렸다. 룸메이트가 보낸 문자였다. 집에 빈대가 생겼어. 언제 올 수 있어?

제기랄. 뉴요커들은 빈대 때문에 집을 잃기도 한다. 해충 박멸은 몇천 달러까지 들 수 있는데, 많은 집주인이 임차인에게 그 값을 물린다. 리스페달을 먹고 자는 대신 벌레들과 전쟁해야 할 판이었다.

집에 도착하자 분위기가 싸늘했다. 절망감과 의심이 혼재했다. 우리 중 누군가가 빈대를 집에 들였다. 그리고 본능적으로 우리 세 사람 모두 누구를 탓할지 고민하고 있었다. 번질나게 여행을 다니고, 아마도 비싼 곳이겠지만 주말마다 호텔에 숙박하는 라이언? 밤마다 소고기 스튜 통조림을 캔에서 퍼먹는 프레스턴? 이 사소한 식습관은 왠지 무척이나 수상했다. 이틀에 한 번꼴로 홈리스들과 포옹하는 국선변호인인 나는 또 어떤가?

"어떻게 해야 하지?" 나는 우리 힘으로 이 문제를 해결할 수 있다고 자신하는 척하며 말했다. 조만간 잠들지 못하면 내가 어떻게 될지 모른다는 공포심은 마음속 한쪽으로 밀어두었다.

우리 물건을 전부 비닐봉지에 넣고, 옷은 드라이클리닝하고, 아파트를 구석구석 진공청소기로 청소하며, 신발은 물론

346

빈대가 들어갈 수 있는 모든 것을 끓는 물에 담그기로 했다.

"빈대가 어디에 숨는데?"

"어디든지 다."

나는 꼭 필요한 옷만 빼고 죄다 버렸다. 옷을 전부 드라이클리닝할 돈은 없었다. 지난달에 입지 않은 옷은 버리기로 했다. 청소 시간이 20분에서 세 시간으로 늘어나며 공황이 치밀었다. 15분만 더. 30분만 더. 제길, 벌써 자정이네. 끝나려면 아직 멀었는데. 일분일초가 지날 때마다 정신병동에 한 걸음씩 다가가는 기분이었다.

빈대가 있을 때는 잠자리에 들기 전에 피부를 최대한 가려야 한다. 나는 낡은 운동복 바지를 입고 바짓부리를 축구 양말에 끼워 넣었다. 위에는 긴소매 티셔츠를 입고, 셔츠 자락을 팬티에 넣었다. 심지어 손에 양말까지 끼었다가 어처구니가 없어서 다시 뺐다. 그때쯤에는 빈대가 나를 물든, 뼈만 남기고 싹 다 갉아먹든 상관없었다. 더 늦기 전에 자야 했다. 리스페달을 먹어야 했지만 시간이 너무 늦어서 다음 날 못 일어날까봐 불안했다. 엄청 피곤하니까 바로 잠들지도 몰라. 나는 조그만 오렌지색 알약을 손에 쥐고 10분 정도 고민했다.

결국 나는 약을 먹지 않았다. 크나큰 실수였다.

22

불면증이 밤새 나를 들볶았다. 시계를 볼 때마다 새로운 불안감이 치솟았다. 불안하다보니 불안해서 잠을 못 잘까봐 불안해졌다. 리스페달을 복용할까 말까 매 순간 고민했지만, 잘 수 있는 시간이 줄어듦에 따라 약을 먹고 아침에 못 일어날 가능성이 증가했다. 마침내 잠이 들고서는 몸에 벌레가 기어다니는 꿈을 꾸었다.

다음 날 아침에 나는 고민 끝에 출근하기로 하고 집을 나섰다. F선을 타러 가는 길에 현실 감각이 옅어지는 것이 느껴졌다. 습관대로 움직이기로 했다. 리빙턴 스트리트를 다섯 블록 걸어서 에식스로 간다. 에식스 마켓에서 푸에르토리코 커피집의 2달러짜리 커피를 산다. 전철을 기다리는 동안 중국인 노인들의 얼후 연주를 구경한다. 중국인 노인들이 좀 그만하면 좋겠다고 속으로 생각한다. 익숙한 습관이 마음에 안정을 주었다. 한 발을 다른 발 앞으로 내디딘다. 이런 식으로 나는 하루를 시작하는 과정을 1단계부터 3단계까지 해냈다. 집을 나서고, 커피를 마시고, 전철을 탄다. 천천히, 일정하게, 의식적으로 차분히 행동하면 오늘 하루를 버틸 수 있어.

브루클린을 향해 이스트리버 터널을 달리는 F선 전철 안에서 수면이 본능적인 신체 기능이 아니라 이론적인 관념처럼 느껴지기 시작했다. 잠이 필요하다는 사실을 알고는 있었지만, 내 몸은 활동을 중지하는 법을 잊은 듯했다. 전철이 브루클린의 요크 스트리트 역에 도착했다. 다음 역에 도착하면 전철에서 내려서 변호사 행세를 시작해야 한다. 나는 눈을 감고 심호흡을 했다. 1,000번도 넘게 해봤잖아. 다시 할 수 있어. 눈알이 두개골 속으로 파고들어 뇌 속에서 둥둥 떠다니는 기분이었다.

나는 백팩을 가슴에 바짝 끌어안고(나 자신을 달래려고 그랬다), 다시 잠을 잘 수 있는 순간을 상상해보았다. 그냥 전철에서 잠들어서 코니아일랜드까지 갔다 오자. 그럼 전부 괜찮아질 것 같았다. 딱 두 시간만 자면 괜찮아질 텐데.

"제이 스트리트 메트로테크입니다. 다음 역은 버건 스트리트입니다. 문이 곧 닫히니 물러서주시기 바랍니다."

게임 시작이다. 익숙한 것에 집중하자.

나는 한 번에 두 계단씩 올라가서 전철역에서 나갔다. 나는 움직이고 있는 물체니까 관성의 법칙을 따라 계속해서 움직여야 한다. 제이 스트리트의 F선 전철역 입구에 우유 상자를 놓고 매일같이 앉아 있는 홈리스를 지나쳤다. 남자 옆에는 드에인리드 잡화점 쇼핑백으로 가득 채운 드에인리드 잡화점 쇼핑백이 있었다. 계절과 무관하게 남자는 늘 두꺼운 겨울 코트를 꿰입고 뉴포트 담배를 피웠다.

익숙한 것에 집중하자.

사무실에 들어가자마자 내 의자에 놓인 쪽지가 눈에 띄었다. 출근하면 잠깐 나 좀 보게.

빌어먹을제기랄염병.

배리가 보낸 쪽지였다. 배리가 던져주려는 사건이 무엇이든지 간에, 내가 맡을 수 없는 이유들을 떠올렸다. 내 책상은 폭격을 맞은 것처럼 난장판이었다. 나는 대체 왜 이 모양일까? 산더미처럼 쌓여 있는 서류 무더기에는 받아야 하는 증거자료와 정보, 기각된 증언, 기록되지 않은 응급전화 통화 내역 등이 뒤섞여 있었고, 전화기와 키보드와 모니터에는 포스트잇이 덕지덕지 붙어 있었다. 이 난장판을 보고 젊고 야심 차고 부지런한 변호사를 떠올리는 사람은 없을 것이다. 포스트잇에 적혀 있는 메모가 무슨 사건과 관련되었는지도 기억나지 않았다. *718-212-8217에 전화하기. 별표가 중요하다는 표시인가? 이 번호가 의뢰인인지 증인인지 사회복지사인지 검사인지 형사인지 검사관인지조차 적어놓지 않았다는 것은, 그만큼 시급하다는 뜻인가?

연중 어느 때나 국선변호인은 열 건에서 스무 건가량의 사건을 동시에 진행하고 있기 마련이다. 따라서 정리정돈은 미덕이다. 그러나 세 가지 사건을 펼쳐놓고 일하는 와중에 전화가 울려서 전혀 다른 사건으로 검사와 이야기하기 시작하면, 처음에 다루고 있던 세 사건은 펼쳐진 채로 기다릴 수밖에 없다. 때로는 의뢰인이 사전 연락 없이 불쑥 찾아와서 주의를 산만하게 만든다. 가끔은 자신이 맡은 사건을 전부 바닥에 내려놓고, 그 순간에 가장 중요한 사건 하나를 선택해서 매달릴 수밖에 없다. 나머지 사건들도 우선순위로 올라오면 그때 반드시 처리할 거라고 스스로를 다독이면서. 병원에서 활용하는 중증도 분류와 유사하다.

지금 내 사무실 문가에 그림자를 드리운 이는 누구인가? '출근하면 나 좀 보게.' 씨가 아닌가.

"일정표를 보니까 자네가 오늘 TP-5 재판정에 가던데. 알리나리 사건 좀 맡아줄 수 있나? 아파서 못 나온대." 지극히 평상적인 이 부탁이 나를 절벽 끝으로 밀어버렸다는 사실을 배리는 몰랐다.

"배리, 잠깐 기다려요. 못할 거 같아요."

"그래도 재판정에는 나가지?"

"모르겠어요."

"무슨 소리야, 모른다니? 누구더라, 그 사람 재판이 있잖아."

"타미르 그레이요."

"그래, 타미르 그레이. 그 사람 재판이 오늘 아니야?"

"오늘 맞아요. 하지만…"

배리는 내가 꾀를 부리고 있다고 생각하는 눈치였다. 정확한 표현으로 침착하고 조리 있게 내 상태를 설명하고 싶었다. 그러나 머릿속이 하얗기만 했다.

"배리, 못하겠어요! 난 지금 엉망이에요! 엉망이라고요! 엉망!" 나는 눈물을 흘리다가 엉엉 울었고, 그다음엔 숨을 못 쉬고 꺽꺽거렸다. 넌 빌어먹을 사기꾼이야, 넌 아무도 못 도와줘! "문 닫아요. 제발. 문 좀 닫아요, 배리."

배리는 한숨을 내쉬었다. 그는 골치 아픈 일의 뒤처리는 질색했지만, 우리 부서의 팀장이었으므로 업무의 90퍼센트가 골치 아픈 일의 뒤처리였다.

"일단 진정해."

"못 해요! 병가를 내야 할 것 같아요! 못 하겠어요! 미안해요! 미안해요, 미안해요!" 울음을 멈출 수가 없었다.

"하나씩 차근차근 얘기해보자고. 오늘 TP-5 말고 또 뭐가 있나?"

"몰라요. 가정폭력 두 건이랑 이런저런 거 수십 건요."

"알았어. 제출서는 쓸 수 있어?"

"아무것도 못 하겠어요. 아무 생각이 안 나요. 너무 피곤해서 별이 보여요."

"그래. 그럼 내가 쓸게."

"그게 문제가 아니에요. 이 사람…" 나는 치코의 서류를 보여주었다. "에이즈랑 양극성장애가 있는 게이 남자예요. 게다가 불법 이민자고요. 추방당할 거예요. 아무 잘못도 안 했는데."

배리가 결혼반지를 만지작거렸다. "서류 줘보게." 배리는 내 메모와 자료를 훑어보았다. 1분 만에 그는 필요한 정보를 다 파악한 듯했다. "옛날에 내 상사가 이런 말을 했었지. '너 한 명 없다고 여기에 불이 나지는 않는다. 네가 오기 전에도 여기 있었고 네가 떠난 후에도 여기 있을 거다.' 우리 사무실에는 유능한 변호사가 125명이나 있어. 여기서 일하다가 무너진 사람이 네가 처음이 아니고, 마지막도 아닐 거야. 그건 확실하지. 보르하 씨는 내가 맡을게. 가봐."

배리는 문을 닫고 나갔다. 나는 휴대전화의 연락처에서 닥터 싱의 비상연락처를 찾았다. 불과 72시간 전에 나는 내가 누군가의 목숨을 구할 수 있을 줄 알았다. 그러나 이제는 별 수 없이 살인에 협조한 기분이었다.

"여보세요. 닥터 싱입니다."

닥터 싱이 직접 받으리라고 예상하지 못했다. 음성 메시지를 남긴 다음에 정신을 가다듬고 회신을 기다릴 계획이었다.

"잭 맥더멋이에요." 나는 이름을 다 말하기도 전에 울먹거렸다.

"잭, 상태가 안 좋은 것 같네요."

"안 좋아요!" 나는 의자에 걸어놓은 후드 스웨트셔츠를 집어 들고, 다른 사람이 듣지 못하게 얼굴을 파묻고 울었다. 아마 전부 들렸겠지만.

"그래요, 상태가 안 좋은 것 같아요. 아주 안 좋은 것 같군요." 닥터 싱의 목소리는 평온 그 자체였다. 여자의 '버르장머리를 고쳐놓아야 했다.'라며 주절거리는 핑계를 내가 유치장에서 하도 많이 들어서 덤덤해졌듯이, 닥터 싱은 공황에 빠졌거나, 정신이 나갔거나, 자살 충동을 느끼는 사람들의 웬만한 전화에는 눈 하나 깜빡하지 않을 것이다. 나 정도 환자는 닥터 싱의 저녁 식사 이야깃거리도 되지 못하겠지. "잭, 병원에 가야 할 것 같아요."

"갈게요. 하지만 날 가두지 못하게 해줘요! 폐쇄병동에 가두지 못하게 해달라고요!"

"지금 당장 택시를 타고 가요. 서둘러요. 당장 가요. 내가 베스 이스라엘 병원에 전화해서 당신을 입원시켜줄 수 있냐고 물어볼게요. 퍼스트 애비뉴랑 16 스트리트 사이예요." 닥터 싱은 강제입원을 막아달라는 부탁에 대해서는 침묵했다. 그가 지킬 수 없는 약속이기 때문일 것이다.

동료 변호사들의 눈과 귀에서 벗어날 때까지 나는 반 블록 정도를 걸어간 다음에 허공에 대고 소리를 질렀다. 그러고는 브루클린 다운타운을 바삐 오가는 행인들을 둘러보았다. 펭귄처럼 뒤뚱거리는 늙은 변호사들, 그들과 같은 방향으로 걷는 흑인 젊은이들. 맥도날드에는 사람들이 북적거렸고, 우리 사무실과 같은 건물에 있는 사회보장국에는 벌써 사람들이 골목 모퉁이를 돌아서 줄을 서 있었다. 잘 봐둬. 바깥세상에 다시 나오려면 한참 걸릴지도 몰라. 나는 택시를 불렀다.

"베스 이스라엘 병원으로 가주세요."

택시운전사는 총상을 입은 사람이 뒷좌석에 탄 듯이 속도를 냈다.

"빨리 안 가셔도 돼요." 내가 말했다. "급하지 않아요."

브루클린브리지를 건너 맨해튼으로 들어가는 길에 나는 엄마한테 전화했다. 엄마는 학교에 있었는데도 곧바로 전화를 받았나. 벌써 3년째 엄마는 이런 전화가 걸려올 날을 두려워하면서 살고 있었다.

"무슨 일이니, 고릴라?"

나는 여전히 울고 있었지만 그래도 숨은 차분히 쉴 수 있었다. "병원에 가는 길이야."

"무슨 일인데?"

"사흘간 잠을 못 잤어. 공황장애가 왔어. 잠을 못 자면 조
증이 일어날까봐 무서워. 어젯밤에도 잠을 못 잤어. 리스페달
먹고 자려고 했는데, 아파트에 빌어먹을 빈대가 생겼어."

"오, 저런. 큰일 났네."

"큰일 났어."

"네가 지금 어디 있는지 알아? 텔레비전에 출연하고 있다
고 생각하는 건 아니지?"

"아직 그 정도는 아니야. 병원에 가고 싶지 않아. 제길, 정
말 가기 싫다고."

엄마도 소리 죽여 흐느끼고 있었다. "엄마도 네가 병원에
가는 게 싫어. 하지만 가야 한다. 꼭 가야 해. 지금 잘하고 있
어."

"전화할 수 있을 때 바로 할게."

"나랑 계속 통화하면서 갈래?"

"아니야. 그냥 택시 창문 내리고, 갇히기 전에 바깥 공기
좀 쐬고 싶어."

"그래."

"사랑해, 엄마." 내가 말했다.

"나도 사랑해. 넌 굳센 고릴라야. 가능한 한 빨리 전화해
줘."

브루클린브리지를 건너며 나는 택시에서 내리기 전까지
거리가 몇 개 남았나 세어보았다. 커낼, 그랜드, 브룸, 딜란시,

하우스턴, 그리고 퍼스트 애비뉴에서 16 스트리트까지. 그다음엔 내려야 한다.

"손님, 괜찮아요?" 택시운전사가 물었다.

"네, 괜찮아요. 그냥 상태가 엉망이에요. 천천히 가셔도 돼요. 진짜요."

택시운전사는 다시 속도를 냈다. 나는 병원까지 빨리 가도 7분은 걸릴 거라고 예상했다.

"도착했습니다" 5분이 지났을 때 택시운전사가 말했다. "그냥 가요."

"아니에요." 내가 신용카드를 꺼내며 말했다.

"괜찮아요. 얼른 가봐요."

23

병원에서 나는 입고 있던 옷을 건네주고, 녹색 환자복, 다시 말해 광인의 유니폼으로 갈아입었다. 별거 아닌 것 같지만 크나큰 수치심을 안겨주는 이 옷을 입는 순간, 성인으로서의 자율권을 뺏긴다. 입원 절차를 마친 뒤에 리스페달 2밀리그램과 아티반 2밀리그램을 받았고, 조그맣고 벽이 하얀 방으로 안내받았다. 제정신인 사람에게는 이 방이 평온해 보일 것이다. 그러나 내 머릿속에서 몰아치는 폭풍이 불안의 역학적 에너지라도 발산하는지, 방이 쿵쿵 울리고 흔들리는 것처럼 느껴졌다.

"리스페달이랑 아티반이 더 필요해요." 나는 담당 간호사에게 말했다. "정신이 나갈 듯한 느낌이 왔어요. 확실해요."

"그게 무슨 뜻이죠?"

"난 알아요. 그냥 느껴져요. 내 두뇌가 얼마나 빨리 돌아가는지, 그 생각뿐이에요. 무서워요. 잠을 자야 해요."

"의사 선생님을 부를게요. 일단 가서 누워 있어요."

누워서 의사를 기다리는 한 시간 동안 방은 점점 더 무시무시하게 위협을 가해왔다. 두꺼운 직사각형 조명 덮개가 천장에서 떨어져 나를 깔아뭉갤 것 같았다. 그 조명 덮개에서 도저히 눈을 뗄 수 없었다. 너무 위태롭게 달려 있었다. 대체 왜 사람들은 건물과 설비를 덮어놓고 믿지? 저 벽이 언제 무너질까 매 순간 두려워해야 하지 않을까? 나는 아직 남아 있는 이성적 사고력에 필사적으로 매달리며, 이런 걱정이 전부 비합리적이라고 나 자신을 타일렀다. 뉴욕시에는 건물 시공 기준이 엄연히 존재한다. 석고보드는 오랜 시간에 걸쳐 안정성을 인증받았으며, 나사와 너트와 볼트 모두 자격 있는 노동조합 목수가 설치했다. 그래도 마음이 놓이지 않았다. 그래, 나는 지금 폭발하기 직전이야. 기다려, 언제 터질지 몰라.

　의사가 노크를 하고서 대답을 기다리지 않고 방에 들어왔다. "아직도 잠이 안 와요?" 의사가 물었다. "전혀요?"

　"전혀요. 못 자겠어요. 상태가 나빠지고 있어요."

　"무슨 뜻이죠?"

　"조증이 왔어요. 정신증은 아직 아니에요. 하지만 다가오고 있어요. 느껴져요. 벽이 움직이고 있어요."

　"벽이 움직이다니요?"

　"벽 모서리의 각도가 영 이상해요. 직각이 아닌 것 같아요. 비뚤어졌어요."

　"하지만 정상이란 건 알죠?"

　"알아요. 정상이겠죠. 하지만 나한테는 그렇게 안 보여요. 지금 나는 확실히 정상이 아니에요."

　"조증이 왔다고 생각하는 이유가 또 있나요?"

　"내가 실제보다 훨씬 우월한 초감각적 능력을 지녔다는

생각이 들어요. 일이 벌어지기 전에 예고할 수 있다고요. 하지만 그게 사실이 아닌 걸 알아요."

"불안해하는 것 같군요. 하지만 당신이 느끼는 것과 현실을 혼동하고 있지는 않아요."

"바로 그거예요. 그게 시작되지 않았으면 좋겠어요. 뭐든 다른 약을 주세요. 자야 해요."

의사는 내게 리스페달을 최대치로 주라고 간호사에게 지시했다. 약물로 무장하니 다소 안심이 되었지만, 이것이 최후의 보루였다는 생각이 들었다. 게다가, 왜 아직도 약효가 안 나지?

약을 마지막으로 투여받고 한 시간이 지난 뒤에도 나는 깨어 있었다. 그리고 또 한 시간이 흘렀고, 또다시 한 시간이 흘렀다. 숨 쉬고 있으면 죽은 게 아니야. 숨을 계속 쉬면 죽지 않아. 이 만트라를 끊임없이 되뇌었는데, 그 순간에는 이것이 완벽하게 논리적이라고 생각했다.

나는 필사적으로 제정신을 붙들었다.

이튿날 아침에 같은 의사가 나를 보러 왔다. 의사는 퇴근하는 길인 듯했다. "어때요? 잠 좀 잤어요?"

"아뇨." 나는 울기 일보 직전이었다.

"안됐네요. 어쩔 수 없어요. 당신을 옮겨야겠어요."

"벨뷰는 안 돼요. 제발 벨뷰로 보내지 마요. 벨뷰는 가고 싶지 않아요."

"벨뷰가 아니에요. 그레이시 스퀘어로 갈 거예요. 거기 자리가 생겼대요. 개인병원이에요."

나는 들것에 묶인 채로 응급 의료진 두 명에게 들려 이송되었다.

정신병원의 경우에는 '개인병원'이라고 해서 시설이 좋으리라고 기대하면 안 된다. 그레이시 스퀘어 병원은 디스토피아 영화에서 정부가 인체실험을 할 법한 건물처럼 생겼다. 썩은 천장에서 뚝뚝 떨어지는 물을 받는 금속 양동이나 감전 위험이 있는 전선이 바닥에 널려 있지는 않았지만 금방이라도 누가 와서 이런 것들을 설치해놓고 갈 것 같았다. 가능했다면 나는 차라리 벨뷰 병원으로 보내달라고 한 치의 주저 없이 말했을 것이다.

그 병원의 환자들은 심지어 더 끔찍했다. 그들은 모두 화가 나 있었다. 아니, 증오로 끓어오르는 것 같았다. 나는 속이 후련해질 때까지 울고 싶었지만 복도에서는 꾹 참았다. 아직 신참이었으니까.

달랑 한 명뿐인 직원이 병원을 안내해주는 동안 눈알 스무 쌍이 나를 지켜보고 있었다. 그 직원 혼자 30~40명에 가까운 심각한 정신질환자들을 다뤄야 했고, 그는 무너지기 일보 직전처럼 보였다. 병원에 도착하고 처음 한 시간 동안 나는 직원이 싸움을 뜯어말리는 것을 세 번 목격했다. 그때마다 그는 누구를 쓰러뜨리고 묶어야 하는지 즉석에서 결정해야 했으며, 그렇게 조치함으로써 다른 한 명도 물러서기를 바랄 수밖에 없었다. 싸움을 일으킨 쪽을 제압하는지, 아니면 좀더 만만한 상대를 고르는지는 알 수 없었다. 신중한 사람이라면 후자를 택할 것이다. 이 직원은 연봉 4만 달러도 받지 못할 것이 확실했다. 환자가 이 사람을 때려눕히기라도 하면 어떻게 될까? 환자들이 병원을 지배하게 될까?

"여기 대체 뭐 하는 곳이에요?" 구내식당에서 내 옆에 앉은 왜소한 소녀가 물었다. 여자아이의 얼굴은 쉰 살 먹은 술꾼처럼 빨갛고 얼룩덜룩했다. 마치 코가 옆으로 부풀고 있는 것처럼 보였다. 이 여자아이는 이를 닦아도 구취가 날 것이 뻔했다. 지난 며칠간 내리 울기만 한 것 같았고, 척 봐도 공포에 질려 있었다.

"정신병동이지."

"내가 왜 여기 있는지 모르겠어요."

"글쎄, 네가 여기 있다는 사실은…"

"난 재활병원에 가고 싶었다고요. 난 안 미쳤어요."

"그럼 왜 여기에 왔니?"

"몰라요. 병원에 실려 갔었어요. 위세척을 했는데, 이번이 세 번째예요. 내가 재활병원에 가지 않으면 부모님이 나랑 말도 안 한다고 했어요."

여자아이는 차가운 금속 벤치에 발을 올려놓고서는 무릎을 끌어안고 고개를 깊이 파묻었다. 얼굴이 왜 빨간지 알 것 같았다. 깡이 센 아이가 아니었다. 게다가 체격도 너무 왜소했다.

"내 말 잘 들어." 나는 소녀에게 말했다. "여기서 나가. 네 문제가 무엇이든지 간에, 이걸로는 해결할 수 없어."

"도움을 받고 싶었을 뿐인데, 그 사람들이 날 여기에 처박았어요!"

"여긴 지옥이야. 내가 가본 곳 중에서도 최악이야."

"또 술을 마시게 될까봐 무서워요. 여기서 나가면 나는 또 술을 마실 거예요. 난 어딘가에 갇혀 있어야 해요. 안 그럼 술을 마실 테니까. 분명히 못 참을 거예요. 내가 알아요."

"그거 알아? 네가 여기에 오래 있을수록 퇴원할 즈음엔 더 망가질거야. 이 병원은 네 문제를 해결해줄 수 없어. 아빠한테 전화해서 죄송하다고 말씀드려. 입을 꿰매서라도 술을 안 마시겠다고 약속해. 넌 반드시 나가야 해."

나는 4일 후에 퇴원했다. 병원에서 준 항정신병약을 먹고 거의 혼수상태에 빠졌었다. 친구들이 면회를 왔었다고 했지만 나는 전혀 기억하지 못했다. 어쨌든 약을 먹은 덕분에 잠이 들었고, 이틀 내내 푹 잤다.

세상에 다시 나왔을 때는 2월치고 날씨가 이상할 정도로 포근했다. 나는 병원에서 집까지 78블록을 걷기로 했다. 퇴원해서 다행이었지만 한편으로는 화가 났다. 오사와토미 병원에서 나온 지 고작 1년이 조금 넘었다. 더구나 나는 그동안 규칙을 지켰다. 잠을 충분히 자고, 매일 아침 약을 먹고 대마초에는 손도 대지 않았다. 그런데 또다시 정신병원에서 걸어 나오고 있는 것이다. 나의 정신에 배신당한 기분이었다.

집으로 걸어가는 길에 나는 닥터 싱에게 전화해서 퇴원했다고 알리고 다음 진료를 예약했다. 닥터 싱은 기분이 어떠냐고 물었다. 분노. 짜증. 수치심. 패배감. 앞으로 어떻게 살지 캄캄하다고 말했다. 매년 이런 발작을 겪을 운명인가. 부적절한 시기에 아파트에 빈대가 생겼다는 이유로 입원까지 하게 되지 않았는가. 한마디로, 나는 앞으로 대체 어떻게 살아야 하는 걸까?

"당신에 대해 우리가 알아낸 것이 하나 있다면," 닥터 싱이 말했다. "조증이나 정신증 삽화가 한번 시작되면 산불처럼 순식간에 번진다는 겁니다. 그런데 이번에는 그렇게 되지 않았어요. 리스페달을 일찍 복용한 덕분에 조용히 순조롭게 흘러갔어요. 산불이 나지 않은 거예요."

세상 사람들은 점심 식사를 마치고 수많은 방향으로 각자 길을 가고 있었다. 평범한 사람들의 세계로 돌아와서 마음이 놓였다. 이번 경험이 유발한 불안감도 닥터 싱과 통화한 뒤에 한층 가라앉았다. 닥터 싱이 옳다. 정신병동에 4일간 입원한 것을 축하하기는 어렵지만, 4일 만에 나왔다는 것은 과연 일종의 승리다. 어찌 보면 대승이다. 이번에는 정신증으로 넘어가지 않았다. 산불이 나지 않았다.

나는 양극성장애에 비웃음을 날려주었다. 네가 또다시 나를 한 대 쳤지만, 형편없는 펀치였어. 이제 널 파악했다고.

24

그녀는 길가에서 담배를 피우며 친구와 웃고 있었다. 이런 곳에 있기에는 너무 미인인걸. 지금 당장 말을 걸지 않으면 다른 놈팡이가 와서 작업을 걸 거야. 그녀는 입술이 살짝 튀어나와서 꼭 프렌치 불독 같았다. 귀엽지만 조금 심통이 난 듯한 얼굴이었다.

진부하기 짝이 없지만 나는 담배를 빌리는 작전을 택했다. 그런데 그녀 친구가 내게 담배를 주는 바람에, 나는 두 사람과 대화하면서도 내가 그녀에게 관심이 있음을 확실히 보여야 했다.

몸짓은 물론 무심히 담배를 들고 있는 자세로 미루어 나는 그녀가 외국인일 거라고 짐작했다. 그녀는 가식적으로 웃거나 지나치게 명랑한 척 깔깔거리지 않았다. 가까이 다가서니 프랑스 억양이 들렸다. 그녀는 자신을 '텍사스 출신 미셸'이라고 소개했고, 나는 그 말을 믿는 척했다.

"아, 그래요? 어느 지역이요?"

"정앙 지역요."

"음, 그렇군요. 중부가 좋죠."

꽤 늦은 시간이었기 때문에 그들이 한잔하고 나온 줄 알

앉는데, 그녀 친구가 다같이 바에 들어가서 맥주를 마시자고 말했다. "당신 친구들은 어디 있어요?" 텍사스 출신 미셸이 물었다.

"저도 그게 궁금하던 참이에요. 여기 어딘가에 있어요. 아마도요."

"친구 없죠?"

"저도 그게 걱정되기 시작하네요."

밥맛 떨어지는 월스트리트 양복쟁이가 그녀 친구 레이철에게 저돌적으로 작업을 걸기 시작한 덕분에 내게 기회가 왔다. "뉴욕대학교 스턴 경영대학이라고 들어봤어요? 미국 최고 MBA 프로그램 중 하나예요." 남자가 레이철에게 자기 이력서를 줄줄이 읊어주는 사이에 나는 텍사스 출신 미셸에게 장기자랑인 동물 흉내를 선보였다. 왕도마뱀, 범고래, 낙타, 기린(낙타와 별반 다르지 않다). 그리고 대머리독수리. 그녀는 방울뱀을 목에 감고 코니아일랜드를 돌아다니다가 체포된 내 의뢰인 이야기를 제일 좋아했다. 그 의뢰인은 유명인 행세를 하며 경찰에게 이렇게 말했다고 한다. "무려 20년간 이 일을 해왔소!"

그녀가 말했다. "당신은 뻥쟁이에요. 왕뻥쟁이야. 바로 그거야." 나는 왕뻥쟁이라는 별명이 마음에 쏙 들었다. 그보다 멋진 별명은 없었다. 그런데 다음 순간 그녀가 말했다. "레이철한테 키스해서 꼴불견 얼간이 좀 없애버려요."

"꼴불견 얼간이가 혹시 나예요?"

"당신은 재밌는 얼간이에요. 당신은 여기 있어도 돼."

물론 나는 레이철에게 키스하지 않았다. 그녀를 웃게 했는데 그러고서 망칠 수는 없지. 이 얼간이는 어디 안 간다. 그날 밤에 끝내 나는 그녀의 전화번호를 땄다. 그녀의 본명 철자를 맞추었을 때 합격한 것 같다. "A-U-R-E-L-I-E. 첫 번째 E에 악센트를 주고요?"

"원숭이처럼 한 글자씩 부르지 않아도 되어서 다행이뇌요. 철자가 어떻게 되냐고 열일곱 번씩 물어보는 얼간이들이 많아서요. 그뢰서 내가 텍사스 출신 미셸이라고 말하는 거예요. 세상엔 얼간이가 너무 많아서." 그러고서 그녀는 자기가 어디 출신인 것 같냐고 물었다.

나는 알 수 없어서 그냥 때려 맞추었다. "프랑스는 아니죠."

벨기에였다.

오렐리와 첫 데이트를 시작하고 20분 만에 나는 운명과 일종의 내기를 했다. 이 여자와 당장 결혼하느냐, 다시는 보지 못하느냐 둘 중 하나를 선택해야 한다면, 나는 두 번 생각할 필요도 없이 당장 결혼할 거다. 오렐리는 내 억양이 카우보이 같다며, 내가 'L'Amérique profonde, 즉 '진짜 미국' 출신인 것 같다고 말했다. 오렐리는 나비만 예외로 '롤라비'라고 부를 뿐, 끔찍이 무서워하는 말벌을 포함해 모든 벌레를 '파리'라고 불렀다. "파리다! 파리 너무 무서워!" 오렐리가 너무 아름다워서 같이 있으면 숨 쉬기도 어려웠다. 오렐리는 곱슬머리를 이마에 드리웠고, 그 위로 빨간색 가느다란 머리띠를 했다. 아마 어린아이였을 때부터 곱슬머리에 대한 칭찬을 수없이 받았고, 그래서 자기 머리를 의식하는 게 아닐까 싶었다.

그레이시 스퀘어 병원에서 집으로 걸어온 지 4개월쯤 지났을 때였다. 정신병동에 입원했던 것치고는 제법 빨리 나왔다. 하지만 그날, 이상하게 포근했던 2월 중순 오후에 집으로 걸어가면서, 반년도 지나기 전에 내가 햇살 아래 맥주를 마시며 인생 마지막으로 첫 데이트를 하고 있으리라 상상이나 할 수 있었을까? 아니, 꿈도 꾸지 못했다. 삶이란 참….

오렐리는 세 번째 데이트로 시티 아일랜드의 해변에 가자고 제안했다. 제길. 빗질해야 할 만큼 등털이 많은 이 고릴라는 적당한 온도를 선호한다. 그때는 하루 최고 기온이 섭씨 32도에 육박하는 무더운 6월 오후였는데, 나는 해변에 가는 것을 거절할 적당한 핑곗거리가 떠오르지 않았다. 그래서 해변에 가면 등을 대고 누워 있고, 오렐리가 절대 내 뒤에 서지 못하게 하겠다고 마음먹었다. 그런데 예상치 못한 곳에서 구원이 왔으니, 우리 두 사람 모두 브롱크스를 전혀 모른다는 사실이 나를 살렸다. 섬인데 갈만 한 해변이 없다니! 몇 시간을 돌아다녔지만 모래사장이 나오지 않았고, 당혹스러워하는 오렐리 옆에서 나는 속으로 쾌재를 부르며 입으로만 투덜거렸다. "제길, 무슨 섬이 이 모양이야…?" 해변에서 노는 것을 학수고대했다는 듯이 말이다. 어쨌든 우리는 해변에서 일광욕을 하는 대신 행인들을 구경하고, 그 한적한 동네에서 어찌어찌 영업을 하고 있는 기념품 가게에서 드림캐처 은귀고리를 만지작거리며 놀았다.

이런 종류의 귀고리를 선물 받고 너무 기뻐하며 곧바로 벨벳 상자에서 꺼내 귀에 끼워보는 여자를 상상하는 데 우리는 터무니없이 많은 시간을 썼다. "어머, 고마워! 내 자수정이랑 잘 어울리겠어." 여자의 이름은 태미고, 옷장에 아쿠아블루 색 스웨터가 상당히 많으며 머리는 삐죽빼죽하게 뻗친 단발이다. 비대칭으로 긴 머리에서 몇 가닥이 얼굴 옆으로 흘러내려오고, 정수리 머리는 힘을 잔뜩 줘서 일부러 부스스하게 만들었다. 뒷머리는 목뒤에서 짧게 치고 이발기로 대충 기장을 맞추었다. 여러 계통의 따뜻한 색조 하이라이트를 곳곳에 주었지만, 물론 노란색이 가장 많다.

"그런 색깔이야. 시골에서 짚으로 만들어 세워놓는 걸 뭐라고 부르쥐?"

"허수아비."

"그래, 허수아비처럼. 짚처럼 노란색이야. 그런데 가을 색깔은 전부 있어. 농부들이 짚 사람을 낙엽 색깔로 만드니까."

정오쯤에 나는 오렐리가 아버지를 여의었다고 거의 확신했다. 분명히 즐거운 시간을 보내고 있었지만, 태미라는 여자를 상상하며 몇 시간이나 떠드는 와중에도 오렐리에게서 어띤 아련한 슬픔이 묻어났다. 나는 저녁놀을 감상하며 맥주를 마시다가 오렐리에게 부모님은 어떤 일을 하시냐고 물었고, 예상한 답을 들었다.

"엄마는 회계사고 아빠는 돌아가셨어."

"안됐다." 나는 그렇게만 말했다.

"난 아빠에 대한 기억이 없어." 오렐리도 그렇게만 말했다.

아버지를 모르고 자란 오렐리의 경험이 내 경험과 어떻게 다른지 궁금했다. 처음부터 아예 모르는 것과, 아버지와 같이 살다가 잃어버린 것 중에서 무엇이 더 아픈지도 알고 싶었다. 아마 각자의 아픔이 있을 것이다.

어쨌든 오렐리는 내 질문 때문에 상념에 잠겨 우울해하지 않았다. 그녀는 바다에 떠 있는 보트에 정신이 팔려 있었다. "보트를 사야겠어. 보트를 어떻게 사지?" 오렐리가 말했다. "저 보트에 있는 사람들은 자기들이 얼마나 운이 좋은지 모를 거야."

나는 언젠가 오렐리에게 보트를 사주겠다고 머릿속에 메모했다.

오렐리가 양팔을 활짝 펼치고 물었다. "그거 영어로 뭐라고 하지, 아, 제길. 그게 뭐지. 여기저기 다 있는 거? 전부 파란 거?"

대체 무슨 말을 하는 건지 짐작할 수도 없었다. 오렐리는 물과 하늘과 주점과 보트를 전부 가리키고 있었다.

"하얀 거랑 같이 있고?" 오렐리는 자신이 찾는 단어와 비슷한 것도 생각나지 않는 모양이었다. "하얗고? 파랗고?"

"스머프? 글쎄, 모르겠는데."

"너는 바르브(barbe) 때문에 파파 스머프 같아."

"바브(barb)?"

"수염. 큰 수염. 하느? 하느를 뭐라고 부르지? 커다랗고 파란 거. 엄청 쉬운 단어인데…"

"하늘?"

"하늘. 난 멍청한 원숭이야."

평생 서로 이해하려고 노력하며 살아도 질리지 않을 것 같았다. 불현듯 나는 살날이 턱없이 부족하다고 느꼈는데, 굉장히 행복한 기분으로 그렇게 느꼈다.

시티 아일랜드에 다녀오고 나서 우리는 동거에 가까운 생활을 시작했다. 오렐리의 아버지가 어떻게 죽었는지 이야기를 들었다. 오렐리가 겨우 한 살이었을 때 뇌종양으로 죽었다. 그래서 오렐리는 어머니와 외조부모님과 살았다. 두 사람은 외조부모님 집 2층에 1인용 침대 두 개를 나란히 놓아 한 침대처럼 만들고 잤다. 오렐리는 본 파파(Bon-Papa), 그러니까 할아버지를 자기 아빠로 여겼다. 그는 오렐리를 데리고 공원에 가서 오리에게 밥을 주고, 온갖 종류의 특이한 아마추어 과학 실험을 같이했다. 본 파파는 파이프 담배(le pipe)를 즐겨 태웠고, 조그만 텔레비전으로 축구(le football)를 보곤 했다.

오렐리가 아홉 살 때 본 파파가 죽었다. 오렐리는 아직도 유칼립투스 향을 견디지 못하는데, 그가 죽기 전에 입원해 있던 병실에서 간호사가 유칼립투스 향이 나는 가습기를 틀어놓았기 때문이다. 임종 후에 의사가 오렐리에게 작별 인사를 하라고 권했다. 작별 인사를 하긴 했지만 그 어린 나이에도 오렐리는 본 파파가 자기 말을 듣지 못한다는 것을 알았다.

사람은 죽으면 끝이다. 오렐리의 어머니는 곧이곧대로 말해주었다.

그러다 어머니가 암에 걸렸다. 오렐리는 어머니도 곧 죽고 자기 혼자 남을 거라고 믿었다. 본 파파도 없고, 오리도 없고, 아빠도 없고 마망(Maman)도 없고.

그 시절에 오렐리와 나는 굴뚝처럼 담배를 피워댔다. 여름내 우리는 거의 매일 잠들기 전까지 말보로 레드 한 갑을 피우고 싸구려 샴페인을 들이켜면서 이야기를 나누었다. 나는 원래 수다쟁이지만 오렐리의 목소리를 듣고 싶어서 최선을 다해 입을 다물었다. 나는 오렐리의 억양이 좋았다. 프랑스 억양에 만화 캐릭터 개구리 커밋의 말투가 살짝 섞여 있다. 오렐리는 영어를 배우기 시작한 지 얼마 안 되어 영향을 많이 받았고, 또한 우리가 워낙 많은 시간을 함께 보냈던지라, 개구리 목소리의 벨기에 여자는 곧 제법 까칠한 어휘와 위치토 사투리를 쓰기 시작했다. 고향 친구들에게 캔자스 남자와 사귄다고 했더니 그들은 곧바로 내가 카우보이냐고 물었다고 한다. 드라마 〈시티 레인저 _Walker, Texas Ranger_〉의 워커 같은 카우보이 말이야? 벨기에에서 척 노리스가 인기가 많은 모양이었다. 또한 내 이름이 잭이라고 말하자(벨기에에는 없는 이름이다) 오렐리 친구들은 시트콤 〈베이사이드 얄개들 _Saved by the Bell_〉에 나오는 남자 같냐고 물었다. "그래, 바로 그거야." 오렐리가 말했다. "네가 예쁘장한 금발 고등학생 카우보이라고 친구들한테 말했어."

토요일 아침마다 오렐리는 베란다에서 담배를 피우며 내

가 들어본 중 가장 시끄럽고 빠른 프랑스어로 마망과 통화한다. 어머니와 왜 다투었냐고 물어보면 오렐리는 말한다. "싸우다니? 빅토르가 또 정원 똥 더미에서 구르고 새를 잡아서 물고 들어왔대." 벨기에 소식은 그게 전부였다. 45분간 이어진 통화에 반려견의 안부와 몇몇 범죄 소식이 포함되어 있었다. 오렐리는 내가 브뤼셀 범죄율의 심각성을 이해하지 못한다고 답답해하며, 그곳에서는 노인들이 강도를 당한다고 덧붙였다. 오렐리는 자나 깨나 어머니를 걱정했다. 어머니가 강도를 당할까봐. 어머니가 다시 아플까봐. 자신이 벨기에로 돌아가서 어머니 곁에 있어주어야 하지 않을까 늘 고민했다.

뉴욕의 여느 주머니 가벼운 커플들처럼 우리는 주말이면 도시를 무작정 싸돌아다녔다. 이렇게 걸어다니던 어느 날에 나는 조금 께름칙하고 충격적인 깨달음을 얻었다. 내가 어마어마한 오이디푸스 콤플렉스를 지니고 있었던 것이다. 그때 우리는 무제한으로 술을 제공하는 1인당 19달러짜리 브런치 식당을 지나치고 있었는데, 오렐리가 그곳 손님들을 무차별적으로 공격하기 시작했다. "저, 저, 대낮부터 술 마시는 꼴 좀 보게. 브런치는 술 마시라고 있는 게 아니야. 이 사람들 대체 뭐니, 디스코텍 가는 차림으로 브런치를 먹고 있어. 팬케이크 먹으러 가면서 화장을 왜 하는데. 브런치는 잠옷 바람으로 먹는 거라고. 밤에 놀러 나갔다가 구두나 잃어버리는, 딱 그런 여자애들이야." 너무도 익숙한 태도였다. 그러니까 나는, 젊고 외국인이며 반인류적인 성향을 띤 우리 할머니를 사귀고 있었던 것이다.

내 병을 오렐리에게 너무 빨리 알리고 싶지는 않았다. 사랑에 빠진 여자에게 작은 비밀을 털어놓겠다며, 사실은 내가 조증을 일으켜서 입원한 적이 있다고 말하기가 쉬울 리는 없잖은가. 저기, 오렐리. 너는 정말 멋져. 세상에서 네가 제일 좋아. 그건 그렇고, 이따금 난 정신증을 앓는단다. 세상에서는 '조울증', '사이코', '미쳤다' 등의 단어가 경멸의 표현으로 쓰인다. 위험한 사람들에게 우리가 붙이는 이름이다. 누군가를 '완전히 미쳤다'라고 표현했다고 욕을 먹거나 지적을 당하지 않는다. 정신적으로 불안한 사람은 일단 피하는 게 상책이라고 우리 사회는 입을 모은다. 오렐리의 새 남자친구에게 완치가 불가능한 정신병이 있어서 네 군데 정신병원에서 통합 한 달 가까이 입원했다고 말하면 그녀를 아끼는 친구들이 무어라고 할까?

그래도 오렐리가 본 파파와 아버지의 죽음, 그리고 어머니의 병에 대해 말해준 덕분에 용기가 났다. 그때쯤에 나는 오렐리가 트라우마를 이해하고 있다는 걸 알았고, 그녀의 공감력과 포용력이 어느 정도인지 대충 짐작했다. 심지어 나도 속이 메슥거려서 표정을 관리해야 하는, 지독한 똥오줌 냄새를 풍기는 홈리스가 전철에 들어왔을 때 누가 코를 막으면 오렐리는 무섭게 노려본다. 그보다 매서운 눈빛을 나는 본 적이 없다. 또한 오렐리는 교도소 다큐멘터리를 열심히 보았다. 미국에서 강압적 취조와 경찰 폭력, 잘못된 판결, 그리고 전철에서 두 자리를 차지했다는 이유 따위로 체포하는 경우가 얼마나 흔한지 알게 된 이후로 나만큼이나 뉴욕 경찰을 미워하기 시작했다. "아무한테도 해를 안 끼치고 가만히 서 있는 홈리스들을 괴롭히는 돼지들." 오렐리는 이렇게 운을 떼곤 했다. "너무 화가 나. 그냥 한 대 치고 싶어. 그리고 그 돼지들이랑 사진 찍는 멍청한 외국인 관광객들."

그래서 나는 오렐리가 마음이 강하다는 것을 알았고, 아직 우리가 서로에게 말은 안 했지만 나를 사랑한다고 확신했다. 에둘러 말할 수 있는 화제가 아니었으므로, 어느 저녁에 베란다에서 언제나처럼 샴페인을 마시고 담배를 피우던 도중에 전부 털어놓았다. 정신증을 앓았던 일, 입원했던 일, 우울증, 외상후스트레스 장애, 그리고 이것들이 늘 내 삶에 존재하리라는 사실도. 한때 내가 겪은 일이 아니라 내 삶의 일부라고 강조했다. 내가 계속해서 약물치료를 받아야 하는 것과 잠이 부족하면 또다시 병원에 가게 될까봐 전전긍긍하는 것도 말했다. 매일 아침에 약을 먹고 있으며, 평생 이렇게 해야 한다고 말했다. 내가 정신증에 가까워지면 이 모든 게 얼마나 무시무시해질 수 있는지도 말했다. 비단 나뿐 아니라 주변 모든 사람에게 끔찍한 경험이라고 덧붙였다. 그레고리와 몽크 몽크에 대해서, 오사와토미 병원과 벨뷰 병원과 그레이시 스퀘어 병원에 대해서 전부 말했다. 낮이 지나면 밤이 되듯이 조증을 어김없이 따라오는 우울증, 엄마 차고의 캠핑 의자에 앉아서 두 달 동안 밤마다 맥주를 여섯 캔씩 마시던 일, 달려오는 전철의 소리에 귀 기울이던 일. 그리고 이 정신병 탓에 코미디언으로서 내 커리어가 결딴난 것은 물돈 변호사로서 커리어마저 위험했다고 말했다. 양극성장애가 나라는 사람을 거의 망가뜨렸었으며, 그럴 가능성이 여전히 남아 있다고도 덧붙였다.

　오렐리는 조금 울고 내 손을 잡았다. 나도 조금 울었다. 나를 진심으로 받아주기를 바라는 사람에게 처음 털어놓은 것이었다. 내가 이 이야기를 통해 전달하려는 메시지는 명백했다. 나와 함께하면 괴로운 일들을 겪을 거야.

　"상관없어. 아무 상관 없어. 아무것도 달라지지 않아. 아무것도." 오렐리가 말했다. "너한테 일어난 일이니까 당연히 마음이 아프고 상관하지만, 네가 그 병을 가지고 있다는 건 상관없어. 넌 너야." 오렐리의 반응을 보고 조금 마음을 놓기는 했지만, 그녀가 생각을 바꾸지 않으리라고 확신할 수는 없었다. 넌 너야. 그렇지만 나의 모든 면을 본 적이 없는, 정신증을 앓는 모습을 본 적 없는 그녀가 내가 누군지 과연 어떻게 알겠는가?

25

그로부터 석 달 뒤에 우리는 시청에 있었다. 판사가 결혼증명서 신속 발급을 허가하고, 신성한 혼약식을 집전할 주례자를 배정해주기를 기다리고 있었다. 우리가 만난 지 다섯 달하고도 17일이 된 목요일에 있던 일이다.

오렐리는 신랑과 신부의 가족 사항을 입력하는 키오스크에 먼저 들어가서 이름란에 오렐리라고 적었다. 다음 화면으로 넘어가며 성을 적는 난이 나왔다. 오렐리가 나를 쳐다봤다. "헤이건으로 할게, 알았지?"

"그래, 헤이건."

그들이 마침내 맥더멋-헤이건을 불렀다. 우리는 4번 방을 지정받았다. 식을 맡은 주례자는 몸집이 둥글둥글하고 거뭇한 콧수염을 달았으며 강한 브루클린 억양으로 말했다. 고즈넉한 카리브해의 바다색 셔츠에 선키스트 오렌지주스색 넥타이를 맸고, 그 위에 헐렁한 카키색 정장을 입었다. 나는 카메라를 설치하고 비디오를 찍어도 되냐고 물어보았다.

사람들이 시청을 들락거리는 속도로 미루어 볼 때 주례자는 이날 벌써 50쌍의 커플을 결혼시킨 것 같았다. 내가 카메라 각도를 맞추었을 즈음엔 이미 소개말을 시작한 지 오래였다. 비록 참을성은 부족했지만 열정만큼은 그 누구에게도 뒤지지 않았다. 어찌 보면 뱀을 조련하는 것 같고 또 어찌 보면 방언을 내뱉는 것처럼 격렬한 몸짓과 어조로 식을 진행했다. "지금 이 순간부터 죽는 날까지, 다른 그 누구도,… 위이이대한 뉴욕주가 내게 위임한 권리로…" 주례자는 무대 체질이었다. 오렐리와 나는 웃음을 터뜨리지 않으려고 주먹으로 입을 틀어막다시피했다.

오렐리를 처음 만난 날 함께 있던 친구 레이철이 오렐리 옆에 서 있었고, 친구 가엘(벨기에인)과 벤저민(프랑스인)이 신부쪽 하객을 이루었다. 레이철과 가엘은 울었다. 반차를 쓴 벤저민은 직장에 얼른 돌아가야 했다. 나는 그들을 딱 한 번씩 만나봤다.

내 쪽에는 오마와 라이언이 나란히 서 있었다. 인터넷에서 룸메이트를 찾다가 만나서 친구가 된 이들은 나의 지인들 가운데 내 병을 가장 잘 이해했다. 1형 양극성장애를 앓고 있는 오마의 아버지는 자기 자신을 제대로 보살피지 않는다. 라이언의 형은 조현병을 앓다가 실종되었다. 두 사람 모두 그레이시 스퀘어 병원에 나를 면회 왔었다. 오마는 양말과 속옷을 가져다주었고, 라이언은 엄마에게 내 소식을 매일같이 전해주었다. 대표 들러리는 조너스가 맡았다. 내가 알몸으로 얼어붙은 옥수수밭을 달리고 항문에 손가락을 넣는 모습을 보았는데, 누가 이보다 내 병을 잘 이해할 수 있으랴.

우리가 결혼하기로 너무 급작스럽게 결정하는 바람에 엄

마를 초대할 시간이 없었다. 더구나 지난 3년간 엄마는 예정에 없던 비행기를 타거나 모텔에서 생활하느라 돈을 엄청 썼고, 또 언제 비상사태로 날아와야 할지 모르므로 즐거운 행사에는 돈을 아끼기로 했다. 항공권 값은 비상사태를 대비해서 남겨놓는 거로.

한 편의 연극 같았던 주례자의 진행이 끝난 후에는 "네, 맹세합니다." "저도요."가 전부였다. 오마가 아이패드로 사진을 몇 장 찍었다. 오렐리는 포에버21에서 20달러짜리 드레스를 샀다. "안목만 좀 있으면 거기서 괜찮은 옷을 사고 싸구려로 보이지 않게 입을 수 있어." 오렐리가 말했다.

우리는 오렐리가 뉴욕에 온 지 정확히 1년째 되던 날에 결혼했다. 나는 스물아홉 살이고 오렐리는 스물여덟 살이었다. 그날이 365일째 되는 기념일이라는 것을 우리는 결혼식이 끝나고서야 알았다. 어쨌든 오렐리는 그제야 알았다고 주장했다. 그 놀라운 우연을 듣고서 나는 오렐리에게 『뉴욕타임스』 베스트셀러 책을 쓸 소재를 건졌다고 알려주었다. 나는 365일 만에 미국 영주권을 받았다. 그리고 당신도 할 수 있다!

청혼은 로맨틱하지 않았다. 장차 우리의 결혼기념일이 될 날이 오기 전 몇 주 동안 우리는 오렐리가 뉴욕에 합법적으로 살 수 있는 기간이 끝나가는 것에 대해 자주 논의했다. 어느 날 나는 방에 서 있다가 이렇게 말했다. "해버리자." 오렐리는 그다지 기뻐하지도, 확신에 차지도 않았다. "정말로. 진심이야. 해버리자. 나는 하고 싶어. 넌 어때?"

"그래, 알았어. 젠장, 그냥 해버리자." 오렐리가 말했다.

"달리 무슨 방법이 있어? 나랑 함께하지 않을 거야?"

"안 돼."

"뭐가 안 돼?"

"함께하지 않는 건 안 돼. 그건 절대 안 돼."

결혼 전날 밤에 우리는 이스트빌리지에서 싸구려 라면을 먹고 결혼반지를 샀다. 세인트마크스에 있는 향초 가게에서 한 쌍에 45달러에 팔았다. 가게 주인은 50달러를 불렀다. 나는 테이블에 45달러를 현금으로 놓고, 내가 혹시 지금 강도처럼 굴고 있다면 부디 말해달라고 했다.

그래서 우리는 결혼했다. 이제 합산 세금 신고 등 법적 부부가 하는 일들을 할 수 있다. 오렐리는 병원에 갈 수 있고 이 나라에서 살 수 있다. 서로가 마음에 들지 않는다고 나중에 결론이 나면 서류를 작성해야 하겠지만, 우리 관계는 본질적으로 바뀌지 않았다고, 결혼증명서가 한 장 생겼을 뿐이라고 믿었다. 우리는 진짜로 결혼한 가짜 부부였다. 결혼이라는 제도를 믿지 않았으므로 가짜였고, 우리를 하나로 묶어주는 에너지장이 실제로 있다고 느낄 정도로 오렐리를 사랑했으므로 진짜였다.

엄마가 두 번 이혼했다고 해서 내가 결혼제도에 환멸을 느끼는 것은 아니다. 나는 사랑과 결혼 사이의 연결고리가 늘 미덥지 않았다. 나와 오렐리는 우리 사회에서 결혼이 의미하게 된 것에 강한 거부감을 느꼈다. 한마디로, 개똥 같다. "사람들이 1년에 결혼식에 쓰는 돈으로 아프리카 대륙 전체 인구를 배부르게 먹일 수 있어." 오렐리가 말했다. "하루 동안 멍청한 디즈니 공주가 되고 싶어서 평생 다시는 입지 않을 우스꽝스러운 옷을 입고 발 아프게 서서 돈을 낭비하는 거야. 친구들한테 선물을 뜯어내고 말이야. 엿이나 먹으라고 해." 그러나 미합중국은 내가 오렐리를 정숙한 기혼여성으로 만들지 않으면 그녀를 벨기에 왕국으로 돌려보낼 것이다. 그렇게는 안 되지.

"새를 요리할 거야."라는 문장을 오렐리 억양으로 들으면 "새를 요오리할 거야."로 들린다. 오렐리는 그 표현을 재밌어하면서 끝없이 되풀이했다. "새를 요오리할 거야. 큰 새를 요오리할 거야." 물론 우리에겐 큰 칠면조가 필요 없었다. 우리는 함께하는 첫 추수감사절이자 부부로서 맞이한 첫 목요일을 로어이스트사이드의 내 아파트에서 단둘이 보냈다. 결혼이라는 제도를 비웃는 두 사람이 노먼 록웰이 그려냈을 법한 전형적인 미국 감성을 구현했다.

다만, 모든 것이 엉망진창이었다. 나는 상태가 좋지 않았다. 몇 주씩이나 관절염 때문에 아파서 잠을 설쳤다. 지난 3년 동안 나는 매해 가을부터 겨울까지 많은 나날을 정신병동 신세를 졌는데, 뉴욕의 첫 추위가 닥치자마자 관절이 저리기 시작히며 광기의 계절이 도래했음을 알렸다.

결혼 때문에도 며칠이나 잠을 못 이루고 뒤척였다. 물론 신이 내 갈비뼈를 뽑아 인간으로 빚어도 오렐리만큼 완벽한 짝은 만들지 못했겠지만, 내가 20대에 결혼하리라고는 상상한 적도 없기에 이 결혼은 꽤 충격적인 사건이었다.

불같은 로맨스는 둘째 치더라도 스트레스 받을 일이 너무 많았다. 오렐리는 이민 신분 때문에 그달 말에 취업비자가 만료될 예정이었다. 달랑 내 봉급으로 새 아파트를 구해 월세를 내긴 어려웠으므로 우리는 일단, 그리고 아마도 꽤 오랫동안 내 룸메이트 두 명과 함께 살 수밖에 없었다. 오렐리는 월세를 내지 않고 얹혀사는 천덕꾸러기 신세가 되었다. 우리는 룸메이트들 기분을 거스르지 않으려고 최대한 내 방 안에서만 생활했고, 아침에 내가 출근할 때마다 오렐리는 갈 곳이 없어도 따라 나왔다. 분홍색 면도기를 화장실에 보관하는 것은 엄두도 못 냈다. 당연하지만, 우리는 '우리' 집에서 달갑지 않은 손님이었다.

나는 수면 일정이 뒤죽박죽으로 변했고, 남들 생활하는 시간에 불규칙하게 짬짬이 눈을 붙였다. 점점 잠에 절박해졌다. 내가 언제, 얼마나 오래 잘 수 있느냐가 우리의 하루를 결정했다. 이런저런 상황을 종합해보면, 조증을 출발선에 세우기에 충분했다. 남은 건 출발 총성뿐이었다.

그러다 추수감사절이 찾아왔다. 룸메이트 두 명은 떠났고, 오렐리는 혼자 칠면조를 요리하다가 틈틈이 방에 들어와서, 잠을 못 이루고 뒤척이며 울음을 참고 있는 나의 등을 문질러주었다. 그날 나는 아침 7시까지 잠들지 못했고, 아침 10시에는 완전히 잠이 깼다. 우리는 자정이 되어서야 칠면조를 먹었다. 저녁 먹을 시간에 내가 잠깐 잠들어버렸는데, 오렐리는 진종일 부엌에서 일했으면서도 나를 깨우지 않았기 때문이었다. 오렐리는 진수성찬을 준비했다. 고구마, 줄콩, 으깬 감자, 칠면조와 그레이비 소스. 'L'Amérique profonde' 출신이 보아도 흡족했을 것이다. 우리는 거실 중앙의 길쭉한 의자를 테이블로 썼다. 즐거운 척 연기하면서 내가 칠면조를 자르는 모습 등을 사진으로 찍었다. 하지만 둘 다 이를 악물고 있었다.

이때쯤에 나는 내 질병에 대해 잘 알았다. 위험한 증상이 나타나면 알아보았고, 문제가 생길 조짐이 보이자마자 대처해야 한다는 것도 알았다. 또한 그 시기를 놓치면 어떻게 되는지도 알았다. 그러나 무엇을 아는 것과, 그것을 방지할 수 있는 것은 별개의 문제다. 나의 경우에는 오히려 그것을 잘 알고 결과를 내다볼 수 있기에 공포심이 가증되었다. 추수감사절이 오기 전 몇 주 동안 나는 약을 제때 먹고 잠을 푹 자려고 노력했다. 그러나 뉴욕시는 양극성장애를 앓는 나를 배려해주지 않았다. 찬바람은 자신이 유발하는 내 관절염에 무관심했다. 새벽 6시에 골목길을 흔드는 청소차는 내가 고작 30분 전에 간신히 잠들었다는 사실에 신경 쓰지 않았다. 위층 이웃들은 광란의 파티를 열기 전에 내 현재 수면 일정이 어떠냐고 묻지 않았다. 또한 동네 사람들은 푸에르토리코 음악을 자신에게 늘 익숙한 크기로 들어야 했다.

큰일이 언제 터질지 모르는 상황에서 너무 하찮은 것들이 나를 들볶기 시작했다. 예를 들면, 블랙프라이데이 같은 것. 빌어먹을 블랙프라이데이. 칠면조를 먹고 침대에 누운 나는 천장만 바라보며 잠을 이루지 못했다. 내가 '댄싱슈즈'라고 부르는, 완벽한 검은색 첼시 부츠를 어마어마한 할인가에 살 수 있는 1년에 한 번뿐인 기회를 과연 날려야 하는지 고민하고 있었기 때문이다. 우리는 다음 주 토요일에 집에서 '피로연이-아닌-파티'를 열 계획이었으므로 자연스레 나는 댄싱 슈즈가 필요했다. 손님이라 해봤자 고작 열다섯 명에, 음악은 5년 전에 발매된 인디 록을 적당한 크기로 틀 거라는 사실은 무관했다.

댄싱슈즈에 대한 집착이 곧 실타래처럼 얽히고설킨 불안증으로 이어졌다. 내 결혼 축하 파티인데 신발 한 켤레 정도는 사도 괜찮지 않을까? 작년에 내 옷값으로 100달러도 안 썼는데 부츠 한 켤레 때문에 이렇게까지 고민해야 하나? 파티에 돈을 얼마나 써도 될까? 이 파티를 여는 게 과연 옳은 일인가? 동생이 오기로 되어 있는데, 이 녀석은 파티에서 약을 얼마나 하려나? 사진 기사를 한 명 부를까? 여러 명 부를까? 디제이가 필요할까? 내가 아는 사람 중에 디제이가 있나? 아 제길, 애덤이랑 안 싸웠으면 좋겠다. 레드카펫을 깔면 어떨까? 진짜 막 나가는 거야! 욕조에 샴페인을 채우고, 베란다 쓰레기통에는 찬 맥주를 가득 채워놓고! 바비큐! 그냥 파티를 취소할까? 난 요새 상태가 안 좋아. 그래도 취소할 수는 없어. 사람들한테 뭐라고 말해?

이런 생각들이 머릿속에서 통통 튀어서 도저히 잠들 수 없었다. 하지만 이튿날 아침에는 신이 나서 일어났다. 물론 약간 어지러웠고, 수면이 부족한 뇌에서 쥐어 짜낸 아드레날린과 저기 모퉁이를 도는 순간 조증이 나를 덮칠지도 모른다는 두려움에 몸이 떨렸다. 나는 일단 해야 할 일들을 해치우고 피곤해지는 순간 즉시 낮잠을 자기로 했다. 휴일이었고 날씨

마저 포근했다. 오렐리와 맨해튼을 돌아다니기에 최적인 날이었다. 그리고 부츠도 사기로 끝내 결심했다.

오렐리는 나의 블랙프라이데이 계획을 듣고 신이 나지 않았지만 소호에 나를 혼자 보내지는 않았다. 오렐리는 최근에 내가 중동의 왕자라도 되듯이 돈을 쓰고 있는 것을 눈치챘다. 나는 식료품점에 간식을 사러 갔다가 올리브, 치즈, 훈제고기 따위에 100달러를 썼다. 벤 셔먼 옷가게에서 500달러어치 스웨터와 바지를 들고 탈의실에 들어갔다. 오렐리는 눈살을 찌푸리고 가죽 소파에 앉았다. "댄싱슈즈 사고 나니까 부자가 되었어? 잘됐네." 나는 입어보는 옷들을 전부 살 생각은 아니며, 지금 수중에 청바지가 한 벌뿐이라고 말했다. 또한, 그래, 나는 새 코트가 필요했다.

탈의실에서 거울을 보고 있는데 돌연 무언가가 오른쪽 귀로 쑥 들어와 뇌를 휘젓는 느낌을 받았다. 롤러스케이트장에서 디제이가 "커플들 모두 나오세요! 오늘 밤 마지막으로 한 바퀴 돌아요!"라고 외친 것처럼 조명이 나를 에워싸고 빙글빙글 돌았다. 소변이 마려웠는데, 단순한 질문 하나가 나를 잡고 놓아주지를 않았다. 내가 왜 여기 구석에 오줌을 누면 안 되지? 오줌이 마려우면 여기에 누면 되잖아. 숲에서 오줌을 누는 것이랑 뭐가 달라? 둘 다 따지고보면 불법이지만 그 규칙을 강요하기는 힘들다. 그냥 여기서 누고 집에 가면 된다. 나는 킥킥거리면서 벨트를 풀고 바지를 내리기 시작했다. 다 상관없어. 아무것도 상관없다고, 다들 엿이나 먹어라. 나는 생각했다. 누구나 하는 일인데, 뭐 어때. 블랙프라이데이라고 쇼핑 나온 병신들. 대체 여기서 우리가 뭐 하는 거야?

그때 거울에 비친 나를 보았다. 검은 눈동자에서 커다랗게 팽창된 동공. 저 얼굴을 본 적이 있다. 멕시코 모자를 쓰고 음악을 들으며 밤새 아파트 전체를 빨간 매직펜으로 뒤덮은 남자. 모히칸 헤어스타일을 했던 것 같다. 이름은 마일스다. 마일스는 병원에 갇혔다.

탈의실 바닥에 왜 오줌을 누면 안 되냐고? 빌어먹을 불법이니까. 그리고 탈의실 바닥이니까. 바닥이 나무로 되어 있어서 옆 칸으로 흐를 테니까. 원래 그런 건 하면 안 되니까. 원래 안 되는 거야. 나는 흔들거리는 덩굴에 매달리듯이 제정신을 붙들었다. 계속 잡고 있어야 했다. 잭과 마일스를 구분하는 선이 있다면, 그것을 찾았다. 발가락에 힘 단단히 주고 계속 버텨야 한다. 오줌을 누면 끝이다.

나는 지퍼를 다시 올리고 오렐리를 찾으러 나갔다. "나 집에 가야 해. 당장." 내가 말했다. "리스페달 먹어야 해." 그리고 오렐리와 같이 계산대로 가서 전부 구매했다. 오렐리는 영수증을 챙겼다.

그날 밤에 나는 침대에서 소파로, 소파에서 베란다로 끊임없이 옮겨 다니며 담배를 피우고 훈제고기를 먹고 맥주를 마셨다. 그러는 동안에도 나의 뇌는 잠시도 쉬지 않았다. 저런 사람은 교도소에 '속해.' 사람들은 이런 말을 어떻게들 하지? 사회가 만든 기관에 사람이 '속한다'는 게 말이 되나? 사람은 물고기가 아니고 교도소는 물이 아닌걸. 쇠창살로 둘러막지 않으면 그 사람이 죽기라도 하나? 수감자를 늘려서 정부랑 교도소 산업이 이익을 창출하는 문제에 대해 내가 무엇을 할 수 있을까? 개발도상국의 빈곤은? 내가 유니세프에서 일하는 편이 낫지 않을까?

버드한테 전화할까, 말까? 나는 이럴 때마다 고민했다. 또 너무 오래 통화할 거야. 매번 엄마를 깨우는 것도 미안해. 엄마도 자야 하는데. 난 이제 거의 서른 살에 결혼까지 했어. 나 자신이 어린아이처럼 느껴졌다. 어둠을 무서워하고, 자야 할 시간에 침대 밖으로 나온 아이.

내가 향후 5년 계획 같은 걸 세울 수 있을까, 아니면 평생 미치지 않으려고 애쓰면서 하루하루를 보내게 될까? 그냥 포기할까? 그냥 표를 끊고 광기의 나라로 가는 열차를 타는 거야. 달의 반대편에 가서 늑대처럼 울부짖다가 반대쪽으로 나오면 어떻게 되나 시험해볼까?

나는 침실로 조용히 들어가서 자고 있는 오렐리 사진을 87장 정도 찍었다. 슬라이드로 만들어서 우리 결혼 축하 파티에서 보여주리라 생각하면서.

이튿날은 토요일이었고, 나는 내가 창의력이 무궁무진하다는 확신을 품고 일어났다. 동이 트고서야 간신히 잠들었는데 두 시간 만에 당장 글을 써야 한다는 충동에 휩싸여 일어난 것이다. 그해 여름에 나는 창작 글쓰기 수업을 들었는데, 그 주 초에 선생이 내 글에 관심을 보이며 잡지에 투고해도 되겠다고 말했다. 제목은 〈위치토 월마트에서 벌어진 맞짱〉이었고, 엄마가 월마트에 쇼핑을 갔다가 입고 있던 버지니아 주립대학교 로스쿨 스웨트셔츠를 보고 빈정거린 직원과 싸움까지 할 뻔한 사건에 대한 이야기였다. 이거다. 확신이 들었다. 기회가 왔다. 책을 내고 어쩌면 텔레비전 쇼까지 제작할지도 모른다. 누가 알겠는가? 나는 〈뉴요커〉의 눈에 띌 목적 하나로 트위터 계정도 만들었다. 유머 코너에 내 글을 싣고 싶었다.

원래 우리는 그날 저녁에 외출할 계획이었지만 나는 신경 쓰지 않았다. 나는 절벽 끄트머리에 서 있었다. 밤 11시까지 쉬지 않고 글을 썼고, 그러는 내내 "10분만, 진짜 약속. 10분만 더."라고 말했다. 엉망진창이었던 추수감사절 이후에 오렐리가 신혼부부다운 오붓한 시간을 기대하고 있다는 건 알았지만, 이 글 덕분에 내가 작가로 데뷔하고 돈을 벌어 우리만의 아파트를 구하면 오렐리가 고마워하리라는 생각으로 계속해서 글을 썼다. 원대한 꿈을 위해 파스타는 좀 기다리라고 하자.

월요일에 모든 것이 폭발했다. 나는 원고를 여러 잡지사에 보냈고, 일요일과 월요일 오후 내내 담배를 뻑뻑 피워대며 편집장들한테 답장이 없는지 시시때때로 확인했다. 〈뉴요커〉, 〈맥스위니스〉, 『뉴욕타임스』 등 모든 곳에 보냈다. 내 상태가 벨뷰 병원에 입원하기 전과 유사하다는 사실을 인지하지 못할 정도로 정신이 나가지는 않았다. 내가 위험한 상태인 건 알고 있었다. 뇌가 백열등처럼 하얗게 작열하는 것 같았다. 눈을 찡그리면 단단한 물체의 원자가 휘는 것이 보였다. 그러나 내 두뇌가 하나의 아이디어를 다른 아이디어와 연결하는 과정이 너무 아름답고 빨라서 견디기 어려웠다. 어쨌든 선생은 내 글을 칭찬하지 않았나? 선생이 직접 내게 편집자들의 연락처를 주지 않았나? 어쩌면 두 개의 현실이 동시에 공존할 수도 있다. 내가 지금 위험한 상태인지는 몰라도, 어쩌면 이와 동시에 꿈을 이루는 길에 들어섰을 수도 있다.

오렐리가 퇴근하고 집에 왔을 때 나는 바닥에 태아 자세로 웅크리고 울고 있었다. 움직일 수 없었다. 몇 시간 전에 담배를 피우러 베란다에 나갔다가 10미터 아래 콘크리트 보도를 보았는데, 내가 똑바로 서 있지 못할 만큼 망가졌다는 걸 깨달았다. 뛰어내리고 싶다는 충동이 들지는 않았지만, 베란다 난간에 올라가면 재밌겠다는 생각에 사로잡힐 것 같았다. 바닥에 붙어 있어야 안전하다. 그래서 그때부터 나는 실내에서 담배를 피우고, 파파존스 피자 상자에 담배를 비벼 껐다.

나는 일어나지 못하겠다고 오렐리에게 말했다. "그럼 거기에 있어. 안 일어나도 돼, 원숭아." 오렐리가 말했다. 오렐리는 내 등에 앉아서 머리를 쓰다듬었다. "걱정하지 마. 병원에 안 갈 거야. 다시는 안 가. 당신은 거기에 있을 사람이 아니야." 오렐리는 창문을 열어젖힌 다음에 아파트 청소를 하고 양초에 불을 붙여서, 룸메이트들이 퇴근하고 돌아오기 전에 집에 찌든 담배 냄새를 제거했다.

제아무리 결혼에 환상이 없는 여자라도 결혼식을 올리고 며칠 뒤에 남편이 미치면 얼마나 괴롭겠는가. 오렐리는 용감하게 버티려고 노력했지만, 내가 차츰 정신증의 늪에 빠져드는 모습을 보고 무서웠을 것이다. 시간이 흐를수록 우리 두 사람 모두 그녀 혼자 감당할 수 없다는 생각이 들었다. 도움이 필요했다.

그래서 나는 버드에게 전화해서 내 신부를 바꿔주었다. 시어머니에게 처음 인사하기에 적절한 방법은 아니지만 며칠 전에 결혼한 남자가 미치기 일보 직전일 때 격식은 그리 중요치 않다. 오렐리는 최근 며칠간 벌어진 일을 상세히 설명했다. 다음 순간 오렐리는 엄마의 침착한 말을 듣고 놀랐다. "잭은 괜찮은 것 같구나." 엄마는 오렐리에게 지금 잘하고 있으며 약을 꼬박꼬박 먹게 챙겨주라고 말했다. "다 적어놔. 자기가 피곤하다는 사실 자체를 잊어버리니까." 그리고 시어머니와 며느리는 이튿날 다시 통화하기로 했다.

나는 또다시 잠을 설쳤다. 화요일에 온종일 아파트 안을 서성이면서, 한순간은 거칠게 행동하다가 다음 순간은 풀이 죽었다. 내가 일약 스타 작가가 될 거라는 환상에서 깨어나려고 노력했다. 내가 대체 누구라고 〈뉴요커〉 편집장한테 하루 만에 답장을 받으리라고 생각했나? 애초에 글쓰기 선생의 칭찬을 받고 뜻밖이라며 놀라지 않았었나?

오렐리는 퇴근하자마자 리스페달을 받아서 집에 왔고, 방에 들어와 엄마랑 통화했다고 말했다. 엄마는 오렐리에게 양극성장애를 다루는 법을 가르쳤다. "스트레스를 받는 일을 전부 종이에 쓰고, 그것들을 두 가지 카테고리로 분류해. 걱정할 만한 일과, 그럴 필요가 없는 일들. 마음이 진정되어서 잠잘 수 있을 때까지, 걱정들을 하나씩 제거하는 거야." 내가 처음 삽화를 겪었을 때 엄마가 고안한 방법이다. 그때부터 내가 흥분해서 전화하면 엄마는 "진정해."라고 말하는 대신 "목록을 만들 시간이 왔구나, 고릴라."라고 말했다.

그때껏 버드와 나는 둘이서 함께 지옥에 들락거렸다. 이제는 오렐리가 내가 지난 몇 시간 동안 쉼 없이 서성인 방의 침대에 앉아서 나와 함께 불길을 마주 보는 것이다. 버드와 오렐리. 내게 힘이 되는 두 사람이 협동하고 있다는 사실이 위로가 되었지만, 두 사람에게, 특히 새신부에게 이런 부담을 주는 게 무척 미안했다.

"자, 해보자." 오렐리가 손을 뻗어 내 머리를 쓰다듬으며 말했다. "목록을 만들어보자."

잭의 목록

1. 나는 얼간이처럼 옷에 돈을 너무 많이 쓴다. 걱정할 필요 없음. 영수증이 있어.

2. 음식에 돈을 너무 쓰고 아무리 먹어도 배가 차지 않는다. 걱정할 필요 없음. 벌써 배에 들어갔는데 걱정해서 뭐해. 골목 모퉁이에 있는 식당에서 7.85달러짜리 팟타이를 먹어. 비싼 올리브 좀 그만 먹고.

3. 우리만의 집이 없다. 돈도 없다. 지금 걱정할 필요 없음. 차차 해결해나갈 거야.

4. 잠이 안 온다. 곧 잘 거야.

5. 일을 못 하겠다. 걱정할 필요 없음. 자기 병을 이해해주는 직장이 있으니까 얼마나 운이 좋아. 해고당하지 않을 거야. 상사한테 전화하고 일주일 동안 쉬어.

6. 약이 안 듣는다. 약효가 곧 날 거야. 조금씩 약효가 나고 있어.

7. 또 병원에 갇힐 거다. 아니야, 내가 그렇게 내버려두지 않아.

8. 허리가 아프다. 욕조에 물을 받아둘게.

9. 관절염 때문에 아프다. 진통제를 먹어.

10. 글을 쓰지 말았어야 했어. 어쨌든 일단 쓴 건 잊어버려. 괜찮아질 때까지 글은 쓰지 마.

11. 또 이렇게 됐어. 앞으로도 이런 일이 계속 생길 거야. 그건 모르는 일이야. 점점 나아지고 있잖아.

12. 당신이 이런 일을 겪어야 하는 게 말도 안 돼. 자기는 더 편하게 살아야 한다고. 쓸데없는 소리. 당신을 위해서라면 뭐든지 할 수 있어.

오렐리가 잠든 다음에 나는 화장실에 가서 엄마와 직접 통화했다. 오렐리와 목록을 만들면서 마음이 다소 편해졌지만 더 큰 위로가 필요했다. 내 목소리를 듣자마자 엄마가 말했다. "등털이 숭숭 빠지고 관절염을 앓고 있는 고릴라 같은 목소리네." 나는 우리가 만든 목록을 엄마에게 불러주었다. "잘 견딜 수 있어." 엄마가 말했다. "그 애는 널 사랑하고, 널 이해해. 대단히 드문 조합이야. 네가 오렐리와 있어서 엄마는 마음이 놓이는구나."

"왜 자꾸 이런 일을 겪어야 하지? 다시는 일어나지 않기를 바랐는데."

"아들, 할아버지가 한 말 기억해? 한 손에는 소망을 담고 다른 손에는 똥을 눈 다음에 어떤 손이 먼저 꽉 차는지 봐라. 넌 양극성장애가 있어."

"내 잘못이 아니야." 내가 말했다.

"물론 아니지." 엄마가 말했다.

나는 울기 시작했다. 격렬하게 오열했다. 물론 나도 내가 원해서 정신병에 걸리지 않았다는 것을 알고 있다. 병을 선택한 사람은 세상에 없으며, 정신병이 암이나 당뇨병과 다르지 않다고, 내가 입에 달고 사는 말을 되풀이할 수 있겠지만, 내가 그 말을 가슴속 깊은 곳에서도 믿고 있을까?

나는 얼굴을 못생기게 일그러뜨리고 훌쩍이는 내 모습을 화장실 거울로 보다가 웃음을 터뜨렸다. 내게는 선택이 있다. 내가 운이 나빴다는 사실을 가슴으로 받아들이거나, 입으로는 '불공평하다.'라고 툴툴거리면서도 내심 나 자신이 불량품이라고 자학하는 것. 둘 중 하나를 택해야 했다.

"하지만, 정말로," 나는 엄마에게 말했다. "내 잘못이 아니야."

"아니야, 아가. 정말, 정말, 정말로 네 잘못이 아니야." 나 때문에 엄마 가슴이 찢어지는 소리가 들리는 것 같았다.

나는 화장실에서 나가서 차를 한 잔 끓이고 리스페달을 한 알 더 먹었다. 그리고 명상 공책에 기록했다. 새벽 1시 7분. 리스페달 2밀리그램. 그 아래에 적었다. 난 괜찮다. 괜찮아질 거다. 힘들지만, 힘든 건 괜찮다. 아직 미치지 않았다.

나누 오렐리를 보러 방에 들어갔다. 오렐리는 완전히 곯아떨어져 있었다. 이번 주에 벌어진 일들은 오렐리마저 거의 미칠 지경으로 몰아갔는데, 결코 과장이 아니다. 오렐리는 나와 함께 깨어 있느라고 지쳤고, 비싼 간식에 100달러를 쓰는 건 지속가능한 생활습관이 아니라는 자신의 말에 내가 터뜨리는 짜증을 견디느라 지쳤고, 내가 잘못될까봐 가슴을 졸이느라 지쳤다. 잠든 오렐리는 평화로워 보였다. 어린 시절부터 함께했다던 눈알 하나 남은 더러운 파란색 강아지 인형을 꼭 끌어안고 있었다. 나는 생각했다. 그날 오렐리가 로어이스트사이드에 있는 수백 개의 바 중 다른 곳을 택했다면, 내가 바에서 몇 분 더 일찍 떠났다면, 뉴욕대학교 MBA 얼간이가 잘난 척을 하지 않았다면. 그랬다면 이랬다면 저랬다면… 나는 오렐리를 깨우지 않으려고 베개를 들고 거실로 나갔다.

조증의 해결책은 단순하지만 실행하기 어렵다. 그냥 자는 거다.

내가 잠을 못 자고 있다는 사실을 시시각각 상기시키는 침대와 비교하면 소파는 부담이 적었다. 나는 녹화해둔 잉글랜드 프리미어 리그 경기를 틀고, 축구장의 푸른 잔디와 입담 좋은 영국인들의 차분하고 나직한 목소리가 나를 재워주길 기다렸다. 경기 시간을 보고 내가 얼마나 오래 누워 있는지 가늠해보았다. 눈꺼풀이 무거웠지만 잠은 오지 않았다. 17분, 33분, 45분, 하프타임. 강력한 맨체스터 시티에 맞서 분투하고 있는 웨스트 햄의 기개를 스포츠캐스터들이 중계하는 동안 나는 호흡에 집중했다.

심판이 경기장 중앙을 가리키며 후반부의 시작을 알리는 호루라기를 불 때도 나는 깨어 있었다. 어딘가에서 읽은 이완법을 써보기로 했다. 발가락에서 시작해서 내가 모래에 점차 잠긴다고 상상해보았다. 발가락이 완전히 잠기고, 발, 발목,

종아리, 허벅지, 허리 순으로 잠긴다. 모래가 상반신까지 올라오기 전에 잠들기를 기도했지만, 선잠에 빠지려고 할 때마다 뇌가 사그라드는 생각의 불씨를 후후 불어 나를 깨웠다.

그다음에는 거대한 흑돔고래를 타고 바다를 가로지르는 상상을 했다. 그다음엔 내가 고래가 되었다. 커다랗고 무거운, 그 무거운 눈꺼풀을 천천히 감는다.

마침내 현대의학의 발명품과 잉글랜드 프리미어 리그와 모래에 잠긴 발가락과 거대한 고래의 눈꺼풀이 협업해서 나를 꿈나라의 세계로 보냈다. 깊이 잠들었다고는 할 수 없지만 눈을 뜨자 거실에 햇빛이 스며들고 있었고, 지난 다섯 시간의 기억이 없었다. 나는 오렐리보다 먼저 일어났고, 그녀가 일어날 즈음에는 활기차게 움직이고 있었다. 오렐리는 이것을 마뜩잖게 여겼다.

"조금이라도 잤어? 왜 일어났어? 다시 누워야 하지 않아?"

나는 우리가 양극성장애에 제대로 한 방 먹였다고 말했다. 회오리가 아직 어른거리기는 하지만 멀리 후퇴하고 있었다. 잔디가 온통 헤집어지고 창틀이 몇 개 부서졌지만, 지붕은 날아가지 않았고 차도 여전히 진입로에 서 있다. "나가서 뭐 좀 먹자. 배고파 죽겠어."

우리는 이스트빌리지까지 걸어갔다. 동네 커피숍에 가는 길에 심각한 정신질환을 앓고 있는 홈리스들을 적어도 다섯 명은 지나쳤고, 다른 사람들과 똑같이 행동했다. 즉 그들이 보이지 않는 척했다. 뉴욕시에서는 오믈렛 하나 먹으러 식당에 가는 길에 수차례 눈을 내리깔아야 한다. 어처구니없는 현실이다. 안타까운 사정이 눈에 들어올 때마다 걸음을 멈추면 평생 식당에 가지 못할 것이다.

"해낸 것 같아." 내가 말했다. "기분이 좋지는 않지만 안전하게 느껴져. 평상시 같아."

오렐리는 미심쩍어 보였다.

"화났어?" 내가 물었다.

"아니, 그냥 스트레스 좀 받았어."

"그래도 괜찮아."

"나도 알아."

"다시는 이런 일이 없을 거라고 약속할 수 있었으면 좋겠어. 미안해."

"나한테 미안하다고 할 필요 없어. 아픈 게 네 잘못은 아냐. 네가 나아져서 기뻐. 하지만 너무 오랫동안 난리가 나서 감당하기 벅찼던 것 같아. 겪어보지 못한 일이니까. 마음이 너무 아팠어. 그런데 네 앞에서 울면 네가 더 스트레스 받을까 봐 맨날 직장에서 화장실 가서 울고, 아무렇지 않은 척 나왔어. 잠도 잘 못 자고. 전쟁을 치른 기분이야."

아침을 먹고 우리는 주제넘게 비싼 라떼를 사서 톰킨스 스퀘어 공원 벤치에 앉았다. 3년 전에 내가 개처럼 엎드려서 뛰어다니고 대니얼 데이 루이스와 어울릴 뻔했던 곳이다. 오렐리는 내 이두근을 꽉 잡고 어깨에 머리를 기댔다. 내 정신증과의 첫 만남이 드디어 끝났다고, 이제 숨을 내쉬어도 괜찮다고 느낄 만큼 안심한 것 같았다. 잠시 우리는 침묵을 지키며 눈앞의 풍경을 감상했다. 비둘기 떼, 체스를 두는 사람들, 딱히 하는 일도 없는 것 같은데 1,000달러짜리 몽클레르 재킷을 입고 수요일 오후에 빈둥거릴 여력이 있는 뉴요커들. 물론 거리에는 그들만큼 많은 홈리스가 우유 상자에 자신이 소유한 모든 것을 담아서 쇼핑카트로 밀고 다니고 있었다. 전부, 운이 좋고 나쁘고의 차이다.

나는 우리가 아이를 가질 수 없다는 것을 알고 있다. 어떻게 발현될지 모르는 내 유전자를 운에 맡길 수는 없는 노릇이다. 이것을 누군가에게 물려줄 위험을 무릅쓸 수 없다. 내가 정신병동에 있었을 때 엄마가 겪은 일을 나는 감당할 수 없을 것 같다. 환자의 부모가 되느니 백 번이고 환자가 되는 편을 택할 것이다. 하지만 언젠가는, 잠을 조금 설쳤다고 제정신을 잃어버릴까봐 걱정하지 않아도 될 만큼 상태가 나아질 수도 있다.

10분가량 침묵 속에 앉아 있을 때 오렐리가 그 용감하고 커다란 갈색 눈으로 나를 올려다보며 말했다. "내가 프랑스어 가르쳐줄게. Je suis un gorille bipolaire."

나는 양극성장애 고릴라다.

감사의 말

버드, 할머니, 할아버지(보고 싶어요). 애덤과 코린. 알렉
사 누나. 피트, 그리고 엘리. 킹 에드워드, 레일라와 어밀리아.
친할아버지.

마이크 키넌과 세라 키넌. 엘리엇 클라스, 앤드루 쿨리,
켄트 러셀, 이브 마투치, 제리 포트우드, 브라이언 사이프, 더
그 바우튼, 에이미 피츠헨리, 보비 프린스 주니어, 제임스 티
치너. 라이언 보일과 아리 무어, 오마 아거카할라, 샨피에르
리제스와 조 리제스, 저스틴 밀너, 마이크 패튼, 롭 린지와 콜
린 허먼. 헤이먼 형제. 닥터 알, 라샤드 H, 마크 히치콕, 존 밀
러, 조시 그러보, 알렉 자덱, 나탈리 블레이저, 제이슨 왓슨,
톰 슬로터, 조너스 제이콥슨. 제이슨 해이드릭과 아만다 해먼,
스콧 러플린거, 첼레 베렌스, 롭 하우스, 랜스, 밥, 그리고 제
너 휴브릭. 리사 스미스, 매튜 스튜어트와 마이클 스튜어트,
캐스린 리베라니, 맷 버먼, 제이콥 롤스, 그레그 고메즈, 치코
'하파' 허비슨, 브렌던 개릿 교수, 골루버프 학장님과 제프리
스 학장님: "끝내주게 잘나갔다고!" 브리비에스카 코치님,
재러드 로즈, 프레스턴 브린, 데즈먼드 존슨. 키에세 레이먼,

칼라 에켈스, 션 콜, 아이라 글래스, 케니 루카스와 키스 루카스, 개드 엘마레.

뉴욕 법률구조협회.

존 블리스, 닥터 싱.

유나이티드 탤런트 에이전시의 제이슨 리치먼과 메리 펜더. 앤드루 슈나이더. 피터 키어넌과 프리 어소시에이션 제작사.

말린 본 오일러호건, 리건 아서, 주디 클레인, 크레이그 영, 로런 벨라스케스, 줄리 에틀, 리나 리틀, 사브리나 캘러핸, 그리고 리틀 브라운 출판사의 캐런 랜드리.

나의 뛰어난 편집자이자 친구, 진 가넷.

나의 에이전트이자 친구, 팔리 체이스, 한번 가보자고.

'오렐리의 친구' 레이철 러벌.

니콜 헤이건.

오렐리, 내 사랑, 나의 포그.

옮긴이 **구원**

UCLA 경제학과를 졸업했다. 독립출판사 코호북스에서 기획과 번역을
담당하며 프리랜서 번역가로 활동하고 있다.『뉴 그럽 스트리트』,『짝
없는 여자들』,『서기 베인』 등을 우리말로 옮겼다.

어느 날 거울에
광인이 나타났다

고릴라와 버드의 정신질환 극복기

1판 1쇄 발행 2022년 6월 29일

지은이 잭 맥더멋
옮긴이 구원
편집 고은희
표지 디자인 이지선

펴낸곳 코호북스(coho books)
주소 강원도 홍천군 두촌면 한계길 84
출판등록 제2019-000005호
팩스 0303-3441-1115
전자우편 cohobookspublishing@gmail.com
인스타그램 @coho_books23

ISBN 979-11-91922-05-9 (03180)
값은 뒤표지에 있습니다.